금강삼매경

제 1 권

금강삼매경

제 1 권

구선 강설

연화

차 례

들어가면서 ··· 6

금강삼매경 서품 ·· 17

금강삼매경 무상법품 ································ 29

금강삼매경 무생행품 ······························ 115

금강삼매경 본각리품 ······························ 189

금강삼매경 입실제품 1 ··························· 257

들어가면서

법화삼부경 강설집을 마무리하고 금강삼매경을 강설하게 되었다. 강의를 하면서 살펴본 금강삼매경의 내용은 참으로 놀라웠다. 그 무렵 문득 한 가지 의문이 생겼다.
'나는 부처님과 어떤 인연이 있었을까? 나와 부처님의 인연은 어떻게 시작되었을까?'
매일매일 삼매에 들어가기 전에 먼저 그 질문을 던졌다. 그러던 어느 날 부처님과의 처음 인연을 보게 되었다.

나는 영(靈)이었다.
나의 영(靈)은 허공계(虛空界)를 맴돌고 있었다. 나의 식(識)은 가녀린 풀잎과 같았다. 나는 식근(識根)은 갖추었지만, 심근(心根)은 갖추지 못한 상태였다.
그때 저 먼 곳에서 광명이 일어났다. 그 빛을 쫓아서 가까이 가보니 건장한 남자의 모습이 보였다. 그 남자를 보자 소녀의 마음이 되었다. 그 남자가 나의 아버지가 되었다. 아버지를 만나고 나서 심근(心根)이 갖추어졌다. 식근과 심근이 함께 갖추어지자 굳건한 마음이 생겨났다. 열 달 후에 나는 딸로 태어났다. 그 생(生)이 인간으로서 맞이하는 첫 번째 생이었다.
내가 태어난 곳은 바닷가의 작은 어촌이었다. 그곳에는 문창봉이라 부르는 큰 바위산이 있었고 그 산 건너편에 상주사(常住寺)라는 절이 있었다. 작은 마을에 비해서 사찰은 크고 웅장했다. 승방과 강당이 2층으로 지어져 있었고 크고 장엄한 대웅전이 있었다.

문창봉의 모양은 뾰족했다. 밑에서 올려다보면 봉우리 끝이 보이지 않았다. 멀리서 그 봉우리를 보면 마치 매의 부리처럼 생겼다. 산 중턱 위쪽으로 동굴이 하나 뚫려있고 그 위쪽으로 스님의 형상을 한 큰 조각상이 새겨져 있었다. 사람들이 말하기를 그 스님이 동굴에서 수행하시다가 대각을 얻으시고 열반에 드셨다 했다. 어느 날 하룻밤 사이에 스님의 조상이 새겨졌는데 누가 새겼는지 모른다고 했다. 사람들은 그 스님의 조상에 경배하며 그와 같은 깨달음을 얻기를 기원했다.

나는 다섯 살 무렵에 상주사의 강원에 입학했다. 강원에는 내 또래의 아이들이 스무 명가량 수학하고 있었다. 나이가 어린 나는 다른 아이들한테 핍박을 받았다. 그래서 함께 어울리지 못하고 항상 문창봉 아래에서 혼자 놀았다. 그때마다 그 스님의 조상을 올려다보았다.

어느 날 상주사 큰 법당에서 행사가 있었다. 행사의 마무리 부분에서 경전 강의가 있었다. 놀랍게도 경전을 강의하는 법사가 나의 아버지였다. 아버지가 강의하신 그 경전의 이름이 금강삼매경이었다. 아버지가 경전을 강의하는 모습은 장엄하고 아름다웠다. 우렁우렁한 목소리는 차분하고 고요했으며 그 소리를 듣는 것만으로도 모든 두려움이 사라지고 마음이 편안해졌다. 나는 그 경전을 들어본 적도 없고 읽어본 적도 없었다. 하지만 아버지의 강의가 끝났을 때는 그 경전의 내용이 머릿속에 고스란히 남아있었다. 강의를 마치신 아버지께서 스님들의 인사를 받으시며 나에게로 다가오셨다.
"禪아, 이 금강삼매경은 아직도 쓰여지고 있는 경전이니라. 이 경전은 역대의 수많은 부처님들께서 말씀하셨고 또 현겁의 부처님께서도 말씀하고 계시지만 아직도 완성된 것이 아니니라. 네가 지금, 이 경전을 듣고 마음에 새겼으니, 앞으로 네가 이 경전을 완성해 보지 않겠느냐?"
"제가 어찌???"
뒷말을 이어가지 못하고 있는 나를 아버지께서 보듬어 안으셨다. 그리고 귓속말로 말씀해 주셨다.
"걱정하지 말거라. 너는 어느 곳에 태어나더라도 이 아비가 항상 너와 함께할 것이니라."
그때의 그 목소리가 아직도 귓전을 울리고 있다.

그 일이 있고 나서 금강삼매경을 강설하는 것에 부담이 없어졌다. 한 구절 한 구절을 가슴에 새기면서 금강삼매경을 해석하기 시작했다. 경전을 해석하기 시작한 지 40여 일이 지났을 무렵, 꿈속에서 석가모니 부처님께서 나타나셨다. 그리고 말씀하셨다. "禪아, 네가 금강삼매경을 완성하면 큰 상을 내릴 것이니라."

잠에서 깨어난 나는 부처님의 음성을 떠올려 보았다. 유난히 귀에 익은 목소리였다. 그 음성은 그 생에 나에게 금강삼매경을 가르쳐 주셨던 아버지의 음성이었다.

금강삼매는 금강부동삼매이다. 대적정(大寂定)의 적멸상(寂滅相)에 머물러서 모든 생멸심을 분리시킨 상태이다.
금강삼매에 들어가 있던 부처님께서 다시 깨어나셔서 본성의 적멸상(寂滅相)과 적정상(寂靜相)에 대해 말씀해 주시는 것으로 경전이 시작된다.
이 경전의 가장 큰 특징은 본성(本性)이 생겨난 원인을 말씀하시면서 본원본제(本源本際)의 여시성(如是性)과 아라한의 대적정(大寂定)을 비교해 주신 것이다. 그러면서 아라한이 해탈도를 벗어나 보살도와 등각도를 체득할 수 있는 방법을 제시해 주셨다.

금강삼매경의 내용은 크게 두 가지 주제로 이루어져 있다. 첫 번째 주제는 세 종류 연기(緣起)가 시작된 원인과 절차에 대해서 말씀하신 것이다. 이 주제를 말씀하시면서 본성(本性)이 형성된 원인에 대해 말씀하시고 본원본제(本源本際)와 본연(本緣), 생멸문(生滅門)과 진여문(眞如門)이 생겨난 과정에 대해 말씀하셨다. 또한 본원본제의 제법(諸法)과 본연의 제법(諸法), 개체생명의 제법(諸法)이 생겨나게 된 원인에 대해서도 말씀하셨다.

본원본제의 제법은 대사(代謝)로 일어난다. 그로 인해 여래장연기(如來藏緣起)가 시작되고 본연(本緣)이 출현하게 된다.
본연의 제법은 인(因)과 연(緣)의 연기(緣起)로 일어난다.
그로 인해 생멸문(生滅門)과 진여문(眞如門)이 생겨난다. 생멸문에서는 생멸연기(生滅緣起)가 일어난다. 그것이 바로 12연기이다. 진여문에서는 진여연기(眞如緣起)가 일어난다. 그것이 바로 50과위(五十果位)이다.
12연기로 인해 삼계(三界)가 생겨나고 천지만물이 생겨난다. 진여연기로 인해 보살이 생겨난다.
개체생명의 제법(諸法)은 업식(業識)과, 업식의 인연(因緣)과 과보(果報)로써 생겨난다. 그로 인해 심(心)과 식(識)이 생겨나고, 길흉화복(吉凶禍福)이 생겨나며, 육도윤회(六道輪廻)가 시작된다.

두 번째 주제는 깨달음을 성취하는 방법에 대해 말씀하신 것이다.
경전의 전반부에서는 금강삼매(金剛三昧)를 통해서 본성의 적멸상(寂滅相)에 머물고 적상(寂相)과 정상(靜相)을 관(觀)하면서 여(如)를 이루는 방법에 대해서 말씀하셨다.
경전의 중반부에서는 금강심지(金剛心地)에 들어가서 여여(如如)를 성취하는 방법에 대해서 말씀하셨다.
여(如)를 여의지 않고 여(如)를 벗어나는 방법으로 제시하신 것이 6념처관법(六念處觀法)이다.

경전의 후반부에서는 부동법(不動法)으로 여(如)를 이루는 방법에 대해서 말씀하신다. 중생이 갖고 있는 심(心)의 바탕과 식(識)의 바탕이 서로 연(緣)하게 해서 본성을 이루도록 하고, 그 상태에 머물러서 적멸상(寂滅相)을 인식하는 방법이다.

경전의 종반부에서는 세 가지 수행법을 연결해서 말씀해 주신다. 먼저 수행을 처음 시작하는 사람들은 부동법(不動法)을 닦으라고 하신다. 부동법이란 중생들이 갖고 있는 심(心)과 식(識)의 바탕으로 들어가서 고요하고 텅 비워진 자리를 관(觀)하는 것이다. 그런 다음에 고요하고 텅 비워진 자리를 서로 마주 보게 하면 이것이 본성을 이룬 것이다. 부처님께서는 이 과정을 '능연(能緣)으로 본성(本性)을 이룬다'라고 말씀하셨다.

능연으로 본성을 이룬 다음에는 본성의 적멸상(寂滅相)을 인식하라 하신다. 그렇게 되면 그 상태가 본각(本覺)을 성취한 것이라 하신다.

심과 식의 바탕으로 적상(寂相)과 정상(靜相)을 이루고 적멸상(寂滅相)을 인식하면 이것이 여(如)를 이룬 것이다. 그 상태에서 본성의 적멸상에 머물게 되면 금강심지(金剛心地)에 들어간 것이다.

금강심지에 들어간 사람은 각성의 무명적 습성(無明的習性)을 제도하기 위해 25가지 대사(代謝)를 행한다. 대사란 각성이 주체가 돼서 접해지는 경계를 비춰보는 것이다. 이때 대사의 대상이 되는 것이 본성을 이루는 세 가지 요소이다.
본성을 이루고 있는 적상과 정상, 적멸상 사이를 대사하다 보면 밝은성품이 생겨나는 것을 인식하게 된다. 밝은성품은 본성의 적멸상에서 생성되는 생명 에너지이다. 밝은성품이 생성되면 기쁨이 일어난다. 이때 그 기쁨에도 관여되지 않고 밝은성품 자체를 대사의 대상으로 삼는다.

본성을 이루고 있는 적상과 정상, 적멸상과 밝은성품을 대상으로 대사를 하다 보면 밝은성품이 생성되지 않는 한 가지 대사를 자각하게 된다. 그렇게 되면 그 상태에 머물러서 대적정(大寂定)에 들어간다.

여기까지의 과정을 부처님께서는 '혜(慧)와 정(定)이 다름이 없는 상태'라고 하셨다. 이 이후에는 '본각으로 다름이 없는 행(行)'을 하라고 말씀하셨다.

'본각으로 다름이 없는 행'이란 여(如)를 벗어나서 여(如)를 이루는 방법이다. 전자의 여(如)란 대적정을 바탕으로 해서 이루어진 공여래장(空如來藏)이다. 후자의 여(如)란 제도된 생멸심으로 이루어진 불공여래장(不空如來藏)이다. 공여래장을 성취한 10지 보살이 불공여래장을 성취하게 되면 등각(等覺)을 이룬다. 본각으로 다름이 없는 행(行)을 하는 것은 등각을 성취하기 위해서이다.

혜(慧)와 정(定)으로 다름이 없는 상태에서 본각(本覺)으로 다름이 없는 행(行)을 할 때 쓰여지는 방편이 6념처관(六念處觀)이다. 6념처관이란 불념처관(佛念處觀), 법념처관(法念

處觀), 승념처관(僧念處觀), 시념처관(施念處觀), 계념처관(戒念處觀), 천념처관(天念處觀)을 말한다.

불념처관이란 본성을 이루고 있는 세 가지 요소를 관(觀)하는 것이다.

법념처관이란 본성을 이루는 세 가지 요소와 밝은성품을 함께 관(觀)하는 것이다.

승념처관이란 접해지는 경계와 업식(業識)을 놓고 식근(識根)과 심근(心根), 본성과 밝은성품이 서로를 여의지 않도록 하고 그 상태를 관(觀)하는 것이다.

시념처관이란 접해지는 경계와 업식을 베풂의 대상으로 삼고 그 상태를 있는 그대로 관(觀)하는 것이다.

계념처관이란 식(識)을 이루고 있는 육근(六根)과 심(心)을 이루고 있는 심근(心根)의 청정함을 관하는 것이다.

천념처관이란 시념, 계념, 승념, 법념, 불념으로 제도된 경계와 업식을 심식의 바탕에 내장하고 그 상태를 관하는 것이다.

육념처관을 통해 일체의 경계와 업식을 제도하고 생멸심을 불공여래장으로 전환시킨다. 이것이 여(如)를 벗어나서 여(如)를 이루는 방법이다.

부처님께서는 제법이 생겨난 이치와 본성이 생겨난 이치를 말씀하시면시 똑같이 공(空)하고 무상(無常)하고 적멸(寂滅)하다고 말씀하셨다. 때문에 제법을 통해 여(如)와 여여(如如)를 이루는 방법에 대해 이와 같이 말씀하셨다.

여래장연기가 시작된 이후, 생멸연기의 끝자락에 서 있는 존재가 중생이다.

여래장연기는 각성의 무명적 습성에서 시작되었다. 수연(隨緣)으로 출현한 본원본제가 능성(能性)이 부족해서 생겨난 것이 각성의 무명적 습성이다. 그로 인해 무명의 대사가 일어나고 그 결과로 연기(緣起)가 시작되었다. 연기의 끝자락에서 중생이 생겨났다. 중생은 환(幻)의 생명이지만 그 구조 안에 심과 식의 바탕을 내재하고 있다. 중생이 스스로 안에 내재된 심식의 바탕을 인식하지 못하면 심업(心業)과 식업(識業)에 휘둘려서 육도윤회(六道輪廻)에 빠지게 된다. 하지만 중생이 심식의 바탕을 인식하고 서로 연(緣)하도록 하면 수연(隨緣)에서부터 시작된 무명적 습성에서 벗어나게 된다. 그런 존재를 능연여래(能緣如來)라 한다.

금강삼매경을 통해 말씀하신 부처님의 가르침은 능연여래를 이루는 방법이다.

"혜(慧)와 정(定)의 다름없는 행(行)으로 능연여래(能緣如來)를 이룬다." 이 말씀 속에 금강삼매경의 모든 가르침이 함축되어 있다.

여래장연기의 이치를 알려면 먼저 알아야 할 것이 있다. 그것이 바로 여래장연기가 어디에서부터 시작되고 어떤 과정을 통해 진행되었는지를 아는 것이다. 부처님께서는 여래장연기의 시작을 본원(本源)이라 했다. 본원이 본제(本際)

를 일으키면서 여래장이 생겨났고 그 과정에서 여래장연기가 생겨났다고 말씀하신다.

법화경에서는 본원(本源)에서 본제(本際)가 일어나는 과정을 10여시(十如是)로 말씀하셨다. 본원의 성(性)을 여시성(如是性)이라 하셨고 본원의 상(相)을 여시상(如是相)이라 하셨다. 여시성에서 여시상이 생겨나고 여시상에서 여시체(如是體)가 생겨나고 여시체에서 여시력(如是力), 여시작(如是作), 여시인(如是因), 여시연(如是緣), 여시과(如是果), 여시보(如是報), 여시본(如是本)이 생겨났다고 말씀하셨다. 이것이 법화경에서 말씀하신 여래장연기의 절차이다. 하지만 법화경에서는 본원(本源)의 성(性)이 생겨나는 과정에 대해서는 말씀하지 않으셨다.

본원(本源)의 성(性)을 본성(本性)이라 한다. 본성이 곧 생명의 근본이다. 본성으로부터 여래장도 생겨나고 천지만물도 생겨났다. 그렇다면 그 본성은 어떻게 해서 생겨났을까? 그것을 아는 것이 여래장연기의 원인을 아는 것이다. 심왕보살은 이 질문을 부처님에게 여쭙고 있다.

부처님께서는 연(緣)으로써 본성이 생겨나고 본성의 능성(能性)으로써 각성(覺性)이 생겨나며 각성의 대사(代謝)로써 밝은성품이 생겨나고 밝은성품의 부딪침으로 인해 체(體), 력(力), 작(作), 인(因), 연(緣), 과(果), 보(報), 본(本)이 생겨났다고 대답하신다.

참으로 놀라운 말씀이다. 여래장연기의 원인과 절차에 대해 이토록 일목요연하게 말씀하신 경전은 금강삼매경이 유일하다.
이 경으로 인해 본원본제의 일과 일심법계의 일, 여래장연기, 생멸연기, 진여연기의 모든 과정이 정리되고 불(佛)의 종지(宗旨)가 세워진다.

《금강삼매경 서품 金剛三昧經 序品 第一》

본문

如是我聞. 一時佛在王舍大城耆闍崛山中. 與大比丘眾一
여시아문. 일시불재왕사대성기사굴산중. 여대비구중일
萬人俱. 皆得阿羅漢道. 其名曰舍利弗. 大目犍連. 須菩
만인구. 개득아라한도. 기명왈사리불. 대목건련. 수보
提. 如是眾等阿羅漢. 復有菩薩摩訶薩二千人俱. 其名曰解
리. 여시중등아라한. 부유보살마하살이천인구. 기명왈해
脫菩薩. 心王菩薩. 無住菩薩. 如是等菩薩. 復有長者八萬
탈보살. 심왕보살. 무주보살. 여시등보살. 부유장자팔만
人俱. 其名曰梵行長者. 大梵行長者. 樹提長者. 如是等長
인구. 기명왈범행장자. 대범행장자. 수제장자. 여시등장
者. 復有天. 龍. 夜叉. 乾闥婆. 阿修羅. 迦樓羅. 緊那羅.
자. 부유천. 룡. 야차. 건달바. 아수라. 가루라. 긴나라.
摩睺羅伽. 人非人等六十萬億. 爾時. 尊者大眾圍遶. 為諸
마후라가. 인비인등륙십만억. 이시. 존자대중위요. 위제
大眾說大乘經. 名一味真實無相無生決定實際本覺利行.
대중설대승경. 명일미진실무상무생결정실제본각리행.
若聞是經. 乃至受持一四句偈. 是人則為入佛智地. 能以方
약문시경. 내지수지일사구게. 시인즉위입불지지. 능이방
便教化眾生. 為一切眾生作大知識. 佛說此經已. 結加趺坐.

편교화중생. 위일체중생작대지식. 불설차경이. 결가부좌.
即入金剛三昧. 身心不動. 爾時. 衆中有一比丘. 名曰阿伽
즉입금강삼매. 신심부동. 이시. 중중유일비구. 명왈아가
陀. 從座而起. 合掌蹄跪. 欲重宣此義. 而說偈言.
타. 종좌이기. 합장호궤. 욕중선차의. 이설게언.

이와 같이 나는 들었다. 어느 때에 부처님께서 왕사대성의 기사굴산 가운데 계시면서 비구대중 일만 명과 함께하셨고, 모두 아라한도를 얻었다. 그 이름은 사리불, 대목건련, 수보리, 이와 같은 무리들의 아라한이다. 또 보살마하살 이천 명이 함께 하셨으니 그 이름은 해탈보살, 심왕(心王)보살, 무주(無住)보살 이와 같은 보살들이었다. 또 장자(長者) 팔만 명과 함께 했고, 그 이름은 범행(梵行) 장자, 대범행 장자, 수제(樹提)장자 등으로서 이와 같은 장자들이었다. 또한 하늘, 용, 야차, 건달바, 아수라, 가루라, 긴나라, 마후라가, 사람(人), 영혼(非人) 등의 육십만억 명이었다.

그때 세존께서는 대중에 둘러싸인 가운데 대중들에게 대승경을 설하시니, 이 경전의 이름은 일미(一味) 진실(眞實) 무상(無相) 무생(無生) 결정(決定) 실제(實際) 본각(本覺) 이행(利行)이라 표현하셨다.

"만일 이 경을 듣거나 내지 네 구절의 게송 하나만을 받아 지녀도 이 사람은 곧 부처님의 지혜의 경지에 들어가 능히 방편으로 중생을 교화할 수 있을 것이며, 일체중생을 위한 큰 선지식이 되리라."
부처님께서는 이 경을 설하신 뒤 가부좌를 틀고 앉으셔서는 곧 금강삼매(金剛三昧)에 들어가 몸과 마음이 움직이지 않았다. 그때 대중 가운데 아가타 비구가 자리에서 일어나 합장하고 꿇어앉아 이 뜻을 거듭 펴고자 게송으로 말하였다.

강설

"비구들, 아라한, 보살, 천인들, 천룡팔부, 사람, 영혼(非人)들에게 대승경전을 설하시니, 이 경전의 이름은 '일미(一味), 진실(眞實), 무상(無相), 무생(無生), 결정(決定), 실제(實際), 본각(本覺), 이행(利行)'이라 표현하셨다."

일미(一味)
본성의 느낌을 한 맛으로 표현한 것. 누구에게라도 본성의 느낌은 똑같다. 다른 맛이 아니라 같은 맛이다.

진실(眞實)
본성은 곧 참다운 실상이다. 본원본제(本源本際)의 여시상(如是相)과 아라한의 여(如)의 상태를 말한다. 여시상은 본성에 각성이 더해진 것이다.
본원본제는 본성(本性)으로 이루어진 최초 생명이다. 여래장이 생겨난 원인이며, 모든 생명의 근원이다. 본원본제의 본성을 여시성(如是性)이라 한다.

무상(無相)

본성의 세 가지 면모 중 적멸상(寂滅相)의 상태를 말한다.
무생(無生)
본성은 생(生)하는 것이 아니라는 뜻이다.
결정(決定)
세워진 자리로써 움직이거나 변화되는 것이 아니라는 뜻이다. 본성을 이루는 세 가지 요소는 결정된 것이라는 말이다. 적상(寂相), 정상(靜相), 적멸상(寂滅相)의 상태는 결정된 것이다.
실제(實際)
본성은 실제한다는 말이다. 모습은 공(空)하지만 존재한다는 뜻이다.
본각(本覺)
본성과 각성이 합일을 이룬 상태를 말한다. 본원본제의 각성과 아라한의 각성이 본각이다. 각성이 본성의 적멸상에 머물게 되면 본각을 성취한 것이다.
이행(利行)
이로운 행을 말한다. 두 가지 이로운 행이 있다.
첫째는 중생을 이롭게 하는 행이다. 향하문(向下門)으로 향해지는 이로움이다. 중생의 생멸적 습성을 제도해 준다.
둘째는 본원본제를 이롭게 하는 행(行)이다. 향상문(向上門)으로 향해지는 이행이다. 본원본제와 동법계를 이루어서 본원본제의 향하문적 성향(向下門的性向)을 제도해 준다.
금강삼매경은 본원본제의 상태와 아라한이 체득한 대적정

의 상태를 서로 비교하면서 시작된다.

그러면서 본원본제가 성(性), 상(相), 체(體)를 갖추게 된 원인과 과정에 대해 말씀하시고 여래장연기의 원인과 절차에 대해서도 말씀하신다. 여래장연기의 과정과 본원본제가 출현하게 된 과정에 대해 말씀하신 경전은 금강삼매경이 유일하다.

특히 아라한이 체득한 대적정(大寂定)과 본원본제의 성, 상, 체(性, 相, 體)를 놓고서 비교해 주신 대목들은 여타의 다른 경전에서는 찾아볼 수 없는 내용이다.

본문에서는 아라한이 증득한 대적정이 본원본제의 여시성(如是性)과 같은 상태라고 말씀하신다. 아라한이 진여출가를 해서 진여문의 6바라밀을 닦아야 하는 이유가 본원본제와 같이 향하문적 성향에 빠지지 않기 위해서라고 말씀하신다.

금강삼매경에서는 등각(等覺)의 관점에서 묘각도의 일과 보살도, 해탈도의 일을 말씀하신다.

향하문(向下門)의 끝자락이 세간(世間)이다. 세간(世間)은 의식·감정·의지로 살아가는 모든 생명들의 세계를 말한다. 생멸심으로 펼쳐지는 모든 세계가 세간이다.

세간의 이치를 알아야 부처가 된다. 향하문이 펼쳐지면서 세간이 나타나고, 세간 속에서 일심법계(一心法界) 부처님이 출현하신다.

일심법계를 이루려면 세간에 머무르면서도 세간의 습성에 물들지 않아야 한다. 생사를 거듭하며 육도윤회에 들어가더라도 본성을 망각하지 않고 선근공덕을 심을 수 있어야 일심법계로 나아갈 수 있는 법을 만나게 된다.

세간이 없으면 부처도 없다. 수많은 부처님께서 세간을 제도하지 않고 남겨둔 것은 세간이 부처가 태어나는 요람이기 때문이다.

의식·감정·의지를 경험한 생명만이 그것을 제도할 수 있는 능력을 갖출 수 있다. 의식·감정·의지를 제도해서 불공여래장(不空如來藏)과 원통식(圓通識), 대자비심(大慈悲心)을 갖춘다. 그것을 성취한 존재가 부처이다.

본문

大慈滿足尊	智慧通無礙	廣度衆生故	說於一諦義
대자만족존	**지혜통무애**	**광도중생고**	**설어일체의**
皆以一味道	終不以小乘	所說義味處	皆悉離不實
개이일미도	**종불이소승**	**소설의미처**	**개실리불실**
入佛諸智地	決定眞實際	聞者皆出世	無有不解脫
입불제지지	**결정진실제**	**문자개출세**	**무유불해탈**
無量諸菩薩	皆悉度衆生	爲衆廣深問	知法寂滅相
무량제보살	**개실도중생**	**위중광심문**	**지법적멸상**
入於決定處	如來智方便	當爲入實說	隨順皆一乘

입어결정처	여래지방편	당위입실설	수순개일승
無有諸雜味	猶如一雨潤	眾草皆悉榮	隨其性各異
무유제잡미	유여일우윤	중초개실영	수기성각이
一味之法潤	普充於一切	如彼一雨潤	皆長菩提芽
일미지법윤	보충어일체	여피일우윤	개장보리아
入於金剛味	證法真實定	決定斷疑悔	一法之印成
입어금강미	증법진실정	결정단의회	일법지인성

대자(大慈)로 가득 갖추어진 세존이시여, 지혜에 걸림이 없이 통하시니, 중생을 널리 다 건지시려고 일제(一諦/하나의 진리)의 뜻에서 설하십니다.

모두 한 맛(一味)의 도이고, 끝내 소승으로 설하지 않으시니 말씀하신 의미는 진실하지 않음을 여의셨습니다.

모든 부처님의 지혜의 경지에 들어가서 참다운 실제(實際)를 결정하시사, 듣는 자는 모두 세간을 벗어나 해탈하지 않음이 없습니다.

무량한 일체 보살들이 모두 중생을 제도하려고, 대중을 위하여 넓고 깊게 질문하여 법의 적멸(寂滅)한 모습을 알고 결정된 곳에 들어갑니다.

여래의 지혜와 방편으로써 마땅히 실설(實說)[1]에 들어가며, 모두 일승(一乘)을 따르게 하시니 여러 잡다한 맛이 없습니다.

한 번의 빗방울로 여러 풀에 다 꽃이 피고 그 성품에 따라

---

1) 실설의 반대말은 방편설이다.

각각 다르듯이, 일미(一味)의 법에 적셔서 일체에 두루 채우고 모두 보리의 싹을 자라게 합니다.
금강의 맛에 들어가서 법의 진실한 정(定)을 증명(證明)하고, 결정이어서 의혹과 후회를 끊으시니, 일법인(一法印)[2]을 이룹니다.

강설

"대자(大慈)로 가득 갖추어진 세존이시여, 지혜에 걸림이 없이 통하시니, 중생을 널리 다 건지시려고 일제(一諦/하나의 진리)의 뜻에서 설하십니다."
'대자(大慈)'
부처님의 대자비는 대적정과 전환된 애심(愛心)이 합쳐져서 갖추어진 것이다. 12연기의 촉(觸), 수(受), 애(愛), 취(取) 과정을 거치면서 갖추어진 애심에서 갈애심(渴愛心)을 제도한 것이 전환된 애심이다.
'지혜에 걸림이 없이 통하시니'
부처님께서 갖추신 지혜는 묘각 5지이다.
일체종지(一切種智), 무사지(無師智), 자연지(自然智), 불지(佛智), 여래지(如來智)가 그것이다.
일체종지(一切種智)란 대적정문과 대자비문이 일여(一如)를 이루어서 갖추어진 지혜이다. 등각도에서 갖추어지는 지혜

---

[2] 법인(法印)은 실제, 진리로 확정된 것으로 도장을 찍은 것이다.

이다.
무사지(無師智)란 천지만물의 호응으로 갖추어지는 지혜이다. 선근공덕이 생멸문 전체를 덮었을 때 갖추어진다.
자연지(自緣智)란 여래장연기의 원인과 과정에 대해 아는 것이다. 밝은성품이 일으키는 변화로 여래장연기가 시작되고 각성의 무명적 습성으로 생멸연기가 시작된 원인과 과정에 대해 아는 것이다. 역무행진(亦無行盡)을 통해 밝은성품의 자연적 성향을 제도했을 때 갖추어진다.
불지(佛智)란 묘각도를 증득한 이후에 불세계와의 교류를 통해서 체득되는 지혜이다. 불지로 인해 불의 십력(十力)이 갖추어진다.
여래지(如來智)란 본원본제와 동법계를 이룬 이후에 갖춰지는 불(佛)의 지혜이다. 여래지로 인해 능연지력(能緣之力)이 갖추어진다.

"중생을 널리 다 건지시려고 일제(一諦/하나의 진리)의 뜻에서 설하십니다."
일제(一諦)는 본성의 일이고 본원본제의 일이다.
생명의 근본에 입각해서 법을 설하신다는 말씀이다.

"모두 한 맛(一味)의 도이고, 끝내 소승으로 설하지 않으시니 말씀하신 의미는 진실하지 않음을 여의셨습니다."
'일미(一味)의 도'란 적멸상(寂滅相)을 체득의 대상으로 삼는다는 말이다. 그러면서도 대승으로 나아간다는 말이다.

"모든 부처님의 지혜의 경지(智地)에 들어가서 참다운 실제(實際)를 결정(決定)하시사, 듣는 자는 모두 세간을 벗어나 해탈하지 않음이 없습니다."

'모든 부처님의 지혜의 경지(智地)'란 묘각 5지를 말한다.

'참다운 실제(實際)를 결정(決定)하시사'란 적상(寂相), 정상(靜相), 적멸상(寂滅相)의 상태를 말한다. 이것이 자기 생명의 본래 모습이라는 것을 알게 되면 의식·감정·의지로 이루어진 몸과 마음에서 벗어나서 해탈하게 된다. 이런 상태를 일러 '세간에서 벗어났다'고 말한다.

"무량한 일체의 보살들이 모두 중생을 제도하려고, 대중을 위하여 넓고 깊게 질문하여 법의 적멸(寂滅)한 모습을 알고 결정된 곳에 들어갑니다. 여래의 지혜와 방편으로써 마땅히 실설(實說)에 들어가며, 모두 일승(一乘)을 따르게 하시니"

적멸상(寂滅相)을 모르면 결정성(決定性)에 들어가지 못한다. 적상과 정상을 통해 드러나는 적멸상이 결정성이다. 적상과 정상의 서로 다른 차이로 인해 적멸상이 드러난다. 적멸상이 나타나면, 비로소 본성(本性)이 온전해진다.

'결정된 곳에 들어간다'는 것은 적멸상에 머문다는 말이다. '여래의 지혜와 방편'이라는 것은 적멸상에 머무는 것이 완성된 공부는 아니지만 먼저 그 상태를 체득하게 해놓고 다음 단계로 이끌어 간다는 말씀이시다.
'실설(實說)에 들어간다'는 것은 부처님의 말씀에 따라서 적멸상에 들어가고 대자비와 대지혜를 함께 갖추게 된다는 말씀이시다.
'일승(一乘)에 따른다'는 것은 등각도의 절차를 따른다는 말이다. 이승(二乘)은 보살도이고 삼승은 해탈도이다. 불승(佛乘)은 묘각도(妙覺道)이다. 일불승(一佛乘)은 등각도와 묘각도를 합쳐서 표현한 것이다.

"여러 잡다한 맛이 없습니다. 한 번의 빗방울로 여러 풀에 다 꽃이 피고 그 성품에 따라 각각 다르듯이, 일미(一味)의 법에 적셔서 일체에 두루 채우고 모두 보리의 싹을 자라게 합니다."
'여러 잡다한 맛이 없습니다'
적멸상(寂滅相)을 인식하는 느낌은 누구나 같아서 일미(一味)이다. 반면에 적상(寂相)과 정상(靜相)은 각각 느끼는 맛이 다르다.
선정의 단계에 따라 적상과 정상이 서로 다르게 인식된다.
'한 번의 빗방울로 여러 풀에 다 꽃이 피고 그 성품에 따라 각각 다르듯이'
하나의 빗방울에 적셔지지만, 천지만물이 제각기 다른 꽃을 피우듯이 부처님의 가르침도 그와 같다는 말씀이시다.

하나의 법을 설하시지만, 중생들은 근기에 따라 서로 다른 깨달음을 얻게 된다는 말씀이시다.

"금강의 맛에 들어가서, 법의 진실한 정(定)을 증명(證明)하고, 결정이어서 의혹과 후회를 끊으시니, 일법인(一法印)을 이룹니다."
'금강의 맛에 들어가서'란 대적정에 들어가서 적멸상에 머물러 있는 것을 말한다.
'법의 진실한 정(定)을 증명(證明)하고'란 적멸상에 머물러 있는 것이 참다운 선정에 들어간 것이라는 말이다.
'결정이어서 의혹과 후회를 끊으시니'란 적멸상의 상태는 이미 결정된 것이어서 의심할 바가 없다는 뜻이다.
'일법인(一法印)을 이룹니다'
대적정에 들어가서 적멸상을 체득한다는 말이다.

《금강삼매경 무상법품 無相法品 第二》

본문

爾時. 尊者從三昧起. 而說是言. 諸佛智地入實法相. 決定
이시. 존자종삼매기. 이설시언. 제불지지입실법상. 결정
性故. 方便神通皆無相利. 一覺了義難解難入. 非諸二乘之
성고. 방편신통개무상리. 일각료의난해난입. 비제이승지
所知見. 唯佛菩薩乃能知之. 可度衆生皆說一味.
소지견. 유불보살내능지지. 가도중생개설일미.
爾時. 解脫菩薩即從座起. 合掌蹞跪而白佛言. 尊者. 若佛
이시. 해탈보살즉종좌기. 합장호궤이백불언. 존자. 약불
滅後. 正法去世. 像法住世. 於末劫中. 五濁衆生多諸惡
멸후. 정법거세. 상법주세. 어말겁중. 오탁중생다제악
業. 輪迴三界無有出時. 願佛慈悲. 為後世衆生宣說一味決
업. 윤회삼계무유출시. 원불자비. 위후세중생선설일미결
定眞實. 令彼衆生等同解脫.
정진실. 령피중생등동해탈.

그때 세존께서 삼매에서 일어나 이와 같이 말씀하셨다. "제불(諸佛) 지지(智地)가 실법상(實法相)에 들어가는 것은 결정성(決定性)인 까닭이며, 방편과 신통에서 모두 무상(無相)의 이익이다. 일각(一覺)의 요의(了義/완전한 뜻)는 이해하기 어렵고 들어가기 어려우며, 여러 이승(二乘)3)이 알아보는(知見) 것이 아니며, 오직 불보살(등각보살)이 알 수 있느니라. 제도할 수 있는 중생에게는 모두 일미(一味)를 설한다."

그때 해탈보살이 자리에서 일어나 합장 호궤(胡跪)4)하고 부처님께 여쭈었다. "세존이시여, 만일 부처님께서 멸도한 후에 정법은 세상을 떠나고 상법(像法)5)이 세상에 머물며, 말겁(末劫)에 사는 오탁중생들은 여러 악업이 많아지고, 삼계에서 윤회하며 벗어날 때가 없을 것입니다. 원컨대 부처님의 자비로 후세의 중생을 위해서 일미(一味)의 결정(決定) 진실을 설해주시어, 저 중생들로 하여금 함께 해탈하게 해주십시오."

강설

"제불(諸佛) 지지(智地)가 실법상(實法相)에 들어가는 것은 결정성(決定性)인 까닭이며, 방편과 신통에서 모두 무상(無相)의 이익이다."

'제불의 지지(智地)'란 제불의 깨달음과 지혜를 말한다.

'실법상(實法相)'이란 적멸상(寂滅相)을 말한다.

모든 부처님들이 깨달음을 통해 적멸상에 들어가는 것은 그 자리가 결정성인 까닭이라는 말씀이시다.

'방편과 신통이 무상(無相)의 이익이다.'라는 것은 따로 대

---

3) 이승(二乘)은 보살승이고 6지보살까지를 가리킨다.
4) 호궤. 왼발은 바닥에 대고, 오른 무릎을 세우고 합장하는 자세.
5) 상법시대는 불상, 불경, 출가승이 남아있는 시대를 포함한다는 설이 있다.

상을 두지 않고 전체적인 이익을 준다는 말이다.
향상문(向上門)적 관점으로 본원본제에게 이익을 주는 것은 적멸상을 취해서 이루어지기 때문에 대상 없는 이익을 주는 것이다.
부처가 본원본제를 이롭게 하려면 먼저 동법계를 이루어야 한다.
억념(憶念)과 다라니를 통해서 본원본제와 연결되고, 대적정(大寂靜)에 들어가서 동법계를 이룬다.
향하문(向下門)적 관점으로 중생에게 이익을 주는 것도 적멸상에 머물러서 특정한 대상을 두지 않고 포괄적으로 주기 때문에 대상 없는 이익을 주는 것이다.

"일각(一覺)의 요의(了義)는 이해하기 어렵고 들어가기 어려우며, 여러 이승(二乘)이 알아보는(知見) 것이 아니며, 오직 불보살(등각보살)이 알 수 있느니라. 제도할 수 있는 중생들에게 모두 일미(一味)를 설한다."
일각(一覺)은 등각을 말한다.
이승(二乘)은 보살승을 말한다.
불보살은 등각보살을 가리킨다.
'등각의 요의'는 이해하기 어렵고 들어가기 어려우며 보살승이 알아보는 것이 아니며 오직 등각보살만이 알 수 있다는 말씀이시다.
중생들에게도 오직 일미를 설하신다는 말씀이시다.

"그때 해탈보살이 자리에서 일어나 합장 호궤(胡跪)하고 부처님께 여쭈었다. "세존이시여, 만일 부처님께서 멸도한 후에 정법은 세상을 떠나고 상법(像法)이 세상에 머물며, 말겁(末劫)에 사는 오탁중생들은 여러 악업이 많아지고, 삼계에서 윤회하며 벗어날 때가 없을 것입니다. 원컨대 부처님의 자비로, 후세의 중생을 위해서 일미(一味)의 결정(決定) 진실을 설해주시어, 저 중생들로 하여금 함께 해탈하게 해주십시오."

오탁은 겁탁(劫濁), 번뇌탁(煩惱濁), 명탁(命濁), 견탁(見濁), 중생탁(衆生濁)을 말한다.

삼계윤회에서 벗어나려면 먼저 본성을 인식해야 한다. 그런 다음 대적정을 체득하고 진여출가를 해야 한다.

진여보살이 되면 삼계윤회에서 벗어나게 된다.

본성을 인식하고 진여출가를 하기까지 아홉 단계의 절차가 있다.
1) 무심(靜相)의 인식. (초선정)
2) 무념(寂相)의 인식. (2선정)
3) 무념·무심의 진보. (3선정)
4) 본성의 인식. (4선정, 견성오도)
5) 공무변처정. (5선정, 금강해탈도)
색, 성, 향, 미, 촉, 법에 머물지 않는다.(不應色聲香味觸法)
6) 식무변처정. (6선정, 금강해탈도)

7) 무소유처정. (7선정, 초입반야해탈도) 본성의 적멸상을 인식한다.
8) 중간반야해탈도. 적멸상에 머물러서 의식·감정·의지를 분리시킨다.
9) 상수멸정. (9선정, 종(終)반야해탈도) 대적정(大寂靜)에 들어간다.

대정적에 들어간 것을 생멸열반에 들어갔다고 한다.
보살도에 들어간 것을 중간열반에 들어갔다고 한다.
대적정과 대자비 수행을 완성해서 등각도를 이루면 반열반(般涅槃)에 들어갔다고 한다.
묘각도에 들어가면 대열반에 들어갔다고 한다.
중생이 세간을 벗어나는 것은 이와 같은 절차를 통해서이다.

'일미(一味)의 결정(決定) 진실을 설해주시어'
대적정을 얻고 여(如)를 이루는 방법에 대해서 알려달라는 말이다.

본문

佛言. 善男子. 汝能問我出世之因. 欲化眾生. 令彼眾生
불언. 선남자. 여능문아출세지인. 욕화중생. 령피중생
獲得出世之果. 是一大事不可思議. 以大慈故. 以大悲故.

획득출세지과. 시일대사불가사의. 이대자고. 이대비고.
我若不說即墮慳貪. 汝等一心諦聽諦聽. 為汝宣說. 善男子.
아약불설즉타간탐. 여등일심체청체청. 위여선설. 선남자.
若化眾生. 無生於化. 不生無化. 其化大焉. 令彼眾生皆離
약화중생. 무생어화. 불생무화. 기화대언. 령피중생개리
心我. 一切心我本來空寂. 若得空心. 心不幻化. 無幻無化
심아. 일체심아본래공적. 약득공심. 심불환화. 무환무화
即得無生. 無生之心在於無化.
즉득무생. 무생지심재어무화.

부처님께서 말씀하셨다. "선남자여, 그대는 능히 나에게 세간에서 벗어나는 원인을 묻는구나. 중생의 심식의를 변화시켜서 저 중생으로 하여금 세간을 벗어나게 하는 결과를 얻게 하고자 하는구나. 이는 일대사(一大事)의 불가사의한 것이고, 대자(大慈)한 까닭이고, 대비(大悲)한 까닭이다. 내가 설하지 않는다면 곧 간탐(慳貪/아끼고 탐냄)에 떨어진다. 그대들은 일심으로 자세히 들을지어다. 그대를 위해 설해주겠다. 선남자여, 만약 중생이 심식의를 제도했으면 이 변화는 무생(無生)이니라. 생한 것이 아니고 변화된 것도 아니니 큰 변화라 하느니라. 저 중생으로 하여금 모두 심아(心我)[6]를 떠나게 하느니, 일체의 심아(心我)는 본래 공적(空寂)하느니라. 만약에 공심(空心)을 얻으면 마음은 환화(幻化)[7]하지 않느니라. 환(幻/허깨비)이

---

6) 심아(心我)에서 심은 의식·감정·의지를 가리키고, 아(我)는 주체의식이다.
7) 환화(幻化). 허깨비와 같은 환상(幻相)이 변화하는 것.

없고, 변화(化)가 없음이 곧 무생(無生)을 얻음이고, 무생(無生)의 마음은 변화가 없느(無化)니라."

강설

"부처님께서 말씀하셨다. "선남자여, 그대는 능히 나에게 세간에서 벗어나는 원인을 묻는구나."
각성의 무명적 습성과 밝은성품의 자연적 성향, 생멸정보로 인해 생멸연기가 시작되었다. 그 결과로 세간과 중생이 생겨났다. 중생이 세간에서 벗어나려면 생멸연기의 원인을 제도해야 한다.

"중생의 심식의를 변화시켜서 저 중생으로 하여금 세간을 벗어나게 하는 결과를 얻게 하고자 하는구나."
세간(世間)을 벗어나게 하는 열매는 깨달음이다.
대적정과 대자비, 대지혜가 세간을 벗어나는 깨달음이다.

"이는 일대사(一大事)의 불가사의한 것이고,"
일대사란(一大事) 일대사인연(一大事因緣)을 말한다.
부처가 세간에 출현하는 것은 일대사인연을 위해서이다.
부처가 되는 이유와 방법을 알려주고 부처의 깨달음을 보여주기 위해서 일대사인연을 맺는다.
세간의 끝자락에서 의식·감정·의지로 인해 생겨나는 괴로움을 경험하고 그것을 극복한 존재가 불(佛)이다.
"대자(大慈)한 까닭이고, 대비(大悲)한 까닭이다."
부처가 일대사인연을 맺고 중생을 교화하는 것은 대자대비하기 때문이다.

"내가 설하지 않는다면 곧 간탐(慳貪)에 떨어진다. 그대들은 일심으로 자세히 듣고 들을지어다. 그대를 위해 설해주겠다."
법을 청하는 데에도 그 청을 거절하면 간탐에 떨어진다는 말씀이시다.

"선남자여, 만약 중생이 심식의를 제도했으면 이 변화는 무생(無生)이니라. 생한 것이 아니고 변화된 것도 아니니 큰 변화라 하느니라."
심식의를 제도한 사람에게는 생(生)이 없다는 말씀이시다. 큰 변화란 생멸연기에서 벗어났다는 뜻이다.

"저 중생으로 하여금 모두 심아(心我)를 떠나게 하느니, 일체의 심아(心我)는 본래 공적(空寂)하느니라.
심아(心我)란 의식·감정·의지를 자기라고 생각하는 것이다. 의식·감정·의지는 본래 갖추고 있던 마음이 아니고 생멸정보로 인해서 쌓아진 것이다.
심아의 바탕은 공(空)하고 적(寂)하다는 말씀이시다.

"만약에 공심(空心)을 얻으면, 마음은 환화(幻化)하지 않느니라."
공심(空心)이란 본성의 적멸상(寂滅相)을 말한다. 적멸상에 머무르면 의식·감정·의지가 생겨나지 않는다는 말씀이시다.

"환(幻)이 없고, 변화(化)가 없음이 곧 무생(無生)을 얻음이고, 무생(無生)의 마음은 변화가 없느(無化)니라."
의식·감정·의지가 생겨나지 않는 것이 무생이고 무생의 마음은 적멸상에 머물러서 변화가 없다는 말씀이시다.

환화(幻化)로써 생겨난 자아(自我)는 참다운 것이 아니다. 본연(本緣)에서 생겨난 작은 거품이다. 본원본제의 체(體)에서 본연(本緣)이라는 큰 거품이 일어나고 그 거품에서 생겨난 작은 거품들이 개체식(個體識)이다. 중생은 큰 거품에서 생겨난 작은 거품이다.
적멸상을 인식해서 그 속으로 들어가지 못한 존재들은 모두가 허깨비이다. 세간을 떠도는 구름이며 세간을 오고가는 바람일 뿐이다.
진여문(眞如門)에 들어간 보살도 아직 본연(本緣)의 큰 거품에서 벗어난 것이 아니다.
대적정으로 생멸 거품에서 벗어나고, 대자비로 진여의 거품에서 벗어난 다음 등각도를 성취해야 비로소 본연의 거품에서 벗어날 수 있다.

여래장은 바다와 같다.
그 바다에서 파도가 일어난다.
파도가 부딪치면서 물거품이 일어난다.
물거품이 부서져서 작은 포말들이 생겨난다.

파도는 밝은성품이 일으키는 요동이다.
파도가 부딪쳐서 생겨난 큰 물거품이 본연이다.
본연 거품에서 작은 거품이 생겨난다.
이것이 생멸 거품과 진여 거품이다.
작은 거품이 부서져서 포말이 된다.
이때의 포말들이 천지만물이다.

여래장의 중심은 본원본제(本源本際)이다.
본원본제는 적상·정상·적멸상으로 이루어진 성(性)과, 각성으로 이루어진 상(相)과, 밝은성품으로 이루어진 체(體)로 존재한다.
밝은성품 공간에서 본연공간이 생겨난다.
본연공간에는 적상·정상·적멸상의 정보가 내재되어 있고 각성 정보가 내재되어 있다. 본연에서 분리된 생멸문에도 적상·정상·적멸상의 정보와 각성 정보가 내재되어 있다. 생멸문에서 분리되어 나온 천지만물도 적상·정상·적멸상의 정보와 각성 정보를 내재하고 있다.
정보로 이루어진 본성과 각성을 갖고 있는 존재를 환(幻)

이라 한다.
본연이 환(幻)이고 생멸문이 환(幻)이고 진여문이 환(幻)이다.
천지만물 또한 환(幻)이다.
중생의 심(心)과 아(我)는 정보로 이루어져 있다.
때문에, 중생의 마음은 환(幻)이고 실제(實際)가 아니다.
중생이 실제가 되려면 본성에 머물러서 적멸상을 갖추어야 한다.

본문

解脫菩薩而白佛言. 尊者. 衆生之心性本空寂. 空寂之心體
해탈보살이백불언. 존자. 중생지심성본공적. 공적지심체
無色相. 云何修習得本空心？願佛慈悲爲我宣說.
무색상. 운하수습득본공심？원불자비위아선설.
佛言. 菩薩. 一切心相本來無本. 本無本處空寂無生. 若心
불언. 보살. 일체심상본래무본. 본무본처공적무생. 약심
無生卽入空寂. 空寂心地卽得心空. 善男子. 無相之心無心.
무생즉입공적. 공적심지즉득심공. 선남자. 무상지심무심.
無我. 一切法相亦復如是.
무아. 일체법상역부여시.

해탈보살이 부처님께 여쭈었다. "세존이시여, 중생의 심성은 본래 공적(空寂)하고, 공적한 심(心)의 체(體)는 색상(色相)이 없습니다. 본래 공(空)한 심(心)을 어떻게 수습하고 얻습니까? 원컨대 부처님께서 자비로 저에게 설해주십시오."
부처님께서 말씀하셨다. "보살이여, 일체의 심상(心相)은 본래 근본이 없고 본래 본처(本處)가 없어서 공적(空寂)하고 무생(無生)이다. 만약 심(心)이 무생(無生)이면 곧 공적(空寂)에 들어가고, 공적한 심지(心地)는 곧 심공(心空)을 얻는다. 선남자여, 무상(無相)의 심(心)에는 심(心)이 없고, 아(我)가 없으며, 일체의 법상(法相)은 또한 이와 같느니라."

강설

"세존이시여, 중생의 심성은 본래 공적(空寂)하고, 공적한 심(心)의 체(體)는 색상(色相)이 없습니다. 본래 공(空)한 심(心)을 어떻게 수습하고 얻습니까? 원컨대 부처님께서 자비로 저에게 설해주십시오."
'중생의 심성(心性)이 본래 공적하다'는 것은 중생의 심성(心性)이 공상(空相)과 적상(寂相)으로 이루어졌다는 말씀이시다. 중생의 심성(心性)이란 중생의 마음바탕을 말한다. 공적상(空寂相)으로 이루어진 중생의 심성(心性)은 색상(色相)이 없는데 어떻게 수습하고 증득하겠느냐고 여쭙는 대목이다.

부처님께서 말씀하셨다. "보살이여, 일체의 심상(心相)은 본래 근본이 없고 본래 본처(本處)가 없어서 공적(空寂)하고 무생(無生)이다. 만약 심(心)이 무생(無生)이면 곧 공적(空寂)에 들어가고, 공적한 심지(心地)는 곧 심공(心空)을 얻는다."

'일체의 심상은 본래 근본이 없다'는 것은 심상(心相)의 바탕은 본성이 아니라는 말씀이시다.
심상(心相)은 의식과 감정을 말한다.
심상의 바탕은 의식과 감정의 바탕으로 이루어져 있다.
의식의 바탕과 감정의 바탕은 본성이 아니다. 본성을 이루기 이전에는 생명으로서의 역할을 하지 못한다. 그런 상태를 근본이 없다라고 말한다.
의식의 바탕과 감정의 바탕이 서로 만나서 본성이 된다.
본성을 갖추게 되면 그때 비로소 생명의 근본이 갖추어진다.
의지의 바탕은 각성이다. 각성은 본성의 능성(能性)이 변화된 것이다. 때문에, 본성이 갖춰지기 이전에는 의지의 바탕도 생겨나지 않는다.
천지만물은 십여시(十如是)로써 근본(根本)을 삼는다.
여시상(相), 여시성(性), 여시체(體), 여시력(力), 여시작(作), 여시인(因), 여시연(緣), 여시과(果), 여시보(報), 여시본(本)이 십여시이다.
여시성(性)은 적상·정상·적멸상으로 이루어져 있다.
여시성이 갖추어지면 이때부터 생명으로서 근본이 갖추어진 것이다.

여시상(相)은 적상·정상·적멸상·각성으로 이루어져있다.
여시체(體)는 적상·정상·적멸상·각성·밝은성품으로 이루어져 있다.
여시력(力)은 세 가지 힘이 나타난 것이다. 미는 힘과 당기는 힘, 중간 힘이 그것이다. 먼저 생성된 밝은성품과 나중 생성된 밝은성품이 서로 부딪쳐서 세 종류의 힘이 생겨난다. 이 과정에서 본연(本緣)이 생겨난다.
여시작(如是作)은 본연 안에서 일어나는 각성정보의 행(行)이다.
여시인(因)은 생멸정보와 생멸정보, 생멸정보와 근본정보가 서로 교류하는 것이다.
여시연(緣)은 정보와 정보가 교류하면서 새로운 정보가 생성되는 것이다.
여시과(果)는 천지만물 간에 이루어지는 교류의 결과이다.
여시보(報)는 존재 간에 형성된 관계나 업식으로 인해 생겨나는 응보(應報)이다.
여시본(本)은 생명을 이루고 있는 근본요소를 말한다.
여시성(性)에서 본성을 갖게 된 생명이 여시상(相)에서 각성을 갖추고, 여시체(體)에서 몸을 갖추고, 여시력(力)에서 힘을 갖추고, 여시작(作)에서 본연이 변화를 일으키고, 여시인(因)에서 생멸문(生滅門)으로 변화되고, 여시연(緣)에서 천지만물로 나누어지고, 여시과(果)에서 의식·감정·의지와 영, 혼, 육체의 몸을 갖게 되고 여시보(報)에서 인과응보를 받게 되는 모든 과정을 여시본(本)이라 한다.

여시상(相)과 여시성(性)은 무상(無相)이며 공(空)이다. 여시체(體)에서부터 유상(有相)이 나타난다.
심상(心相)에 근본이 없다는 것은 의식과 감정의 바탕에는 성, 상, 체, 력, 작, 인, 연, 과, 보가 없다는 말이다.
'심(心)의 바탕이 본래 무상(無相)하다'는 것은 여시성(如是性)으로 변화되기 이전에도 무상(無相)하고 그 이후에도 무상하다는 의미이다.
'본래 본처(本處)가 없어서 공적(空寂)하고 무생(無生)이다'
본처(本處)가 없다는 것은 아직까지 본성을 이루지 못해서 생명성을 갖추지 못했다는 뜻이다.
공적(空寂)하다는 것은 심상(心相)의 형상과 존재 양태가 그러하다는 뜻이다.
의식과 감정의 바탕은 형상이 공(空)하고 존재 양태가 적(寂)하다.
무생(無生)이라는 것은 두 가지 의미가 있다.
첫 번째 의미는 변화되지 않는다는 것이다.
의식과 감정의 바탕은 생명성이 갖춰진 뒤에도 그 고유성이 변화되지 않는다.
두 번째 의미는 심의 바탕은 생겨나는 것이 아니라는 말이다. 의식의 바탕과 감정의 바탕은 본래 있는 것이지 생겨나는 것이 아니다.

해탈보살은 심성(心性)의 일에 대해 여쭈었지만 부처님께서는 먼저 심상(心相)의 형상과 존재 양태에 대해서 말씀하셨다.

여기까지는 심상(心相)이 심성(心性)으로 변화되기 이전의 상태에 대한 말씀이시다. 다음에 나오는 문장은 십여시를 근본으로 삼고 있는 중생이 적멸상을 체득하는 방법에 대해 말씀하신 내용이다.
'만약 심(心)이 무생(無生)이면 곧 공적(空寂)에 들어가고, 공적한 심지(心地)는 곧 심공(心空)을 얻는다.'
'심(心)이 무생(無生)'이라는 뜻은 심의 바탕에 의식과 감정을 일으키지 않는다는 뜻이다.
'공적(空寂)에 들어간다'는 것은 공상(空相)과 적상(寂相)을 인식한다는 뜻이다.
'공적한 심지(心地)는 곧 심공(心空)을 얻는다.'는 것은 공상과 적상에 머물러서 의식과 감정의 바탕을 볼 수 있게 된다는 뜻이다.

"선남자여, 무상(無相)의 심(心)에는 심(心)이 없고 아(我)가 없으며, 일체의 법상(法相)은 또한 이와 같으니라."
'무상(無相)의 심(心)에는 심(心)이 없다'는 것은 적상과 공상에 들어가면 의식과 감정이 없다는 뜻이다.
'아(我)가 없다'는 것은 생멸심으로 이루어진 나(我)가 없다는 뜻이다.
'일체의 법상(法相)'이란 마음으로 이루어지는 모든 일을 말한다.

본문

解脫菩薩而白佛言. 尊者. 一切衆生若有我者. 若有心者.
해탈보살이백불언. 존자. 일체중생약유아자. 약유심자.
以何法覺令彼衆生出離斯縛?
이하법각령피중생출리사박?
佛言. 善男子. 若有我者. 令觀十二因緣. 十二因緣本從因
불언. 선남자. 약유아자. 령관십이인연. 십이인연본종인
果. 因果所起興於心行. 心尙不有. 何況有身? 若有我者.
과. 인과소기흥어심행. 심상불유. 하황유신? 약유아자.
令滅有見. 若無我者. 令滅無見. 若心生者. 令滅滅性. 若
령멸유견. 약무아자. 령멸무견. 약심생자. 령멸멸성. 약
心滅者. 令滅生性. 滅是見性. 卽入實際. 何以故? 本生不
심멸자. 령멸생성. 멸시견성. 즉입실제. 하이고? 본생불
滅. 本滅不生. 不滅不生. 不生不滅. 一切諸法亦復如是.
멸. 본멸불생. 불멸불생. 불생불멸. 일체제법역부여시.

해탈보살이 부처님께 여쭈었다. "세존이시여, 만일 일체중생이 자아가 있고 심(心)이 있다면, 어떤 법으로 깨닫게 해서 저 중생으로 하여금 이 얽매임에서 벗어나 떠나게 합니까?"
부처님께서 말씀하셨다. "선남자여, 만약에 자아가 있다고 한다면, 12인연(十二因緣)을 관(觀)하게 하라. 12인연은 본래 인과(因果)를 따르느니, 인과가 일어나서 흥하는 것은 심행(心行)때문이니라. 마음(心)도 오히려 있지 않은데, 하물며 몸이 있겠는가? 만일 자아가 있다고 한다면 있다는 견해를 없애게 하라. 만일 자아가 없다고 하면 없다는 견해를 없애게 하라. 만일 마음이 생기는 사람은(若心生者), 그 마음을 멸하게 하고 멸성(滅性)을 따르게 하라(令滅滅性). 만약에 마음을 멸했다면(若心滅者), 생성(生性)이 멸한 것을 따르게 하라(令滅生性). 이렇게 멸함으로 견성(見性)하고(滅是見性), 곧 실제(實際)에 들어간다(即入實際). 어떤 까닭인가? 본생은 불멸이고(本生不滅), 본멸은 불생이며(本滅不生), 멸하지도 않고 생기지도 않으며(不滅不生), 생기지도 않고 멸해지지도 않느니(不生不滅), 일체제법 또한 이와 같느니라."

강설

"세존이시여, 만일 일체중생이 자아가 있고, 심(心)이 있다면, 어떤 법으로 깨닫게 해서 저 중생으로 하여금 이 얽매임에서 벗어나 떠나게 합니까?"
금강삼매경의 핵심적인 주제 중의 하나이다.
대적정에 들어가는 인지법행(因地法行)과 과지법행(果地法

行)에 대해서 여쭙는 대목이다.

"선남자여, 만약에 자아가 있다고 한다면, 12인연(十二因緣)을 관(觀)하게 하라."
의식·감정·의지로써 자기를 삼고 있는 중생에게는 12인연을 관하게 하라는 말씀이시다.
12연기는 본연(本緣)에서 시작된 생멸연기가 열두 단계의 과정을 거쳐서 이루어진 것을 말한다. 그 과정 과정을 설명해 주고 관(觀)할 수 있도록 해주라는 말씀이시다.

"12인연은 본래 인과(因果)를 따르느니, 인과가 일어나서 흥하는 것은 심행(心行)때문이니라. 마음(心)도 오히려 있지 않은데, 하물며 몸이 있겠는가?"
의식·감정·의지를 자아로 여긴다면 12인연을 관찰하게 한다. 인과(因果)는 심행(心行)에서 일어난다. 심행(心行)이란 의식과 감정이 의지에 입각해서 쓰여지는 것을 말한다.
12연기를 통해 의식·감정·의지가 생겨나는 과정을 알려주고 영의 몸, 혼의 몸, 육체의 몸이 생겨나는 과정을 알려주라는 말씀이시다. 그렇게 되면 의식과 감정도 본래부터 갖추고 있던 것이 아니고 연기(緣起)의 과정에서 생겨난 것이라는 것을 알게 된다. 몸 또한 밝은성품이 일으킨 변화로써 생겨났다는 것을 알게 된다.

12연기의 원인은 무명(無明)이다. 무명은 각성이 갖고 있는 무명적 습성이다. 각성의 무명적 습성은 본연(本緣)에서 시작되었다. 각성 정보가 밝은성품이 갖고 있는 변화에 치중해서 근본정보(본성정보)를 잃어버린 것이 무명이다.

무명으로 인해 생멸연기가 일어난다. 생멸연기는 밝은성품 공간에 내재되어 있던 생멸정보와 근본정보가 서로 어우러지면서 시작된다.

생멸정보와 근본정보가 만나서 새로운 정보가 생성된다. 그것이 바로 의식·감정·의지이다. 이런 과정으로 생겨난 의식·감정·의지는 실제(實際)가 아니다. 실제가 아닌 것을 환(幻)이라 한다.

본성을 이루는 세 가지 요소가 아닌 것은 모두 다 환이다. 본성의 간극에서 생성되는 밝은성품도 환이고, 밝은성품이 일으키는 변화나 그 안에 내재되어 있는 모든 정보도 환이다.

적상·정상·적멸상 간의 관계를 본제(本際)라고 한다. 본제로 인해 밝은성품과 각성이 생겨난다.

밝은성품은 적상·정상·적멸상에서 생성된다.

각성은 본성의 능성(能性)에서 생겨난다. 본성의 능성이 갖고 있는 인식, 지각, 의도가 각성으로 전환된다.

본제에서 생성되는 밝은성품 공간 안에 각성정보와 본제정보가 내재된 것을 본연(本緣)이라 한다.

본연공간 안에서 무명이 시작되고 무명으로 인해서 생멸연기가 시작된다.

본제를 이루고 있는 세 가지 요소가 실상이다.
본제에서 생겨난 각성을 본각(本覺)이라고 한다.
본제를 이루고 있는 세 가지 요소는 결정성(決定性)이다.

12연기가 일어나는 것은 본연의 환(幻)에서 생멸의 환(幻)이 생긴 것이다. 천지만물이 생겨나는 것은 생멸의 환에서 또 하나의 환이 생겨나는 것이다. 천지만물이 갖고 있는 몸과 마음은 네 번째 환의 나타남이다. 환으로 지어진 허상이 돌고 도는 것을 육도윤회(六道輪廻)라 한다.
유상(有相)의 우주는 본연(本緣)이라는 환(幻)에서 시작되었다. 나(我)라는 생명은 허상(虛相)의 산물이다. 때문에 존재 자체가 실상이 아니다. 허상인 내가 실상이 되려면 본각(本覺)을 증득해야 한다. 모든 생명이 본각을 증득하기 이전에는 허상생명이다.
중생의 자성도 근본정보로 이루어진 허상이다.
중생이 실상을 갖추려면 근본정보를 바탕으로 해서 적상·정상·적멸상을 인식하고 적멸상(寂滅相)에 머물 수 있어야 한다.

12연기를 통해서 생명에게 나타나는 변화가 있다.
1) 의식·감정·의지가 나타난다.

2) 영의 몸, 혼의 몸, 육체의 몸이 나타난다.
3) 물질이 나타난다.
4) 정신과 몸이 합쳐져서 오온(五蘊)이 출현한다.
5) 식(識)을 놓고서는 전5식(前五識), 후육식(後六識), 제7말나식, 제8아뢰야식이 나타난다.
심(心)을 놓고서는 희, 노, 애, 락, 우, 비(喜怒哀樂憂悲), 고뇌(苦惱)가 나타난다.
의(意)로서는 지각, 인식, 분별, 의도가 나타난다.

의식과 의지는 12연기 중에 무명(無明), 행(行), 식(識), 명색(名色), 육입(六入)의 과정에서 나타난다.
감정은 12연기 중에 촉(觸), 수(受), 애(愛), 취(取)의 과정에서 생겨난다.
영의 몸은 식(識)의 과정에서 생겨나고 명색(名色)의 과정에서 나누어진다.
혼의 몸은 촉(觸)의 과정에서 생겨나고, 수(受), 애(愛), 취(取)의 과정에서 변화된다.
육체의 몸은 유(有)의 과정에서 생겨난다.
물질은 행(行)의 과정에서 생겨난다.
후육식(後六識)은 색의식(色意識)이고, 제7말나식은 혼의식(魂意識)이고, 제8아뢰야식은 영의식(靈意識)이다.

세간(世間)이 생겨난 과정을 안다는 것은 여래장연기와 생멸연기, 진여연기의 이치를 안다는 것이다.
본원본제에서 본연이 나타나고 본연에서 생멸문과 진여문이 생겨나는 것이 여래장연기이다. 생멸문에서 생멸연기가 일어나고 진여문에서 진여연기가 일어난다.
생멸연기는 열두 단계로 일어난다.
진여연기는 오십(五十)단계로 일어난다.
세 가지 연기를 벗어나기 위해서 생멸수행과 진여수행, 일불승수행(등각·묘각)이 대두된다.
여래장연기의 원인을 제도하는 것이 등각도와 묘각도이다.
생멸연기의 원인을 제도하는 것이 해탈도이다.
진여연기의 원인을 제도하는 것이 보살도이다.

"만일 자아가 있다고 한다면 유견(有見/있다는 견해)을 없애게 하라."
유상의 의식·감정·의지를 자기라고 생각하면 그 견해를 없애주라는 말씀이시다.

"만일 자아가 없다고 하면 무견(無見/없다는 견해)을 없애게 하라."
본성의 자아조차도 자기가 아니라고 부정하면 그 견해를 없애주라는 말씀이시다.

"만일 마음이 생기는 사람은(若心生者), 그 마음을 멸하게 하고 멸성(滅性)을 따르게 하라(令滅滅性)"
'만일 의식과 감정이 일어난 사람은 그 마음을 없애주고' 없어진 자리에 머무르라는 말씀이시다.
'멸성(滅性)을 따르게 하라(令滅滅性)'는 것은 의식과 감정이 인식되지 않는 그 자리에 머무르라는 뜻이다.
본성(本性)의 적멸상(寂滅相)에 머무는 것을 말한다.

"만약에 마음을 멸했다면(若心滅者), 생성(生性)이 멸한 것을 따르게 하라(令滅生性)."
만약에 의식과 감정이 멸해졌다면 다시 생성되지 않도록 하고 멸성에 머무르라는 말씀이시다.

"이렇게 멸함으로 견성(見性)하고(滅是見性), 곧 실제(實際)에 들어간다(即入實際)."
의식과 감정을 이렇게 멸함으로써 견성하고 곧 적멸상에 들어간다는 말씀이시다.

"어떤 까닭인가? 본생은 불멸이고(本生不滅), 본멸은 불생이며(本滅不生), 멸하지도 않고 생기지도 않으며(不滅不生), 생기지도 않고 멸해지지도 않느니(不生不滅)"
'본생(本生)'이란 본성의 출현을 말한다.
'본생불멸(本生不滅)'이란 그렇게 출현한 본성은 불멸한다는 말씀이시다.

'본멸불생(本滅不生)'이란 본성의 멸함은 일어나지 않는다는 말씀이시다.
그와 같기 때문에 본성은 불멸불생(不滅不生)하고, 불생불멸(不生不滅)한다.

'일체제법 또한 이와 같느니라'
일체제법은 세 종류의 제법으로 이루어져 있다.
첫 번째 제법은 본원본제가 일으키는 변화이다. 적상·정상·적멸상에서 일어나는 변화이다. 이로 인해 여시상(如是相)과 여시체(如是體), 여시력(如是力)이 생겨나고 여래장연기가 시작된다.
두 번째 제법은 본연이 일으키는 변화이다. 본성정보와 각성정보, 생멸정보가 서로 교류하면서 일어나는 변화이다. 이로 인해 여시작(如是作)과 여시인(如是因), 여시연(如是緣), 여시과(如是果), 여시보(如是報), 여시본(如是本)이 생겨나고 생멸연기와 진여연기가 일어난다.
세 번째 제법은 천지만물이 일으키는 변화이다. 천지만물 안에 내재되어 있는 업식(業識)과 업식이 서로 교류하면서 일어나는 변화이다. 이로 인해 의식·감정·의지가 생겨난다.

본문

解脫菩薩而白佛言. 尊者. 若有衆生見法生時. 令滅何見?
해탈보살이백불언. 존자. 약유중생견법생시. 령멸하견?

見法滅時. 令滅何見？
견법멸시. 령멸하견？
佛言. 菩薩. 若有眾生見法生時. 令滅無見. 見法滅時. 令
불언. 보살. 약유중생견법생시. 령멸무견. 견법멸시. 령
滅有見. 若滅是見得法真無. 入決定性決定無生.
멸유견. 약멸시견득법진무. 입결정성결정무생.
해탈보살이 부처님께 여쭈었다. "세존이시여, 만일 어떤 중생이 법이 생기는 것을 보았을 때, 어떠한 견(見)을 없애게 해야 하겠습니까? 법이 없어지는 것을 보았을 때는 어떤 견(見)을 없애게 해야 하겠습니까?"

부처님께서 말씀하셨다. "보살이여, 만일 어느 중생이 법이 생기는 것을 볼 때는 멸성을 따르고(令滅) 견해를 없애야(無見) 하느니라. 법이 없어지는 것을 볼 때는 멸성을 따르고(令滅) 그 견해를 지켜가야(有見) 하느니라. 만약 멸시견을 갖추게 되면(若滅是見) 법의 진무를 얻게 되고(得法真無), 결정성에 들어가며(入決定性) 결정은 무생(決定無生)이니라."

강설

해탈보살이 부처님께 여쭈었다. "세존이시여, 만일 어떤 중생이 법이 생기는 것을 보았을 때, 어떠한 견(見)을 없애게 해야 하겠습니까? 법이 없어지는 것을 보았을 때는 어떤 견(見)을 없애게 해야 하겠습니까?"

'법이 생기는 것을 본다'는 것은 적멸상에 머물러 있다가 의식과 감정이 일어나는 것을 본다는 말이다. 그럴 때는 어떻게 해야 하느냐고 여쭙는 것이다.
'법이 없어지는 것을 본다'는 것은 의식과 감정이 없어지는 것을 본다는 말이다. 그런 경우에는 어떻게 해야 하는지 여쭙는 것이다.

"부처님께서 말씀하셨다. "보살이여, 만일 어느 중생이 법이 생기는 것을 볼 때는 멸성을 따르고(令滅) 견해를 없애야(無見) 하느니라."
의식과 감정이 일어나는 것을 볼 때에는 적멸처에 머무르고 의식과 감정을 따르지 말라는 말씀이시다.

"법이 없어지는 것을 볼 때는 멸성을 따르고(令滅) 그 견해를 지켜가야(有見) 하느니라."
의식과 감정이 없어지는 것을 볼 때에도 적멸상에 머무르고 없어진 그 자리를 지켜가라는 말씀이시다.

"만약 멸시견을 갖추게 되면(若滅是見) 법의 진무를 얻게 되고(得法眞無)"
'멸시견'이란 항상 적멸상에 머물러있는 것을 말한다.
'득법진무(得法眞無)'란 참다운 무(無)를 얻게 된다는 말씀이시다.

"결정성에 들어가며(入決定性) 결정은 무생(決定無生)이니라."
이와 같이 적멸상에 머무를 때 결정성에 들어가고 결정(決定) 자체는 무생이라는 말씀이시다.

본문

解脫菩薩而白佛言. 尊者. 令彼衆生住於無生是無生也.
해탈보살이백불언. 존자. 령피중생주어무생시무생야.
佛言. 住於無生卽是有生. 何以故？無住無生. 乃是無生.
불언. 주어무생즉시유생. 하이고？무주무생. 내시무생.
菩薩. 若生無生. 以生滅生. 生滅俱滅. 本生不生. 心常空寂, 空性無住. 心無有住乃是無生.
보살. 약생무생. 이생멸생. 생멸구멸, 본생불생. 심상공적. 공성무주. 심무유주내시무생.

해탈보살이 부처님께 여쭈었다. "세존이시여, 저 중생으로 하여금 무생(無生)에 머물게 하는 것이 무생(無生)입니까?"
부처님께서 말씀하셨다. "무생(無生)에 머무는 것은 곧 유생(有生)이니라. 어떤 까닭인가? 무생(無生)에 머물지 않는 것이 바로 무생이기 때문이다. 보살이여, 만일 무생(無生)을 생기게 하게 되면, 다시 생멸(生滅)이 생기느니라. 이때의 생멸(生滅)이 함께 제도되어야 비로소 생(生)함이 생기지 않느니라. 마음이 늘 공적(空寂)하고, 공성(空性)에도 머물지 않고, 마음에서 머무는 것이 없는 것이 바로 무생(無生)이다."

강설

해탈보살이 부처님께 여쭈었다. "세존이시여, 저 중생으로 하여금 무생(無生)에 머물게 하는 것이 무생(無生)입니까?"
해탈보살이 무생(無生)에 대해 여쭙는 대목이다.
중생이 적멸상에만 머물러 있으면 무생법인을 체득한 것이 아니냐고 여쭙는 것이다.

부처님께서 말씀하셨다. "무생(無生)에 머무는 것은 곧 유생(有生)이니라."
그런데 부처님께서는 무생(無生)에 머무는 것이 유생(有生)이라고 말씀하신다.
'적멸상에 머물러 있으면 해탈이요, 생멸심에서 벗어난 것인데 왜 유생(有生)이라고 말씀하실까?' 이것이 이 대목에서 던져야 하는 질문이다.
부처님께서는 이 대목에서 여래장연기의 원인에 대해서 말씀하시려고 하시는 것이다.
아라한이 멸진정에 들어있는 상태나 본원본제가 멸진정에 들어있는 상태나 같은 상태이다. 본원본제로부터 여래장연기가 일어났듯이 아라한에게도 그와 같은 변화가 일어난다고 말씀하시는 것이다.

그때의 변화를 유생(有生)이라고 표현하신다.
'멸진정에 머물러있게 되면 어떤 변화가 일어날까?'
이 질문을 염두에 두고 다음의 말씀들을 들여다보자.

"어떤 까닭인가? 무생(無生)에 머물지 않는 것이 바로 무생(無生)이기 때문이다."

무생에 머물지 않는다는 것은 적멸상에 머물지 않는다는 말씀이시다. 그렇다면 어디에 각성을 두어야 할까?
본원본제의 경우는 각성을 전이시킬 수 있는 대상이 적정상(寂靜相)과 밝은성품이다. 때문에 적멸상(寂滅相)과 적정상(寂靜相), 밝은성품 사이를 오고 가면서 각조(覺照)를 행한다. 그 결과로 본연(本緣)이 출현하고 여래장연기가 시작된다. 이것이 본원본제가 무생(無生)에 머물러서 유생(有生)을 일으키는 과정이다.

아라한의 경우는 분리시켰던 의식과 감정도 각성을 전이시킬 수 있는 대상이 되고 밖의 경계도 대상이 된다. 하지만 생멸심(生滅心)에는 머물지 않기 때문에 각성을 그곳에 두지 않는다. 그렇다면 어디에다 각성을 두어야 할까? 적멸상에도 머물지 않고 심식(心識)에도 머물지 않는다면 어디에다 각성을 두어야 할까? 밝은성품과 적멸상, 적정상을 함께 지켜봐야 한다.
아라한이 멸진정에 들어있게 되면 밝은성품이 지속적으로

생성된다. 하지만 아라한은 스스로가 생성시킨 밝은성품을 인식의 대상으로 삼지 않는다. 그렇게되면 밝은성품이 생멸공간으로 퍼져나간다. 그로 인해 아라한은 두 가지 과보를 맞이하게 된다.

첫 번째 과보는 분리시켰던 자기 심식의(心識意)로부터 도래한다. 두 번째 과보는 생멸문의 반연중생들로부터 도래한다.

아라한이 생성해낸 밝은성품이 생멸공간으로 퍼져나가면 분리시켰던 심식의(心識意)가 밝은성품을 받아들인다. 그러면서 심식의의 활동성이 활성화된다. 심식의가 활성화되면 본성에 대한 그리움을 일으킨다. 그때의 그리움이 정도 이상 커지게 되면 아라한의 멸진정(滅盡定)이 깨어지게 된다. 이것이 아라한이 적멸상에 머무름으로써 도래하는 첫 번째 과보이며 첫 번째 유생(有生)이다.

아라한이 생성해낸 밝은성품이 생멸공간으로 퍼져나갈 때 두 번째 도래하는 과보는 반연중생(攀緣衆生)들로부터 오는 호응이다. 아라한이 생성한 밝은성품이 생멸공간으로 퍼져나가면 수많은 생명들의 양식이 된다. 그 과정에서 서로 간에 호응이 일어나고 새로운 반연(攀緣)들이 만들어진다. 중생들의 호응이 정도 이상 커지게 되면 아라한이 멸진정을 유지할 수 없게 된다. 이것이 멸진정에 들어있던 아라한이 맞이하는 두 번째 유생(有生)이다.

아라한이 이러한 한계에서 벗어나려면 밝은성품을 인식의

대상으로 삼고 법념처관(法念處觀)을 행해야 한다.

법념처관이란 본각을 구경각으로 전환시키고 본성과 밝은 성품을 함께 지켜보는 것을 말한다.

아라한이 법념처관을 행하게 되면 보살도 초지에 들어간 것이다.

아라한이 멸진정에 머물러있는 것은 불념처관(佛念處觀)을 행하는 것이다.

본성·각성·밝은성품을 진여심(眞如心)이라 한다.

아라한이 진여심을 갖추고 진여출가를 하는 것은 각성의 무명적 습성을 제도하고 밝은성품의 자연적 성향을 제도하며 생멸심을 제도하기 위해서이다.

생멸신을 벗어난 아라한이 진여신을 갖추게 되면 유생을 벗어나서 무생(無生)을 이루었다고 말한다.

불념처에 머물러있던 아라한이 법념처를 갖추게 되면 무생(無生)을 성취한 것이다.

"보살이여, 만일 무생(無生)을 생기게 하게 되면, 다시 생멸(生滅)이 생기느니라. 이때의 생멸(生滅)이 함께 제도되어야, 비로소 생(生)함이 생기지 않느니라."

이 대목은 진여출가 이후에 행해지는 보살도 수행에 대해서 말씀하신 것이다. 초지에서부터 10지까지 행해지는 보살도수행을 한 구절로 표현하신 것이다.

법념처관을 통해 진여출가를 이룬 보살은 무생(無生)에 든

것이다. 하지만 그 무생에 머물러있다 보면 다시 생멸심(生滅心)을 만나게 된다. 이때에 도래하는 생멸심도 스스로가 분리시켰던 자기 생멸심이다.

보살이 진여신(眞如身)을 갖추고 진여출가를 하게 되면 의식·감정·의지로 이루어진 생멸신(生滅身)은 생멸문에 남아있게 된다. 그러다가 보살이 환희지에 들어서 밝은성품을 생성해 내게 되면 그 밝은성품을 통해서 서로 연결된다. 생멸문에 남아있는 생멸심은 항상 진여심에 대한 그리움에 젖어있다. 때문에 진여심으로부터 도래하는 밝은성품을 접하게 되면 그 즉시 일치가 이루어진다. 이런 과정을 통해서 생멸심을 접한 진여심은 환희지에서 깨어나게 된다. 이것이 무생(無生)에 들어간 진여보살이 다시 생멸심(生滅心)을 접하게 되는 과정이다.

초지보살이 생멸의 인연을 만나게 되면 그것을 거부하지 말고 제도의 대상으로 삼아야 한다. 자기 생멸심을 제도하고 반연중생들의 생멸심을 제도한 다음에 생멸문 전체를 제도해야 온전한 무생(無生)을 성취한 것이다.

진여보살이 자기 생멸심을 제도하는 것은 2지 이구지에서부터 6지 현전지의 과정에서 이루어진다. 생멸문의 반연중생을 제도하는 것은 7지 원행지와 8지 부동지에서 이루어진다.

생멸문 전체를 제도하는 것은 9지 선혜지와 10지 법운지에서 이루어진다.

"마음이 늘 공적(空寂)하고, 공성(空性)에도 머물지 않고, 마음에서 머무는 것이 없는 것이 바로 무생(無生)이다."

'마음이 늘 공적(空寂)하다'는 것은 적상·정상·적멸상에 머문다는 뜻이다.

'공성(空性)에도 머물지 않는다'는 것은 밝은성품도 인식의 대상으로 삼는다는 뜻이다.

'마음에서 머무는 것이 없다'는 것은 생멸심에도 머물지 않고 진여심에도 머물지 않는다는 뜻이다. 그것이 바로 무생(無生)이라는 말씀이시다.

본문

解脫菩薩而白佛言. 尊者. 心無有住有何修學? 為有學也?
해탈보살이백불언. 존자. 심무유주유하수학? 위유학야?
為無學也? 佛言. 菩薩. 無生之心. 心無出入. 本如來藏性
위무학야? 불언. 보살. 무생지심. 심무출입. 본여래장성
寂不動. 亦非有學. 亦非無學. 無有學不學. 是即無學. 非
적부동. 역비유학. 역비무학. 무유학불학. 시즉무학. 비
無有學是為所學.
무유학시위소학.

해탈보살이 부처님께 여쭈었다. "세존이시여, 마음이 유에 머무름이 없는데(心無有住), 유를 배우는 것을 어떻게 할 수 있습니까(有何修學)? 배울 수 있는 것입니까(爲有學也)? 배울 수 없는 것입니까(爲無學也)?"

부처님께서 말씀하셨다. "보살이여, 무생(無生)의 마음은 마음에서 출입이 없느니라. 본래 여래장이고, 그 성(性)은 고요해서 움직이지 않느니라. 또한 배움이 있는 것도 아니고(亦非有學), 또한 배움이 없는 것도 아니니라(亦非無學). 배움이 있고 없음이 배우지 않는 것이요(無有學不學), 곧 배움이 없는 것이니라(是即無學). 배움이 있고 없음이 아닌 것이 곧 배우는 것이니라(非無有學是爲所學)."

강설

해탈보살이 부처님께 여쭈었다. "세존이시여, 마음이 유에 머무름이 없는데(心無有住), 유를 배우는 것을 어떻게 할 수 있습니까(有何修學)? 배울 수 있는 것입니까(爲有學也)? 배울 수 없는 것입니까(爲無學也)?"

'마음이 유(有)에 머무르지 않는다'는 것은 마음이 의식·감정·의지에 머무르지 않는 것이다. 그런 상태에서 어떻게 세간의 이치를 배울 수 있겠느냐는 질문이다.

아라한이 유(有)에 머무르지 않는 것은 생멸심을 인식의 대상으로 삼지 않는 것이다.

'有를 배운다'는 것은 有를 제도하는 방법을 배우는 것이다. 본원본제나 아라한이 생멸심을 인식의 대상으로 삼지 않는데 그것을 제도할 방법을 어떻게 배울 수 있느냐고 여쭙는 것이다.

부처님께서 말씀하셨다. "보살이여, 무생(無生)의 마음은 마음에서 출입이 없느니라. 본래 여래장이고, 그 성(性)은 고요해서 움직이지 않느니라."

'무생(無生)의 마음이 마음에서 출입이 없다'는 것은 멸진정의 상태에서는 적상·정상·적멸상에서 벗어나지 않는다는 말씀이시다. 본원본제나 아라한이 똑같은 상태이다.

그 상태가 근본여래장이고 그 성(性)은 고요해서 움직이지 않는다는 말씀이시다.

"또한 배움이 있는 것도 아니고(亦非有學), 또한 배움이 없는 것도 아니니라(亦非無學)."

이 대목은 두 가지 관점으로 해석해야 한다.

첫 번째 관점은 본원본제와 아라한이 멸진정에 들어가는 서로 다른 차이이다.

본원본제가 멸진정에 들어가는 것은 배움을 통해서 들어가는 것이 아니다. 수연(隨緣)으로 들어간다. 때문에 역비유학(亦非有學)이다. 하지만 아라한이 멸진정에 들어가려면 인지법행(因地法行)과 과지법행(果地法行)을 배워야 한다. 때문에 역비무학(亦非無學)이다.

두 번째 관점은 아라한이 멸진정에 들어가기 이전의 상태와 멸진정에 들어간 이후의 상태이다. 인지법행과 과지법행을 익힐 때는 생멸심으로 익히지만 멸진정에 들어가서는 그 생멸심을 분리시킨다.

생멸심으로 법을 익힐 때는 역비무학(亦非無學)이요. 생멸심을 분리시킨 후에 멸진정에 머물 때는 역비유학(亦非有學)이다. 또한 보살도에 들어가서 생멸심을 제도하는 방법을 익힐 때도 역비무학(亦非無學)이다. 법신청정행을 행할 때나 진여심을 제도해서 공여래장에 머물 때는 역비유학(亦非有學)이다.

"배움이 있고 없음이 배우지 않는 것이요(無有學不學), 곧 배움이 없는 것이니라(是卽無學). 배움이 있고 없음이 아닌 것이 곧 배우는 것이니라(非無有學是爲所學)."

배우는 것에만 집착하거나 배우지 않는 것에 머물러 있으면 배움이 없고, 배울 때는 배우고 멸진정에 머물 때는 그 상태에 몰입할 수 있어야 곧 배우는 것이라는 말씀이시다. 인지법행의 갖춤과 과지법행의 성취를 병행하라는 말씀이시다.

본문

解脫菩薩而白佛言. 尊者. 云何如來藏性寂不動?
해탈보살이백불언. 존자. 운하여래장성적부동?

佛言. 如來藏者. 生滅慮知相隱理不顯. 是如來藏性寂不動.
불언. 여래장자. 생멸려지상은리불현. 시여래장성적부동.

해탈보살이 부처님께 여쭈었다. "세존이시여, 어떻게 여래장의 성(性)은 고요해서 움직이지 않습니까?"
부처님께서 말씀하셨다. "여래장에 들어간 사람은 생멸려지상(生滅慮知相)이 자태를 감추고 나타나지 않기 때문에(隱理不顯) 그 성(性)이 고요해서 움직이지 않는 것이니라."

강설

해탈보살이 부처님께 여쭈었다. "세존이시여, 어떻게 여래장의 성(性)은 고요해서 움직이지 않습니까?"
본원본제의 여시성(如是性)과 아라한의 대적정에 대해 함께 여쭙는 대목이다.

"부처님께서 말씀하셨다. "여래장에 들어간 사람은 생멸려지상(生滅慮知相)이 자태를 감추고 나타나지 않기 때문에(隱理不顯) 그 성(性)이 고요해서 움직이지 않는 것이니라."
부처님의 대답은 아라한의 관점에서 말씀하신 것이다.
생멸려지상(生滅慮知相)이란 생멸심을 이루고 있는 의식·감정·의지와 오온(五蘊)의 상태를 말한다.
아라한이 멸진정에 들어가면 생멸심이 분리되어서 나타나

지 않기 때문에 그 성(性)이 고요해서 움직이지 않는 것이라고 말씀하신다.
본원본제의 경우에는 본래부터 생멸심을 인식하지 못하기 때문에 그 성(性)이 고요하고 움직이지 않는다.

본문

解脫菩薩而白佛言. 尊者. 云何生滅慮知相?
해탈보살이백불언. 존자. 운하생멸려지상?
佛言. 菩薩. 理無可不. 若有可不. 即生諸念. 千思萬慮.
불언. 보살. 리무가부. 약유가부. 즉생제념. 천사만려.
是生滅相. 菩薩. 觀本性相理自滿足. 千思萬慮不益道理.
시생멸상. 보살. 관본성상리자만족. 천사만려불익도리.
徒爲動亂. 失本心王. 若無思慮. 則無生滅. 如實不起.
도위동란. 실본심왕. 약무사려. 즉무생멸. 여실불기.
諸識安寂. 流注不生. 得五法淨. 是謂人乘. 菩薩. 入五法
제식안적. 류주불생. 득오법정. 시위대승. 보살. 입오법
淨. 心即無妄. 若無有妄. 即入如來自覺聖智之地. 入智地
정. 심즉무망. 약무유망. 즉입여래자각성지지지. 입지지
者. 善知一切從本不生. 知本不生. 即無妄想.
자. 선지일체종본불생. 지본불생. 즉무망상.

해탈보살이 부처님께 여쭈었다. "세존이시여, 생멸여지상이 무엇입니까?"
부처님께서 말씀하셨다. "보살이여, 이치에는 가불(可不)이 없느니라. 만약에 가불(可不)이 있다면, 곧 여러 염(念)이 생기고 천 가지로 사유하고 만 가지로 깊이 생각하게 되느니라. 이것이 곧 생멸상이니라. 보살이여, 본성의 상과 이치를 관(觀)하여 스스로가 만족하는데, 천 가지로 사유하고 만 가지로 깊이 생각하는 것은 도리어 이익이 되지 않느니라. 쓸데없이 움직여서 어지럽게 되면, 본래의 심왕(心王)을 잃게 되느니라. 만약에 사려(思慮/깊이 생각함)가 없다면, 곧 생멸이 없느니라. 여실에서 일어나지 않으면(如實不起), 여러 식(識)은 편안하고 고요하게 되며, 유주(流注/흘러감)가 생기지 않고, 오법(五法)[8]의 청정함을 얻게 되느니, 이것을 대승이라고 하느니라. 보살이여, 오법의 청정함에 들어가면, 마음에서 곧 망령됨이 없느니라. 만약에 망령됨이 없으면, 곧 여래의 자각(自覺)성지(聖智)에 들어간 것이니라. 지지(智地)에 들어간다는 것은, 먼저 일체를 알고 본성이 불생이라는 것을 따르는 것이니라. 본성이 불생인 것을 알게 되면, 곧 망상이 없게 되느니라"

강설

해탈보살이 부처님께 여쭈었다. "세존이시여, 생멸여지상이 무엇입니까?(云何生滅慮知相)"

---

8) 오법자성은 능가경에서 명(名), 상(相), 분별(分別), 정지(正智), 진여(眞如)이다.

부처님께서 말씀하셨다. "보살이여, 이치에는 가불(可不)이 없느니라. 만약에 가불(可不)이 있다면, 곧 여러 염(念)이 생기고 천 가지로 사유하고 만 가지로 깊이 생각하게 되느니라. 이것이 곧 생멸상이니라."

해탈보살이 생멸지상이 무엇이냐고 여쭈었더니 옳고(可) 그름의(不) 분별이 있어서 수많은 생각을 일으키는 것이 생멸상이라고 말씀하신다. 그러면서 본래 본성의 일에는 옳고 그름이 없다고 말씀하신다.

"보살이여, 본성의 상과 이치를 관(觀)하여 스스로가 만족하는데(觀本性相理自滿足), 천 가지로 사유하고 만 가지로 깊이 생각하는 것은 도리에 이익이 되지 않느니라(千思萬慮不益道理)"

본성의 상과 이치를 관하는 것만으로도 만족할 수 있다고 말씀하신다. 본성의 상(相)이란 적상·정상·적멸상·각성을 말한다.

이치란 각성과 본성의 관계로 인해서 생겨나는 변화를 말한다. 멸진정에 들어있는 아라한의 상태가 그러하다는 말씀이시다.

수많은 생각을 일으키고 분별 망상에 빠져있는 것은 도의 이치를 깨닫는 것에 이익이 되지 않는다고 말씀하신다.

"쓸데없이 움직여서 어지럽게 되면(徒爲動亂), 본래의 심왕

(心王)을 잃게 되느니라."
심왕이란 본각(本覺)을 말한다. 분별 망상에 빠져있다 보면 각성이 미해질 수도 있다는 말씀이시다.

"만약에 사려(思慮/깊이 생각함)가 없다면, 곧 생멸이 없느니라."
멸진정에 머물러서 분별 망상에 빠지지 않으면 생멸이 없다는 말씀이시다.

"여실에서 일어나지 않으면(如實不起), 여러 식(識)은 편안하고 고요하게 되며(諸識安寂), 유주(流注/흘러감)가 생기지 않고(流注不生), 오법(五法)의 청정함을 얻게 되느니, 이것을 대승이라고 하느니라."
'여실(如實)'이란 본성의 상태를 말한다.
각성이 본성에 머물러서 생멸심이 일어나지 않으면 여러 식(識)이 편안하고 고요하게 되며(諸識安寂), 유주(流注/흘러감)가 생기지 않고(流注不生), 오법(五法)이 깨끗함을 얻게 된다는 말씀이시다.
'여러 식(識)'이란 전5식, 후6식, 제7말라식, 제8아뢰야식, 해탈지견식, 암마라식, 원통식을 말한다. 전5식에서 제8아뢰야식까지를 생멸식이라 한다. 해탈지견식과 암마라식, 원통식을 진여식이라 한다.
'생멸심이 일어나지 않으면 여러 식이 고요하고 편안하다'

는 것은 전5식에서 암마라식까지를 말씀하시는 것이다.
'**유주가 생기지 않는다**'는 것은 더 이상 식(識)의 전환이 일어나지 않고 생멸연기에서 벗어난다는 말씀이시다.
'**오법이 청정해진다**'는 것은 명(名), 상(相), 분별(分別), 정지(正智), 진여(眞如)가 청정해진다는 뜻이다.
'**명(名)**'이란 명색(名色)을 말한다. 식(識)과 식(識)의 교류를 명색이라 한다.
'**상(相)**'이란 형상을 말한다. 영의 몸, 혼의 몸, 육체의 몸을 말한다.
'**분별(分別)**'이란 의식과 의지가 함께 쓰여지는 것을 말한다.
'**정지(正智)**'란 바른 지혜를 말한다. 여섯 종류의 지혜가 있다. 일체지, 일체종지, 무사지, 자연지, 불지, 여래지가 그것이다.
오법에서의 정지는 일체지를 말한다.
'**진여(眞如)**'란 본성·각성·밝은성품을 말한다.

"보살이여, 오법의 청정함에 들어가면, 마음에서 곧 망령됨이 없느니라. 만약에 망령됨이 없으면, 곧 여래의 자각(自覺)성지(聖智)에 들어간 것이니라."
오법청정이 이루어지면 마음이 망령됨에서 벗어난다는 말씀이시다. 그렇게 되면 부처님께서 성취하신 대적정에 들어간 것이라는 말씀이시다.
'**여래의 자각성지**'란 대적정을 말한다.

"지지(智地)에 들어간다는 것은, 먼저 일체를 알고 본성이 불생이라는 것을 따르는 것이니라(善知一切從本不生)."

지지(智知)란 지혜의 성취와 과위의 성취를 말한다.
이 과정에서 성취하는 지혜는 일체지(一切智)이다.
이 과정에서 성취하는 과위는 아라한과이다.
일체를 안다는 것은 육근(六根), 육경(六境), 육식(六識)의 일을 아는 것이다. 의식·감정·의지가 생겨난 원인을 아는 것이 일체를 아는 것이다. 일체를 알 때, 일체지가 갖추어진 것이다.
일체를 알고 본성불생의 이치를 따르는 것이 일체지를 얻고 아라한과에 들어간 것이라는 말씀이시다.

"본성이 불생인 것을 알게 되면(知本不生), 곧 망상이 없게 되느니라(即無妄想)."

본성불생을 알고 멸진정에 머물게 되면 생멸해탈을 이루게 된다. 이렇게 되면 의식·감정·의지가 본성과 분리된다.

본문

解脫菩薩而白佛言. 尊者. 無妄想者, 應無止息.
해탈보살이백불언. 존자. 무망상자. 응무지식.
佛言. 菩薩. 妄本不生. 無妄可息. 知心無心. 無心可止.
불언. 보살. 망본불생. 무망가식. 지심무심. 무심가지.

無分. 無別. 現識不生. 無生可止. 是則無止. 亦非無止.
무분. 무별. 현식불생. 무생가지. 시즉무지. 역비무지.
何以故？ 止無止故.
하이고？ 지무지고.

해탈보살이 부처님께 여쭈었다. "세존이시여, 망상이 없으면 마땅히 지식(止息/그치고 쉼)이 없다는 것입니까?"
부처님께서 말씀하셨다. "보살이여, 본성에서는 망상이 생기지 않느니라. 때문에 쉴만한 망상이 없느니라. 그 마음이 무심인 줄 알게 되면 그칠만한 마음이 없느니라. 나뉨이 없고, 구별이 없고, 현식(現識)9)또한 생기지 않느니라. 이것이 곧 무지(無止)이며 또한 무지(無止)가 아니니라. 어떤 까닭인가? 그침이 없음을 그치기 때문이니라."

강설

해탈보살이 부처님께 여쭈었다. "세존이시여, 망상이 없으면 마땅히 지식(止息/그치고 쉼)이 없다는 것입니까?"
망상이란 의식·감정·의지를 말한다. 망상이 일어나지 않으면 그치고 쉬일 것이 없냐고 여쭙고 있다.

부처님께서 말씀하셨다. "보살이여, 본성에서는 망상이 생

---

9) 현식(現識). 거울에 여러 형상이 나타나듯이 인식 작용으로 여러 대상이 나타나는 것.

기지 않느니라. 때문에 쉴만한 망상이 없느니라. 그 마음이 무심인 줄 알게 되면 그칠만한 마음이 없느니라. 나뉨이 없고, 구별이 없고, 현식(現識) 또한 생기지 않느니라."
현식이란 6식, 7식, 8식을 말한다.
본성에 머물러 있으면 망상이 일어나지 않기 때문에 현식도 생기지 않는다.
현식이 생겨나는 이치를 알려면 여래장연기와 생멸연기의 과정을 전체적으로 알아야 한다.

"이것이 곧 무지(無止)이며 또한 무지(無止)가 아니니라. 어떤 까닭인가? 그침이 없음을 그치기 때문이니라."
본성의 적멸상에 머물러서 의식·감정·의지를 분리시키면 그칠 것이 없는 상태가 된다. 하지만 그 상태에 머물러 있는 것이 완전한 무지(無止)가 아니다. 분리시켰던 의식·감정·의지를 제도의 대상으로 삼아야 하기 때문이다.
그침이 없음을 그치고 접해지는 생멸심을 제도의 대상으로 삼는 때가 보살도 2지 '이구지'의 과정이다.

본문

解脫菩薩而白佛言. 尊者. 若止無止. 止卽是生. 何謂無
해탈보살이백불언. 존자. 약지무지. 지즉시생. 하위무
生? 佛言. 菩薩. 當止是生. 止已無止. 亦不住於無止.

생? 불언. 보살. 당지시생. 지이무지. 역부주어무지.
亦不住於無住. 云何是生?
역부주어무주. 운하시생?

해탈보살이 부처님께 여쭈었다. "세존이시여, 만약에 그침 없음을 그치면, 그침이 곧 생(生)인데, 어떻게 무생(無生)이라고 합니까?"
부처님께서 말씀하셨다. "보살이여, 마땅히 그치려고 하는 것이 곧 생김이고, 이미 그쳤으면 그침이 없느니라. 또한 그침이 없음에도 머물지 않나니, 머물지 않음에도 머물지 않는데, 어떻게 그것을 생(生)이라 하겠는가?"

강설

해탈보살이 부처님께 여쭈었다. "세존이시여, 만약에 그침 없음을 그치면, 그침이 곧 생(生)인데, 어떻게 무생(無生)이라고 합니까?"
그침이 없음을 그친다는 것은 관(觀)하지 않고 지(止)한다는 말이다. 각성으로 비추어서 관(觀)을 하다가 지(止)하는 것은 생(生)이 아니냐고 여쭙는 것이다. 즉, 의도가 들어가는 것이 생(生)이 아니냐고 여쭙는 것이다.

본성을 놓고 행해지는 세 가지 지(止)가 있다.

적지(寂止), 정지(靜止), 적멸지(寂滅止)가 그것이다. 적멸지가 곧 멸진정(滅盡定)이다.

적지(寂止)에 머물려다가 정상(靜相)으로 가려면 관(觀)이 행해진다. 정지(靜止)에서 적멸상(寂滅相)으로 가려 해도 관(觀)이 필요하다. 적멸지(寂滅止)에서 적상, 정상으로 가려 해도 관(觀)이 필요하다. 본제를 놓고 대적정(大寂定)에 머물려면 지(止)와 관(觀)이 병행되어야 한다. 적상·정상·적멸상은 각각이 모두 결정상이다. 그 세 가지 결정상을 뚜렷하게 구분해서 인식하는 것은 관(觀)이다.

적멸상에 머물렀다가 적상과 정상을 비추어 보는 것은 생(生)을 일으킨 것이 아니다. 이것 자체가 실상관(實相觀)이다. 반대로 적상과 정상을 관하다가 적멸상에 머무르는 것도 생(生)이 아니다. 본제를 놓고 이루어지는 지(止)와 관(觀)은 모두가 무생법이다.

부처님께서 말씀하셨다. "보살이여, 마땅히 그치려고 하는 것이 곧 생김이고, 이미 그쳤으면 그침이 없느니라. 또한 그침이 없음에도 머물지 않나니, 머물지 않음에도 머물지 않는데, 어떻게 그것을 생(生)이라 하겠는가?"

처음 그치려는 마음을 낼 때는 생(生)이지만 이미 그쳤으면 또다시 그칠 것이 없는 무생(無生)이라는 말씀이시다.

적상·정상·적멸상을 오가면서 지(止)와 관(觀)이 병행되는 것은 그 자체가 무생(無生)이라는 말씀이시다.

그침이 없음에도 머물지 않는 것은 관(觀)한다는 것이다. 머물지 않음에도 머물지 않는다는 것은 다시 지(止)와 관(觀)을 병행한다는 의미이다.

본문

解脫菩薩而白佛言. 尊者. 無生之心. 有何取捨？住何法
해탈보살이백불언. 존자. 무생지심. 유하취사？주하법
相？ 佛言. 無生之心. 不取. 不捨. 住於不心. 住於不法.
상？ 불언. 무생지심. 불취. 불사. 주어불심. 주어불법.

해탈보살이 부처님께 여쭈었다. "세존이시여, 무생(無生)의 마음은 어떠한 취사(取捨)가 있습니까? 어떠한 법상(法相)에 머뭅니까?"
부처님께서 말씀하셨다. "무생의 마음은 취하지 않고, 버리지 않느니라. 생멸심이 아닌 것에 머물고(住於不心), 유위법이 아닌 것에 머무느니라(住於不法)."[10]

강설

해탈보살이 부처님께 여쭈었다. "세존이시여, 무생(無生)의 마음은 어떠한 취사(取捨)가 있습니까? 어떠한 법상(法相)

---

[10] 생멸심이 아닌 것은(不心)은 의식·감정·의지의 마음을 내지 않는 것이다. 유위법이 아닌 것은(不法) 일체의 유상(有相)을 취하지 않는 것이다.

에 머뭅니까?"
무생의 마음에도 취사와 선택이 있느냐고 여쭙는 것이다.

부처님께서 말씀하셨다. "무생의 마음은 취하지 않고, 버리지 않느니라. 생멸심이 아닌 것에 머물고(住於不心), 유위법이 아닌 것에 머무느니라(住於不法)."
무생의 마음에는 취사와 선택이 없다고 말씀하신다. 취사와 선택은 생멸심(生滅心)인 의지가 행하는 것이다. 본성에 머물러서 지관(止觀)을 행하는 것은 각성(覺性)이지 의지가 아니다. 때문에 취사와 선택을 행하는 것이 아니다.

본문

解脫菩薩而白佛言. 尊者. 云何住於不心, 住於不法?
해탈보살이백불언. 존자. 운하주어불심. 주어불법?
佛言. 不生於心. 是住不心. 不生於法. 是住不法. 善男子.
불언. 불생어심. 시주불심. 불생어법. 시주불법. 선남자.
不生心法. 即無依止. 不住諸行. 心常空寂. 無有異相. 譬
불생심법. 즉무의지. 부주제행. 심상공적. 무유이상. 비
彼虛空無有動住. 無起. 無作. 無彼. 無此. 得空心眼. 得
피허공무유동주. 무기. 무작. 무피. 무차. 득공심안. 득
法空身. 五陰. 六入悉皆空寂. 善男子. 修空法者. 不依三
법공신. 오음. 륙입실개공적. 선남자. 수공법자. 불의삼

界. 不住戒相. 淸淨無念. 無攝. 無放. 性等金剛. 不壞三
계. 부주계상. 청정무념. 무섭. 무방. 성등금강. 불괴삼
寶. 空心不動. 具六波羅蜜.
보. 공심부동. 구륙바라밀.

해탈보살이 부처님께 여쭈었다. "세존이시여, 어떻게 본성의 마음(不心)에 머물고, 무위법(不法)에 머뭅니까?"
부처님께서 말씀하셨다. "마음에서 생멸심이 생기지 않는 것이 본성(不心)에 머무는 것이다. 유위법이 생기지 않는 것이 무위법(不法)에 머무는 것이다. 선남자여, 생멸심(生滅心)이 생(生)하지 않는 법이(不生心法) 곧 무(無)로써 그치는 것이니라(即無依止). 제행(諸行)에 머물지 않고, 마음이 늘 공적(空寂)하고 다른 모습이 없느니라. 비유하면 저 허공에는 움직임과 머묾이 없고, 일어남이 없고, 짓는 것이 없고, 저것이 없고, 이것이 없는 것과 같느니라. 공심(空心/빈 마음)의 눈을 얻고 공신(空身/빈 몸)의 법을 얻으면, 오음(五陰)[11]과 육입(六入)[12]이 다 공적(空寂)하느니라. 선남자여, 공법(空法)을 닦는 것은 삼계에 의지하지 않고, 계상(戒相)[13]에 머물지 않는 것이니라. 무념으로 청정하고(淸靜無念), 조섭(調攝/잡아줌)이 없고, 방일(放逸)이 없느니라. 성(性)은 금강과 같고 삼보를 무너뜨리지 않느니, 공심(空心)으로 움직이지 않고, 육바라밀[14]을 갖추느

---

11) 오음(五陰)은 색수상행식(色受想行識).
12) 육입(六入)은 눈, 귀, 코, 혀, 몸, 뜻의 감수 작용.
13) 계상(戒相)은 계율의 모습.

니라."

강설

해탈보살이 부처님께 여쭈었다. "세존이시여, 어떻게 본성의 마음(不心)에 머물고, 무위법(不法)에 머뭅니까?"
본성과 무위법에 지(止)할 수 있는 방법에 대해 여쭙는 대목이다.

부처님께서 말씀하셨다. "마음에서 생멸심이 생기지 않는 것이 본성(不心)에 머무는 것이다. 유위법이 생기지 않는 것이 무위법(不法)에 머무는 것이다. 선남자여, 생멸심(生滅心)이 생(生)하지 않는 법이(不生心法) 곧 무(無)로써 그치는 것이니라(即無依止).
의식·감정·의지가 생기지 않도록 하는 것이 본성에 머무는 것이고 유위법이 생기지 않는 것이 무위에 머무는 것이라고 말씀하신다.
불생심법(不生心法)에서 心자는 생멸심으로 해석해야 한다. 생멸심이 생기지 않도록 하는 것이 무(無)에 머무는(止) 것이라고 말씀하신다.

"제행(諸行)에 머물지 않고,"

---

14) 육바라밀은 보시, 지계, 인욕, 정진, 선정, 반야바라밀.

의식·감정·의지로 행해지는 모든 행이 제행이다.
"마음이 늘 공적(空寂)하고 다른 모습이 없느니라."
본성을 이루는 적상(寂相), 정상(靜相), 적멸상(寂滅相)의 상태를 한마디로 표현한 것이 공적(空寂)이다.

"비유하면 저 허공에는 움직임과 머묾이 없고, 일어남이 없고, 짓는 것이 없고, 저것이 없고, 이것이 없는 것과 같다."
사물의 근본은 허공이다. 사물은 이것과 저것이 있고 오고 가는 변화가 있지만, 허공에는 그런 변화가 없다. 본성 또한 허공과 같아서 일체의 생멸심에 관여되지 않는다.

"공심(空心)의 눈을 얻고 공신(空身)의 법을 얻으면, 오음(五陰)과 육입(六入)이 다 공적(空寂)하느니라."
공심의 눈이란 무위각을 말한다.
공신의 법이란 두 가지 의미가 있다.
첫 번째 의미는 멸진정에 머무는 것이다.
두 번째 의미는 생멸신을 분리시키고 진여신을 이루는 것이다.
본각(本覺)을 얻고 멸진정에 들어가면 오음(五陰)과 육입(六入)이 모두 공적해진다는 말씀이시다.

"선남자여, 공법(空法)을 닦는 것은 삼계(三界)에 의지하지 않고, 계상(戒相)에 머물지 않는 것이니라."

'**공법**'이란 무위각을 얻고 멸진정에 들어가는 방법을 말한다.
'**삼계에 의지하지 않는다**'는 것은 의식·감정·의지로 이루어진 일체의 생멸심을 떠난다는 말이다.
'**계상에 머물지 않는다**'는 것은 유위계에 관여되지 않는다는 말이다.

"**무념으로 청정하고(淸靜無念), 조섭(調攝)이 없고, 방일(放逸)이 없느니라. 성(性)은 금강과 같고, 삼보를 무너뜨리지 않느니**"
무념으로 청정하고 지(止)와 관(觀)이 병행되고 본각이 투철하기 때문에 본성이 금강과 같고 적상(寂相)과 정상(靜相), 적멸상(寂滅相)을 무너뜨리지 않는다는 말씀이다.
"**공심(空心)으로 움직이지 않고, 육바라밀을 갖추느니라.**"
본성에 머물러서 지와 관을 행하는 것이 육바라밀을 갖추는 것이라고 말씀하신다. 멸진정에 들어가면 생멸수행의 6바라밀을 완성시킨 것이다. 하지만 진여수행의 6바라밀은 성취된 것이 아니다.

진여수행의 육바라밀은 세 단계로 행해진다.
초지에서 6지 현전지까지의 육바라밀, 7지 원행지에서 8지 부동지까지의 육바라밀, 9지 선혜지와 10지 법운지까지의 육바라밀이 있다.
각성의 무명적 습성과 밝은성품의 자연적 성향, 생멸심과 생멸문을 제도하기 위한 육바라밀의 절차이다.

본문

解脫菩薩而白佛言. 尊者. 六波羅蜜者. 皆是有相. 有相之
해탈보살이백불언. 존자. 육바라밀자. 개시유상. 유상지
法. 能出世也？ 佛言. 善男子. 我所說六波羅蜜者. 無相.
법. 능출세야？ 불언. 선남자. 아소설육바라밀자. 무상.
無爲. 何以故？若人離欲. 心常淸淨. 實語方便. 本利利人.
무위. 하이고？약인리욕. 심상청정. 실어방편. 본리리인.
是檀波羅蜜. 志念堅固. 心常無住. 淸淨無染. 不著三界.
시단바라밀. 지념견고. 심상무주. 청정무염. 불착삼계.
是尸波羅蜜. 修空斷結. 不依諸有. 寂靜三業. 不住身心.
시시바라밀. 수공단결. 불의제유. 적정삼업. 부주신심.
是羼提波羅蜜. 遠離名數. 斷空有見. 深入陰空. 是毘梨耶
시찬제바라밀. 원리명수. 단공유견. 심입음공. 시비리야
波羅蜜. 俱離空寂. 不住諸空. 心處無住. 不住大空.
바라밀. 구리공적. 부주제공. 심처무주. 부주대공.
是禪波羅蜜. 心無心相. 不取虛空. 諸行不生. 不證寂滅.
시선바라밀. 심무심상. 불취허공. 제행불생. 부증적멸.
心無出入. 性常平等. 諸法實際. 皆決定性. 不依諸地.
심무출입. 성상평등. 제법실제. 개결정성. 불의제지.
不住智慧. 是般若波羅蜜.

부주지혜. 시반야바라밀.

해탈보살이 부처님께 여쭈었다. "세존이시여, 육바라밀은 모두 모습이 있습니다. 모습이 있는(有相) 법으로 세간을 벗어날 수 있습니까?"
부처님께서 말씀하셨다. "선남자여, 내가 설한 육바라밀은 모습이 없고, 무위(無爲)이니라. 어떤 까닭인가? 만약에 어떤 사람이 욕심을 멀리하면, 늘 청정한 마음과 실다운 말과 방편, 본리(本利)로 타인을 이롭게 하는 것이니, 이는 단나(보시)바라밀이니라. 뜻과 생각이 견고하고, 마음은 늘 머무는 것이 없으며, 청정하고 오염이 없으며, 삼계에 집착함이 없으니, 이는 시라(지계)바라밀이니라. 공(空)을 닦아서 결사(結使)15)를 끊고, 여러 유(有/존재,세간)에 의지하지 않고, 삼업(三業)16)을 적정(寂靜)하게 하고, 몸과 마음에 머물지 않는 것이니, 이는 찬제(인욕)바라밀이니라. 이름과 숫자를 멀리 떠나고, 공견(空見)과 유견(有見)을 끊고, 오음(五陰)이 공(空)해짐에 깊이 들어가는 것이니, 이는 비리야(정진)바라밀이니라. 공적(空寂)함을 함께 멀리하고, 여러 공(空)함에도 머물지 않고, 마음의 처소에 머물지 않으며, 대공(大空)에도 머물지 않으니, 이는 선나(선정)바라밀이니라. 마음에는 마음의 모습이 없고, 허공을 취하지 않고, 제행(諸行)이 생기지 않으며, 적멸을 증명하지

---

15) 결사(結使)는 98가지가 있고, 결사에 의해 삼계의 곳곳에 태어나게 되며, 번뇌에 묶여서 번뇌에게 부림을 당한다는 뜻이다.
16) 삼업(三業)은 몸, 입, 뜻으로 짓는 업.

않는다.17) 마음에 출입이 없고, 성(性)은 늘 평등하고, 제법(諸法)의 실제(實際)18)이고, 모두 결정성(決定性)이고, 여러 지위(地位)19)에 의지하지 않고, 지혜에 머물지 않는 것이니, 이는 반야바라밀이니라."

강설

해탈보살이 부처님께 여쭈었다. "세존이시여, 육바라밀은 모두 모습이 있습니다. 모습이 있는(有相) 법으로 세간을 벗어날 수 있습니까?"
해탈보살이 말하는 육바라밀은 생멸수행에서 행해지는 육바라밀이다. 몸과 생멸심으로 행해지는 육바라밀로 세간을 벗어날 수 있느냐고 여쭙는 것이다.

부처님께서 말씀하셨다. "선남자여, 내가 설한 육바라밀은 모습이 없고, 무위(無爲)이다."
부처님께서 말씀하시는 육바라밀은 무위(無爲)로써 행해지는 육바라밀이다. 무위의 육바라밀은 아라한과에서 행해지는 육바라밀이 있고 보살도에서 행해지는 육바라밀이 있다. 아라한과에서 행해지는 육바라밀은 대적정을 근본으로 삼

---

17) '적멸을 증명하지 않음'에서 증(證)자는 깨닫다의 뜻이 있으나, 증명하지 않음으로 번역했다. 적멸을 진리로 삼아서 열반에 들지 않는다는 뜻이다.
18) 실제(實際)는 본제(本際)와 같은 말이고, 실상을 뜻하기도 한다.
19) 여러 지위(地位)는 보살의 초지부터 10지까지 등이다.

는다.
보살도에서 행해지는 육바라밀은 대적정과 대자비를 근본으로 삼는다.

"어떤 까닭인가? 만약에 어떤 사람이 욕심을 멀리하면, 늘 청정한 마음과 실다운 말과 방편, 본리(本利)로 타인을 이롭게 하는 것이니, 이는 단나(보시)바라밀이니라."

'욕심을 멀리한다'는 것은 의식·감정·의지를 본성과 분리시켰다는 말이다. 무위행(無爲行)의 시작이 본성과 의식·감정·의지를 분리시키는 것이다. 중간 반야해탈도의 과정에서 성취된다.

본리(本利)란 본성에 머무름으로써 성취되는 자기 이익이다. 적멸상(寂滅相)에 머물러서(止) 적상(寂相)과 정상(靜相)을 관(觀)하면서 본리를 얻고, 그 공덕으로 타인을 이롭게 하는 것이 보시바라밀이라는 말씀이시다.

아라한과에서 행해지는 보시바라밀은 본각으로 행해지는 것이다. 적멸상에 머물러서 적상과 정상을 관하다 보면 의식·감정·의지가 떨어져 나간다. 그러면서 생멸열반에 들어간다. 이것이 본성에 머무름으로써 얻어지는 자기 이익이다. 그 상태에서 행해지는 보시바라밀의 대상은 두 가지 중생이다.

첫 번째 중생은 분리시켜 놓은 자기생멸심이다.
두 번째 중생은 반연중생이다.

이때에 행해지는 보시바라밀은 의도를 통해 이루어지지 않는다. 아라한은 대적정에 머물러 있고, 그 상태에서 생성되는 밝은성품이 두 가지 중생에게 공급되면서 저절로 이루어진다. 때문에 무위(無爲)로써 행해지는 보시바라밀이라 한다.

"뜻과 생각이 견고하고, 마음은 늘 머무는 것이 없으며, 청정하고 오염이 없으며, 삼계에 집착함이 없으니, 이는 시라(지계)바라밀이니라."

아라한과에서 행해지는 지계바라밀은 의식·감정·의지를 취함의 대상으로 삼지 않는 것이다.

'**뜻과 생각이 견고하다**'는 것은 각성이 본각으로 투철하고 념처(念處)가 명백하게 본성에 두어졌다는 뜻이다.

'**마음은 늘 머무는 곳이 없다**'는 것은 본성에 머물러서 적상·정상·적멸상 사이를 지(止)하고 관(觀)한다는 말씀이시다.

'**청정하고 오염이 없다**'는 것은 의식·감정·의지에 물들지 않는다는 뜻이다.

'**삼계에 집착함이 없다**'는 것은 생멸문에 집착하지 않는다는 말씀이시다.

"공(空)을 닦아서 결사(結使)를 끊고, 여러 유(有/존재,세간)에 의지하지 않고, 삼업(三業)을 적정(寂靜)하게 하고, 몸과 마음에 머물지 않는 것이니, 이는 찬제(인욕)바라밀이니라."

아라한과에서 행해지는 인욕바라밀은 일체의 중생심을 일으키지 않고 중생심에 물들지 않는 것이다.
'공(空)을 닦아서 결사(結使)를 끊는다'는 것은 본각을 돈독하게 성취해서 생멸심에 얽매여 있는 마음을 끊어낸다는 뜻이다.
'여러 유(有/존재,세간)에 의지하지 않는다'는 것은 의식·감정·의지를 자기라고 생각하는 다른 생명들과 세간(世間)에 의지하지 않는다는 뜻이다.
'삼업(三業)을 적정(寂靜)하게 한다'는 것은 의식업을 적(寂)하게 하고, 감정업을 정(靜)하게 하며, 의지업을 본각(本覺)으로 전환시킨다는 뜻이다.
'몸과 마음에 머물지 않는다'는 것은 생멸의 몸과 생멸의 마음에 머물지 않는다는 의미이다.

"이름과 숫자를 멀리 떠나고, 공견(空見)과 유견(有見)을 끊고, 오음(五陰)이 공(空)해짐에 깊이 들어가는 것이니, 이는 비리야(정진)바라밀이니라."
아라한과에서 행해지는 정진바라밀은 진여문에 들어갈 수 있는 인지법행을 갖추는 것이다.
'이름과 숫자를 멀리 떠난다'는 것은 성취한 것에 대해서 인상(人相)과 수자상(修者相)을 갖지 않는다는 뜻이다.
'공견(空見)과 유견(有見)을 끊는다'는 것은 멸진정에 머무르는 것에도 집착하지 않고 의식·감정·의지와 몸에도 집착하지 않는다는 말이다.

'오음(五陰)이 공(空)해짐에 깊이 들어간다'는 것은 각각의 오음에서 적상(寂相)과 정상(靜相), 적멸상(寂滅相)을 뚜렷하게 인식한다는 뜻이다. 오음이란 색(色), 수(受), 상(想), 행(行), 식(識)을 말한다.

"공적(空寂)함을 함께 멀리하고, 여러 공(空)함에도 머물지 않고, 마음의 처소에 머물지 않으며, 대공(大空)에도 머물지 않으니, 이는 선나(선정)바라밀이니라."

아라한과에서 행해지는 선정바라밀은 멸진정에 머물러서 대적정의 상태를 더욱더 공고히 하고 본각의 상태를 구경각으로 전환시키는 것이다. 적멸상에 머물러있던 각성을 밝은성품으로 전이시키게 되면 본각이 구경각으로 전환된다.

'공적(空寂)함을 함께 멀리하고'란 적멸상(寂滅相)과 적상(寂相), 정상(靜相)에도 머물지 말라는 뜻이다. 각성을 본각에서 구경각으로 전환시키라는 의미이다.

'여러 공(空)함에도 머물지 않는다'는 것은 다섯 가지 부정적인 공(空)인 삼계(三界)의 공, 법상(法相)의 공, 육도(六道)의 공, 명상(名相)의 공, 심식(心識)의 공에도 머물지 말라는 말씀이시다.

'마음의 처소에 머물지 않는다'는 것은 심식의 바탕과 생멸심에도 머물지 않는다는 뜻이다.

'대공(大空)에도 머물지 않는다'는 것은 대적정에서 벗어나라는 뜻이다. 밝은성품과 적상·정상·적멸상을 함께 인식함으로써 대적정에서 벗어난다. 법념처관(法念處觀)을 행해서 진여출가를 하라는 말씀이시다.

"마음에는 마음의 모습이 없고, 허공을 취하지 않고, 제행(諸行)이 생기지 않으며, 적멸을 증명하지 않는다. 마음에 출입이 없고, 성(性)은 늘 평등하고, 제법(諸法)의 실제(實際)이고, 모두 결정성(決定性)이고, 여러 지위(地位)에 의지하지 않고, 지혜에 머물지 않는 것이니 이는 반야바라밀이니라."

'마음에는 마음의 모습이 없다'는 것은 생멸심에는 진여심이 없고 진여심에는 생멸심이 없다는 말씀이시다.
'허공을 취하지 않는다'는 것은 공상(空相)을 취하지 않고 허깨비를 취하지 않는다는 것이다.
'제행(諸行)이 생기지 않는다'는 것은 생멸심에 의거한 연기의 행이 생기지 않는다는 뜻이다.
'적멸을 증명하지 않는다'는 것은 적멸상에 머물러 있는 것을 고집하지 않는다는 뜻이다.
'마음에 출입이 없다'는 것은 진여심에 머물러서 생멸심을 인식의 대상으로 삼지 않는다는 뜻이다.
'성(性)은 늘 평등하다'는 것은 본성을 이루는 세 가지 요소를 늘 평등하게 관(觀)한다는 뜻이다.
'제법(諸法)의 실제(實際)'라는 것은 본성·각성·밝은성품을 말한다. 법념처로 관(觀)해지는 모든 경계는 환(幻)이 아니고 실제라는 말씀이시다.
'**모두 결정성(決定性)이다**'라는 것은 진여로써 행해지는 모든 법은 본성과 같다는 말씀이시다.
'**여러 지위(地位)에 의지하지 않는다**'는 것은 아라한과에 머물지 않고 보살도의 과위에도 머물지 않는다는 뜻이다.
'**지혜에도 머물지 않는다**'는 것은 일체지(一切智)에 머물지 않고 일체종지(一切種智)를 성취하기 위해 나아간다는 의미이다.
일체지(一切智)란 의식·감정·의지가 생겨난 원인을 알고 그것을 제도할 수 있는 방법을 아는 것이다. 12연기의 원인과 과정을 앎으로써 일체지가 갖추어진다.
일체종지란 대적정과 대자비가 함께 갖추어진 것을 말한다.

보살도의 과정에서 행해지는 육바라밀은 삼신구족행(三身具足行)과 육근원통법(六根圓通法)을 통해 이루어진다.
삼신구족행이란 본성을 이루는 세 가지 요소를 활용해서 법신(法身), 보신(普身), 화신(化身)을 갖추는 것이다.
간극의 적멸상(寂滅相)으로 일체의 생멸심을 비추어서 법신청정(法身淸淨)을 성취한다. 무념의 적상(寂相)으로 생멸심의 식업(識業)을 비추어서 원만보신(圓滿普身)을 성취한다. 무심의 정상(靜相)으로 생멸심의 심업(心業)을 비추어서 천백억화신(千百億化身)을 성취한다.

보살도 2지 이구지에서부터 10지 법운지까지의 전체 과정에서 행해진다.

육근원통법이란 식(識)의 바탕을 인식해서 업식과 경계를 제도하고 원통식을 체득하는 방법이다. 육근원통의 방편으로 육념처관(六念處觀)이 활용된다.
육념처관이란 불념처관(佛念處觀), 법념처관(法念處觀), 시념처관(施念處觀), 계념처관(戒念處觀), 승념처관(僧念處觀), 천념처관(天念處觀)을 말한다.
불념처관(佛念處觀)이란 각성으로 본성을 이루는 세 가지 요소를 관(觀)하는 것을 말한다. 무념·무심·간극의 상태를 관하는 것이 불념처관이다.
불념처를 관하면서 적지(寂止), 정지(靜止), 적멸지(寂滅止)에 들어가는 것이 대적정(大寂定)이다.
불념처관(觀)과 불념처지(止)를 더불어서 체득한 존재가 아라한이다.
법념처관(法念處觀)이란 각성으로 본성을 이루는 세 가지 요소와 밝은성품을 더불어서 관(觀)하는 것이다. 보살도의 과정이다.
시념처관(施念處觀)이란 각성으로 생멸심을 관하는 것이다. 일체의 생멸심을 베푸는 마음으로 바라보는 것이 시념(施念)이다.
계념처관(戒念處觀)이란 각성으로 육근(六根)의 바탕을 인식한 다음에 떠오르는 업식들을 비춰주는 것이다.
승념처관(僧念處觀)이란 각성으로 업식과 본성, 육근의 바탕을 서로 비추어서 조화롭게 하는 것이다.
천념처관(天念處觀)이란 승념으로 조화를 이룬 업식을 천념처에 내장하는 것이다. 육근의 종류에 따라 서로 다른 천념처가 있다.
경수 6번부터 요수 3번까지가 천념처이다.
육념처관은 8지 부동지에서부터 10지 법운지까지 행해진다. 육념처관을 통해서 육근원통이 이루어지면 식의 청정이 성취된 것이다. 이때를 일러서 원통식(圓通識)이 갖추어졌다고 말한다. 원통식이 갖추어지면 9지 선혜지를 성취한 것이다.

진여수행의 육바라밀은 크게 세 단계로 이루어져 있다.
첫 번째 단계는 자기 생멸심을 제도하기 위한 육바라밀이다. 반야해탈도의 과정에서 분리시킨 자기 생멸심을 제도하는 과정이다. 초지 환희지에서 6지 현전지까지의 과정에서 행해진다.
두 번째 단계는 생멸문의 반연중생들을 제도하면서 행해지는 육바라밀이다. 7지 원행지에서 8지 부동지의 과정에서 이루어진다.
세 번째 단계는 원초신과 생멸문 전체를 제도하면서 행해지는 육바라밀이다. 9지 선혜지와 10지 법운지에서 행해지는 육바라밀이다.
반연중생이란 식업을 공유하는 생명들이다.
12연기의 과정 중 육입(六入) 이후에 맺어진 개체식 간의 인연을 반연(攀緣)이라고 한다.
반연중생의 제도는 무육입(無六入)하고 역무육입진(亦無六入盡)함으로써 이루어진다.
무육입(無六入)이란 육근을 통해 인식되는 경계를 놓고 본성과 식의 바탕으로 비춰보는 것이다. 접해지는 경계를 놓고 승념처관(僧念處觀)을 행하는 것이 무육입하는 것이다.
역무육입진(亦無六入盡)이란 육입을 통해서 교류했던 반연중생들을 직접 만나서 그들을 제도하는 과정이다. 육념처관법과 육바라밀이 함께 쓰여진다.

진여보살이 활용하는 식(識)은 9식이다. 세 종류의 9식이 있다.
첫 번째 식은 해탈지견식(解脫智見識)이다. 아라한과에서 갖추어지고 보살도 초지에서 5지 과정까지 쓰여진다.
두 번째 식은 암마라식이다. 보살도 6지에서 갖추어지고 7지, 8지 과정까지 쓰여진다.
세 번째 식은 원통식이다. 9지 선혜지에서 갖추어지고 10지와 등각도 과정까지 쓰여진다. 원통식이 갖추어지면 육신통(六神通)이 갖추어진다.
암마라식이 갖추어지면 자기 생멸식 안에 내재되어 있는

모든 식업들을 관찰할 수 있게 된다. 그 과정에서 자기 식업의 원인이 되었던 반연중생들이 누구인지를 알게 된다. 그 중생들을 찾아서 생멸문을 돌아보는 것이 7지 원행지(遠行地)이다. 이때 어떤 중생을 만나더라도 각성이 불퇴전하게 되면 8지 부동지(不動地)에 들어간 것이다.

역무육입진(亦無六入盡)으로 모든 반연중생들을 제도하게 되면 생멸문의 절반을 제도한 것이다.
나머지 생멸문의 제도는 9지 선혜지와 10지 법운지에서 이루어진다.
원통식을 갖추게 되면 진여문의 다른 보살들과 교류할 수 있게 된다. 10지 보살과도 교류할 수 있게 되고 초지부터 9지까지 모든 보살들과 교류할 수 있게 된다. 이때에는 생멸문 전체를 대상으로 삼아서 육바라밀을 행한다. 역무명색진(亦無名色盡), 역무식진(亦無識盡), 역무행진(亦無行盡), 역무무명진(亦無無明盡)이 이 과정에서 행해지는 육바라밀이다.

12연기의 명색(名色) 이전에 맺어진 인연은 반연(攀緣)이 아니다. 이 과정에서는 공유된 식연(共有識緣)을 갖고 있다. 천지만물이 함께 갖고 있는 공유식이다.
명색(名色)이란 내부의식 간에 일어나는 교류를 말한다. 두 종류의 명색이 있다.

첫째는 수연명색(隨緣名色)이다.
둘째는 능연명색(能緣名色)이다.
수연명색이란 의도성이 없이 자연적으로 일어나는 식업(識業) 간의 교류를 말한다. 의도하지 않아도 저절로 떠오르는 생각들이 수연명색의 결과로 나타나는 현상이다.
능연명색이란 의도를 통해 일어나는 식업 간의 교류를 말한다. 특정한 명제를 놓고 의도적으로 생각을 이어가는 것이 능연명색이다.
무명색(無名色)이란 명색으로 드러나는 모든 업식에 대해 불념처관(佛念處觀)을 행하는 것이다.

역무명색진(亦無明色盡)이란 공유된 업식을 갖고 있는 모든 생명들을 제도하는 것이다. 9지 선혜지에서 이루어지는 육바라밀행이다.

역무식진(亦無識盡)이란 생멸식(生滅識)의 최초 발원처인 원초신(源初神)의 식(識)을 제도하는 방법이다.
원초신의 식은 단순계로 이루어져 있다. 주체의식만 있고 객체의식이 없다.
주체의식과 객체의식이 함께 갖추어진 식의 상태를 복잡계라고 한다.
9지보살이 원초신(原初神)의 식과 교류하면서 역무식진(亦無識盡)을 이루려면 스스로의 식(識)을 단순계 구조로 바꿔야 한다. 그 방법으로 쓰여지는 것이 육근원통법이다. 원통식이 갖추어지면 역무식진이 원활하게 이루어진다. 9지 보살이 역무식진을 성취하게 되면 10지 보살이 된다.

역무행진(亦無行盡)이란 밝은성품의 자연적 성향을 제도하는 방법이다.
수행을 하는 목적은 각성의 무명적 습성을 제도하고, 밝은성품의 자연적 성향을 제도하며, 생멸심을 제도하는 것이다. 그 중 생멸심의 제도는 역무식진(亦無識盡)에서 이루어진다. 역무행진(亦無行盡)에서는 밝은성품의 자연적 성향을 제도하고 역무무명진(亦無無明盡)에서는 각성의 무명적 습성을 제도한다.

밝은성품의 자연적 성향이란 밝은성품이 미는 힘과 당기는 힘으로 변화되는 것이다. 밝은성품과 미는 힘, 당기는 힘의 관계로 인해 생멸정보가 만들어지고, 물질입자가 생겨나며, 생명의 고유진동수가 점점 더 높아지게 된다. 그 결과로 12연기가 심화되고 세간을 이루는 열여덟 가지 분상이 생겨나게 된다.
밝은성품의 자연적 성향으로 만들어진 최초의 환생명(幻生命)이 본연(本緣)이다. 본연공간 안에서 생멸문이 생겨나고, 생멸문 안에서 12연기가 시작되었다.
행(行)이란 생멸문 안에서 일어나는 밝은성품의 변화를 말한다.
밝은성품의 자연적 성향을 제도하려면 밝은성품이 본연으로 변화되는 것을 차단해야 한다. 그러기 위해 필요한 것이 수능엄삼매이다.
수능엄삼매란 밝은성품을 제도해서 천백억화신을 만들어내는 것이다. 전체적인 요지와 절차에 대해서는 수능엄삼매경에 수록되어 있다.
수능엄삼매는 네 가지 절차를 통해서 성취된다.
첫 번째 절차는 범부삼매(梵夫三昧)이다. 사념처관법(四念處觀法)과 백골관법이 함께 쓰여진다. 그 방법이 선비요법경에 상세하게 수록되어 있다.
두 번째 절차는 향음수행(響音修行)이다. 밀교의 경단법(鏡壇法)과 현교의 16문자관(十六文子觀)법이 함께 쓰여진다. 그 방법이 현겁경과 문수사리문경, 천수천안관자재보살수행의궤경에 수록되어있다.
세 번째 절차는 육근원통의 성취이다. 육념처관법이 쓰여진다. 그 방법이 묘법연화경과 보현보살행법경안에 상세하게 수록되어있다.
네 번째 절차는 육바라밀의 성취이다. 보살도 9지, 10지, 등각도 과정에서 성취하는 육바라밀이다. 역무명색진, 역무식진, 역무행진, 역무무명진의 과정이 이 절차에 해당된다. 묘법연화경과 금강삼매경에 그 방법이 수록되어 있다.

수능엄삼매를 성취하기 위한 육바라밀은 등각도의 과정에서 완성된다. 공여래장과 불공여래장을 완성시키고 불이문(不二門)을 이루어서 수능엄삼매를 완성시킨다.

9지 선혜지에서는 원통식을 갖추고 역무명색진(亦無名色盡)과 역무식진(亦無識盡)을 이룬다. 이로써 일체의 생멸심을 제도한다.

10지 법운지에서는 역무행진(亦無行盡)을 이루고 밝은성품의 자연적 성향을 제도한다. 그 과정에서 불공여래장을 완성시킨다. 역무행진을 성취한 10지 보살은 스스로의 밝은성품을 운용해서 생멸문 전체를 덮게 된다. 그 결과 8만 4천의 화신불을 성취하게 된다.

10지 보살이 역무무명진(亦無無明盡)을 통해 각성의 무명적 습성을 제도하면 공여래장을 성취한 것이다. 그렇게 되면 등각도에 들어간 것이다.

등각도에 들어가면 불이문의 구조를 통해 밝은성품을 운용해서 천백억화신을 만들어 낸다. 이 과정을 통해 밝은성품의 자연적 성향과 각성의 무명적 습성이 제도되고 실제(實際)생명이 된다.

등각을 통해서 실제를 이루게 되면 본연으로 시작된 환(幻)의 연기에서 벗어나게 된다. 이것이 진여수행의 육바라밀을 행하는 최종적인 목적이다. 진여수행의 육바라밀로써 여래장 연기에서 벗어나고 임의롭게 여래장계를 내왕하는 여래(如來)가 된다.

본원본제는 역무행진(亦無行盡)을 행하지 못해서 밝은성품의 자연적 성향을 조율하지 못한다. 그 결과로 수많은 본연이 생겨나고 여래장연기가 일어난다.

반면에 불이문을 성취한 등각보살은 역무행진을 통해서 밝은성품이 일으키는 자연적 성향을 조절하게 된다. 그 결과로 천백억화신을 만들어 내고 본연이 생겨나는 것을 차단한다.

밝은성품은 간극(間隙)의 적멸상에서 생성된다.

본원본제는 한 개의 간극을 갖고 있고, 불이문에는 두 개의 간극이 있다.

본원본제의 간극은 본성에 있다.

불이문의 간극은 대적정이 바탕이 된 공여래장에 한 개가 있고 불공여래장과 공여래장 사이에 또 한 개가 있다.

본원본제는 대적정의 간극에서 밝은성품을 생성해내고 등각보살은 두개의 간극에서 밝은성품을 생성해낸다.

본원본제가 생성해내는 밝은성품은 여래장연기의 원인이 되지만, 등각보살이 생성해내는 밝은성품은 천백억화신으로 변화된다. 그 천백억화신들이 여래장계의 어둠을 제도한다. 이것이 본원본제와 등각보살의 서로 다른 차이이다.

10지 보살의 역무행진(亦無行盡)은 법운지(法雲地)를 행하면서 이루어진다.

법운지란 10지 보살이 생성해내는 밝은성품으로 생멸문

전체를 덮는 것이다. 그 상태에서 생멸문의 모든 중생들과 일치를 이루고 천지만물의 성향이 하나로 합쳐진다.
10지 보살과 일치된 천지만물의 성품은 그대로 화신(化身)이 된다. 이 과정에서 8만 4천의 화신불이 만들어진다.

각성의 무명적 습성을 제도하는 것은 역무무명진(亦無無明盡)의 과정에서 이루어진다. 등각도의 과정이다.
각성의 무명적 습성은 각조(覺照)적 성향에서 생겨난다. 밝은성품이 일으키는 변화에 치중해서 본성을 망각한 것이 무명(無明)이다.
각성이 본성을 각조(覺照)의 대상으로 삼지 않으면 본성을 이루고 있는 심식(心識)의 바탕이 서로 연(緣)하지 못하게 된다. 그렇게 되면 간극(間隙)이 형성되지 못하고 본성의 틀이 갖추어지지 않는다.
간극이 형성되지 못하면 밝은성품이 생성되지 못하고, 본성이 틀을 이루지 못하면 생명의 능성(能性)을 잃어버린다. 그런 생명은 실제(實諸)가 아니다. 환(幻)이요, 허깨비다. 때문에 각성의 각조적 성향을 버리고 생명성을 유지하는 것이 대단히 어렵다. 역무무명진(亦無無明盡)을 성취하는 한계가 여기에서 도래한다.
이 한계를 극복하지 못하면 영원히 여래장연기의 굴레에서 벗어나지 못한다. 대적정(大寂定)을 성취해서 아라한이 되고 역무행진(亦無行盡)을 성취해서 10지 보살이 되었어도 역무무명진을 성취하지 못하면 여래장연기의 굴레에서 벗어나지 못한다.
아라한은 생멸연기를 벗어난 존재이다.
10지 보살은 진여연기를 벗어난 존재이다.
하지만 여래장연기에서는 벗어난 것이 아니다.
여래장연기에서 벗어나려면 각성의 무명적 습성을 제도하고 역무무명진을 성취해야 한다.

각조(覺照)가 없어도 심식(心識)의 바탕이 연(緣)을 이루려면, 심(心)과 식(識)간에 그리움이 일어나야 한다.
그때의 그리움을 애심(愛心)이라 한다.
애심은 12연기의 과정 중에 촉, 수, 애, 취(觸受愛取)의 단계에서 생겨난 마음이다. 생명과 생명이 서로에 대한 그리움을 일으키는 것이 애심이다. 중생은 이 애심으로 인해 육도윤회(六道輪廻)에 들어가게 된다. 하지만 보살은 이 애심을 제도해서 역무무명진(亦無無明盡)을 행한다.
제도된 애심을 대자비심(大慈悲心)이라 한다.
10지 보살이 애심을 제도해서 대자비심을 갖추기 위해서는 20단계의 대자비관을 성취해야 한다.
대적정이 바탕이 되어서 공여래장이 갖춰진다. 천지만물의 성품이 바탕이 되어서 불공여래장이 갖추어진다. 각조(覺照)가 없이도 공여래장과 불공여래장이 서로 연(緣)을 이루려면 대자비심이 갖춰져야 한다. 공여래장과 불공여래장 사이에 그리움이 일어나게 되면 대자비심이 갖추어진 것이다. 대자비심으로 공여래장과 불공여래장이 연(緣)을 이룬 것을 불이문(不二門)이라 한다.

불이문은 공여래장과 불공여래장, 간극으로 이루어져 있다. 불이문의 공여래장은 적상·정상·적멸상으로 이루어져 있고 불공여래장은 제도된 생멸심과 원통식으로 이루어져 있다. 불이문을 이루고 있는 공여래장과 불공여래장 사이의 큰 간극은 각성을 통해서 세워진 것이 아니다. 대자비심의 그리움을 통해 세워진 것이다. 반면에 공여래장 안에 세워진 작은 간극은 각조를 통해서 세워진 것이다. 불이문이 갖춰지면 역무무명진(亦無無明盡)이 성취된 것이다.

대자비심으로 갖추어진 불이문의 간극은 나중에 본원본제의 향하문적 성향을 제도하는 도구로 활용된다. 또한 불이문에 갖추어진 두 개의 간극은 불(佛)이 처비처지력(處非處智力)을 쓸 수 있는 방편으로 활용된다.

불(佛)은 두 개의 간극을 활용해서 시간과 공간을 마음대로 조절할 수 있는 힘을 갖게 된다. 그로써 무한한 수명을 갖게 되고, 과거, 현재, 미래를 마음대로 조절할 수 있고, 본원본제의 여래장에 관여되지 않고 오고 가는 것을 임의대로 할 수 있고, 스스로 새로운 여래장을 창조해서 그 속에서 거처할 수 있고, 원하는 때에 본원본제의 여래장계 안에서 새로운 부처로 현신할 수 있다.

이것을 혼자서 행하는 것이 아니라, 천백억 × 천백억 × 천백억의 화신불들을 대동하고 함께 행하신다.
이것이 불(佛)이 행하는 최종의 육바라밀이다.

본문

善男子. 是六波羅蜜者. 皆獲本利. 入決定性. 超然出世.
선남자. 시륙바라밀자. 개획본리. 입결정성. 초연출세.
無礙解脫. 善男子. 如是解脫法相. 皆無相行. 亦無解不解.
무애해탈. 선남자. 여시해탈법상. 개무상행. 역무해불해.
是名解脫. 何以故？解脫之相. 無相. 無行. 無動. 無亂.
시명해탈. 하이고？해탈지상. 무상. 무행. 무동. 무란.
寂靜涅槃. 亦不取涅槃相.
적정열반. 역불취열반상.

"선남자여, 육바라밀은 모두 본리(本利)를 얻고, 결정성(決定性)에 들어가며, 초월하여 세간을 벗어나므로, 걸림이 없는 해탈이니라. 선남자여, 이와 같은 해탈의 법상(法相)은 모두 무상(無相)의 행(行)이고, 또한 생멸해탈을 벗어나고 진여해탈을 벗어나느니, 이 이름이 해탈이니라. 어떤 까닭인가？ 해탈의 모습에는 모습이 없고, 행(行)이 없고, 움직임이 없고, 어지러움이 없으며, 적정(寂靜)한 열반이고, 또한 열반상을 취하지 않기 때문이니라."

강설

"선남자여, 육바라밀은 모두 본리(本利)를 얻고, 결정성(決定性)에 들어가며, 초월하여 세간을 벗어나므로, 걸림이 없는 해탈이니라."

보살도에서 행해지는 육바라밀은 모두 본성의 이익을 얻고 결정성에 들어가고 세간을 벗어나게 하기 때문에 걸림 없는 해탈이라는 말씀이시다.

이때의 해탈은 단순히 생멸해탈만을 뜻하는 것이 아니다. 진여해탈을 더불어서 말씀하시는 것이다.

본성은 적상(寂相)과 정상(靜相), 적멸상(寂滅相)으로 이루어져 있다.

적상은 무념(無念)이고, 정상은 무심(無心)이며, 적멸상은 간극(間隙)이다.

'**본성의 이익을 얻고 결정성에 들어간다**'는 것은 적상과 정상, 적멸상에 들어가는 것이다.

'**초월하여 세간을 벗어난다**'는 것은 생멸해탈을 말한다.

'**걸림이 없는 해탈을 한다**'는 것은 진여해탈과 여래장해탈을 이룬다는 뜻이다.

세간은 시간과 공간으로 이루어진 세계이다.
세간은 의식·감정·의지로 만들어졌다.
세간은 불세계와 불세계 사이에 위치한다.

세간을 벗어난다는 것은 시간과 공간에서 벗어나는 것이다. 의식·감정·의지에서 벗어나는 생멸해탈과 세간에서 벗어나는 것은 서로 다른 차이점이 있다.

본성과 의식·감정·의지를 분리시키게 되면 생멸해탈이 이루어진다. 하지만 그런 상태가 되어도 세간에서 벗어난 것이 아니다. 그 상태에서 세간을 벗어나려면 진여출가를 해야 한다. 진여문에 들어가서 진여신을 갖추어야 생멸세간에서 벗어난 것이다.

의식·감정·의지를 본성과 분리시킨 다음에 생멸세간에서 벗어나기 위해서는 진여출가를 통해서 또 한 번의 깨달음을 성취해야 한다.

"如是解脫法相(여시해탈법상), 皆無相行(개무상행),
이와 같은 해탈의 법상(法相)은 모두 무상(無相)의 행(行)이니라."

해탈의 법상이란 생멸해탈과 진여해탈이 이루어진 상태를 말한다. 대적정이 생멸해탈의 상이고 대자비가 진여해탈의 상이다.

무상의 행(行)이란 무위각(無爲覺)으로써 법상을 관하는 것이다. 대적정과 대자비, 대지혜의 법이 모두 무상행이라는 말씀이시다.

"또한 생멸해탈을 벗어나고 진여해탈을 벗어나느니(亦無解

不解), 이 이름이 해탈이니라(是名解脫)."

역무해불해(亦無解不解)는 '생멸해탈과 진여해탈을 벗어난다'로 해석해야 한다. 무해(無解)는 생멸해탈을 벗어난다는 뜻이다. 불해(不解)는 진여해탈을 벗어난다는 뜻이다.
이 대목에서 역(亦)자는 진여수행의 절차를 함축시킨 표현이다. 역무무명진(亦無無明盡)의 亦자와 같은 표현이다.
의식·감정·의지를 벗어나서 생멸해탈을 이룬 다음에 진여문에 들어가서 다시 의식·감정·의지를 제도의 대상으로 삼는다. 그런 다음에 진여해탈을 이루어서 등각도를 성취한다.

"어떤 까닭인가? 해탈의 모습에는 모습이 없고, 행(行)이 없고, 움직임이 없고, 어지러움이 없으며, 적정(寂靜)한 열반이고, 또한 열반상을 취하지 않기 때문이니라."

해탈의 모습이 무상(無相)인 것은 적상(寂相)과 정상(靜相), 적멸상(寂滅相)으로 근본을 삼기 때문이다.
해탈의 모습이 무행(無行)인 것은 각성을 근본으로 삼고 의지를 근본으로 삼지 않기 때문이다.
해탈의 모습이 무동(無動)인 것은 본성을 이루고 있는 세 가지 요소는 변함이 없기 때문이다.
해탈의 모습이 적정열반(寂靜涅槃)인 것은 일체의 생멸심을 취하지 않기 때문이다.
해탈의 모습이 역불취열반상(亦不取涅槃相) 한다는 것은 진여열반에도 머물지 않는다는 말이다.

본문

解脫菩薩聞是語已. 心大欣懌. 得未曾有. 欲宣義意.
해탈보살문시어이. 심대흔역. 득미증유. 욕선의의.
而說偈言.
이설게언.

大覺滿足尊	為眾敷演法	皆說於一乘	無有二乘道.
대각만족존	**위중부연법**	**개설어일승**	**무유이승도**
一味無相利	猶如太虛空	無有不容受	隨其性各異
일미무상리	**유여태허공**	**무유불용수**	**수기성각이**
皆得於本處	如彼離心我	一法之所成	諸有同異行
개득어본처	**여피리심아**	**일법지소성**	**제유동이행**
悉獲於本利	滅絕二相見	寂靜之涅槃	亦不住取證
실획어본리	**멸절이상견**	**적정지열반**	**역부주취증**
入於決定處	無相無有行	空心寂滅地	寂滅心無生
입어결정처	**무상무유행**	**공심적멸지**	**적멸심무생**
同彼金剛性	不壞於三寶	具六波羅蜜	度諸一切生
동피금강성	**불괴어삼보**	**구육바라밀**	**도제일체생**
超然出三界	皆不以小乘	一味之法印	一乘之所成
초연출삼계	**개불이소승**	**일미지법인**	**일승지소성**

해탈보살이 이 말씀을 듣고 나서, 마음에서 크게 기뻐하였으며, 미증유(未曾有/일찍이 없었던 일)를 얻고, 뜻을 펴고자 하

여 게송을 설하여 말하였다.

"대각(大覺)으로 원만하신 세존이시여, 대중을 위해서 법을 펼치시되, 모두 일승(一乘)을 설하고, 이승(二乘)의 도가 없습니다. 한 맛으로 모습이 없는 이익이고, 마치 큰 허공과 같으며, 용납하여 받아들이지 않음이 없건만, 그 성(性)에 따라 각각이 다르게 받아들입니다.

모두 본처(本處)에서 얻고, 그것은 심아(心我)를 떠남과 같으며, 일법(一法)으로 이루어진 것이고, 여러 유(有)와 함께하나 다른 행(行)입니다. 본리(本利)를 다 얻고, 두 가지 모습(相)으로 보는 것을 없애고 끊으며, 적정(寂靜)의 열반과 진여열반을 취해서 그 상태에 머물지 않습니다.

결정(決定)된 곳에 들어가고, 모습이 없고 행(行)이 없으며, 공심(空心/빈 마음)의 적멸한 지위이고, 적멸한 마음은 무생(無生)입니다. 저 금강의 성(性)과 같고, 삼보를 무너뜨리지 않으며, 육바라밀을 갖추고, 일체중생을 제도합니다.

초월하여 삼계를 벗어나고, 모두 소승으로 하지 않으며, 한 맛의 법인(法印)이고, 일승(一乘)으로 이루어진 것입니다."

爾時. 大衆聞說是義. 心大欣懌. 得離心我. 入空無相. 恢
이시. 대중문설시의. 심대흔역. 득리심아. 입공무상. 회
廓曠蕩. 皆得決定. 斷結盡漏.
확광탕. 개득결정. 단결진루.

그때에 대중들은 이 뜻을 설하는 것을 듣고 마음이 크게 기뻐하였으며, 심아(心我)를 떠나고 공(空)과 무상(無相)에 들어가니, 아주 광대하게 모두 결정성을 얻었고, 결사(結使)를 끊고, 누(漏/번뇌가 새는 것)가 다하였다.

강설

"대각(大覺)으로 원만하신 세존이시여, 대중을 위해서 법을 펼치시되, 모두 일승(一乘)을 설하고, 이승(二乘)의 도가 없습니다."
일승은 등각도이고, 이승은 보살도이다.

"한 맛으로 모습이 없는 이익이고, 마치 큰 허공과 같으며, 용납하여 받아들이지 않음이 없건만, 그 성(性)에 따라서 각각이 다르게 받아들입니다."
'한 맛'이란 본성의 적멸상을 인식하는 본각의 상태는 누구나 똑같이 느낀다는 뜻이다.
'모습 없는 이익'이란 무루지(無漏智)를 얻는다는 뜻이다.
'마치 큰 허공과 같다'는 것은 한량없고 가없는 광대무변한 법이라는 말씀이시다.
'용납하여 받아들이지 않음이 없다'는 것은 누구나 이해할 수 있도록 말씀하셨다는 뜻이다.
'그 성에 따라서 각각 다르게 받아들인다'는 것은 이 가르침을 깨달음의 정도에 따라서 각각 다르게 받아들인다는 뜻이다.

"모두 본처(本處)에서 얻고, 그것은 심아(心我)를 떠남과 같으며, 일법(一法)으로 이루어진 것이고, 여러 유(有)와 함께 하나 다른 행(行)입니다."
'모두 본처를 얻었다'는 것은 본각을 얻고 적멸상에 머물 수 있게 되었다는 말이다.
'심아(心我)를 떠났다'는 것은 의식·감정·의지로 이루어진 생멸심을 떠났다는 말이다.
'일법으로 이루어졌다'는 것은 오로지 한 가지 법만을 말씀하신다는 뜻이다.
'여러 유(有)와 함께 하나 다른 행'이라는 것은 여러 유를 여의지 않고 무상행을 한다는 의미이다.

"본리(本利)를 다 얻고, 두 가지 모습(相)으로 보는 것을 없애고 끊으며, 적정(寂靜)의 열반과 진여열반을 취해서 그 상태에 머물지 않습니다."
'본리를 다 얻었다'는 것은 환(幻)의 연기에서 벗어나서 실제(實際)가 되었다는 말이다.
'두 가지 모습으로 보는 것을 없애고 끊었다'는 것은 분별을 여의고 유상과 무상으로 보는 것을 떠났다는 말이다.
'적정열반과 진여열반을 취해서 그 상태에 머물지 않는다'

는 것은 생멸열반과 진여열반에 머무르지 않고 등각도로 나아간다는 뜻이다.

"**결정(決定)된 곳에 들어가고, 모습이 없고 행(行)이 없으며, 공심(空心)의 적멸한 지위이고, 적멸한 마음은 무생(無生)입니다.**"

'**결정된 곳에 들어간다**'는 것은 본성을 이루고 있는 적상, **정상**, 적멸상에 머문다는 뜻이다.

'**모습이 없고 행이 없다**'는 것은 본성의 상태는 무상이고 그 상태에 들어가는 것은 의지로 들어가는 것이 아니라는 말이다.

'**공심의 적멸한 지위**'라는 것은 생멸심이 멸(滅)해져서 공심을 이루고 멸진정(滅盡定)에 들어갔다는 뜻이다.

'**적멸한 마음은 무생(無生)**'이라는 것은 적멸심(寂滅心)은 생겨나는 것이 아니라는 뜻이다.

"**저 금강의 성(性)과 같고, 삼보를 무너뜨리지 않으며, 육바라밀을 갖추고, 일체중생을 제도합니다.**"

'**저 금강의 성과 같다**'는 것은 본성을 이루고 있는 세 가지 요소는 금강석과 같이 견고해서 무너지지 않는다는 뜻이다.

'**삼보를 무너뜨리지 않는다**'는 것은 본각 또한 그와 같이 투철하게 유지해서 적상(寂相)과 정상(靜相), 적멸상(寂滅相)

을 잃어버리지 않겠다는 의미이다.
'**육바라밀을 갖추고 일체중생을 제도한다**'는 것은 보살도의 육바라밀과 등각도의 육바라밀을 통해서 일체중생을 제도하겠다는 말이다.

"**초월하여 삼계를 벗어나고, 모두 소승으로 하지 않으며, 한 맛의 법인(法印)이고, 일승(一乘)으로 이루어진 것입니다.**"
'**초월하여 삼계를 벗어난다**'는 것은 생멸문을 벗어나서 진여문으로 나아간다는 뜻이다.
'**모두 소승으로 하지 않는다**'는 것은 대승으로 행한다는 뜻이다.
'**한 맛의 법인**'이란 본각(本覺), 구경각(究竟覺), 원각(圓覺), 등각(等覺), 묘각(妙覺)이 대적정(大寂定)을 기반으로 이루어졌다는 의미이다.
'**본각**'은 아라한과 본원본제가 갖추고 있는 각성이다. 본성의 간극에 머물러서 무념, 무심을 껴안고 있는 것이 본각이다.
'**구경각**'은 초지에서 8지까지의 보살들이 갖추고 있는 각성이다. 본성을 이루고 있는 적상과 정상, 적멸상, 밝은 성품의 기쁨, 일치된 생멸심을 더불어서 관찰할 수 있는 각성이다.
'**원각**'은 원통식을 체득한 9지보살과 10지 보살들이 갖추고 있는 각성이다.

'**등각**'은 등각보살이 갖추고 있는 각성이다. 대적정문과 대자비문이 평등해졌을 때 갖추어진다.
'**묘각**'은 부처님께서 갖추고 있는 각성이다.
'**일승으로 이루어진 것**'이란 등각도의 관점에서 행해지는 수행절차라는 말이다.

《금강삼매경 무생행품 無生行品 第三》

본문

爾時. 心王菩薩聞佛說法. 從座而起. 叉手合掌.
이시. 심왕보살문불설법. 종좌이기. 차수합장.
以偈問曰. 出三界外不可思議.
이게문왈. 출삼계외불가사의.

如來所說義	出世無有相	可有一切生	皆得盡有漏
여래소설의	**출세무유상**	**가유일체생**	**개득진유루**
斷結空心我	是則無有生	云何無有生	而得無生忍
단결공심아	**시즉무유생**	**운하무유생**	**이득무생인**

그때에 심왕(心王)보살이 부처님의 설법을 듣고 자리에서 일어나 차수(叉手) 합장하고, 게송으로 여쭈었다.
"삼계 밖으로 벗어나는 것이 불가사의합니다.
여래가 설한 뜻은, 세간을 벗어나는 것에 아무런 모습이 없으며, 모든 중생이 유루(有漏)가 다 없어짐을 얻게 합니다.
결사를 끊고 심아(心我)를 공(空)하게 하는 것이 곧 생(生)함이 없는 것인데, 어떻게 생함이 없는 것으로 무생인(無生忍)을 얻습니까?"

강설

"그때에 심왕(心王)보살이 부처님의 설법을 듣고 자리에서 일어나 차수(叉手) 합장하고, 게송으로 여쭈었다."
심왕(心王)이란 마음의 주체를 말한다. 본성과 각성이 곧 마음의 주체이다.

"삼계 밖으로 벗어나는 것이 불가사의합니다.
여래가 설한 뜻은, 세간을 벗어나는 것에 아무런 모습이 없으며, 모든 중생이 유루(有漏)가 다 없어짐을 얻게 합니다."
'세간을 벗어나는 것에 모습이 없다'는 것은 무상(無相)의 적정상(寂靜相)과 적멸상(寂滅相)으로, 의식·감정·의지로 이루어진 세간을 벗어난다는 말이다.
'모든 중생이 유루(有漏)가 다 없어진다'는 것은 중생이 갖고 있는 유신견(有身見)과 의식·감정·의지를 자기라고 생각하는 마음이 모두 없어지는 것을 말한다.

"결사를 끊고 심아(心我)를 공(空)하게 하는 것이 곧 생(生)함이 없는 것인데, 생함이 없는 것으로 어떻게 무생인(無生忍)을 얻습니까?"
'결사를 끊는다'는 것은 생멸인연의 얽매임에서 벗어나는 것을 말한다.
'심아(心我)를 공(空)하게 하는 것'이란 의식·감정·의지로 이루어진 생멸심을 공(空)하게 한다는 뜻이다.
조견(照見)의 행(行)으로써 의식·감정·의지를 공(空)하게 한다.

'생(生)함이 없는 것'이란 생멸심이 일어나지 않는 상태를 말한다.
'어떻게 무생인(無生忍)을 얻습니까?'
'무생인(無生忍)'이란 생(生)을 일으키지 않는 투철한 각성을 말한다. 대적정(大寂定)의 상태를 말한다.
의식·감정·의지가 없는데 무엇으로 무생인을 얻을 수 있느냐고 여쭙는 대목이다.

생(生)은 생명이 일으키는 변화를 말한다.
생명이 일으키는 변화를 연기(緣起)라 한다.
『적상·정상·적멸상은 결정성이고 무생(無生)인데 그것에서부터 어떻게 의식·감정·의지를 갖고 있는 생명이 생겨나고 연기가 일어났는가?
중생은 어떻게 해서 생겨났는가?
그렇게 생겨난 중생이 대적정을 얻으면 다시 생겨남이 없는 것인가? 그렇다면 그 대적정은 어떻게 해서 얻을 수 있는가?
의식·감정·의지를 공(空)하게 하면 대적정을 얻을 수 있다고 하셨는데, 그때에는 무엇으로 대적정에 들어가는가?
여래장연기는 왜 일어났으며, 어떤 과정을 통해서 일어났는가?』
본원본제의 구조에서 여래장연기가 일어난 원인과 과정을 들여다볼 수 있어야 이 질문들에 대한 답을 알 수가 있다.

본성을 이루고 있는 적상·정상·적멸상에서 각성과 밝은성품이 생겨나고, 이로 인해 본연(本緣)이 출현하고, 그 본연에서 생멸문과 진여문이 나타났다. 생멸문에서 12연기가 일어나고, 그 과정에서 생멸중생들이 생겨났다. 진여문에서 진여연기가 일어나고, 그 과정에서 진여보살이 생겨났다.

진여보살은 진여문이 갖고 있는 연기적 굴레에 머물러 있는 존재이다. 생멸중생은 생멸문이 갖고 있는 연기적 굴레에 머물러 있는 존재이다.

진여보살은 진여문이 갖고 있는 연기적 굴레를 극복해서 본제의 실상(本際實相)에 계합해야 하고, 생멸문의 중생은 생멸연기에서 벗어나서 진여문에 들어가고, 다시 진여연기를 벗어나서 본제의 실상에 계합해야 한다.

생멸문을 벗어나서 진여문에 들어간 생멸중생(진여보살)이 어떻게 진여연기를 벗어나서 무생법인(無生法忍)을 체득할 것인가? 이것이 심왕보살의 질문이다.

진여연기를 벗어나려면 본연(本緣)이 시작된 두 가지 원인을 제도해야 한다. 즉 밝은성품의 자연적 성향과 각성의 무명적 습성을 제도해야 한다.

밝은성품의 자연적 성향을 어떻게 제도하는가?

각성의 무명적 성향을 어떻게 제도하는가?

역무행진(亦無行盡)을 통해서 밝은성품의 자연적 성향을 제도한다. 역무무명진(亦無無明盡)을 통해서 각성의 무명적 습성을 제도한다.

역무행진(亦無行盡)을 이루려면 밝은성품이 일으키는 자연적 변화로 인해 본연이 생겨나는 과정에 대해서도 알아야 하고, 본연공간 안에서 생멸문과 진여문이 생겨나는 과정에 대해서도 알아야 한다.

밝은성품의 자연적 성향이란 밝은성품이 미는 힘과 당기는 힘으로 변화되는 것이다. 그로 인해 세 종류 에너지 간의 관계가 생겨나고 그 결과로 새로운 생멸정보들이 생겨나게 되었다.

새롭게 생성된 생멸정보들이 서로 교류하면서 본연공간의 고유진동수가 점점 더 높아지게 된다. 그러면서 본연공간 안에 생멸정보로 이루어진 새로운 공간이 생겨나게 된다. 이 공간을 생멸공간이라 한다. 생멸공간 안에서는 생멸정보 간의 교류가 반복적으로 일어난다. 그러면서 새로운 정보들이 지속적으로 생성된다.

생멸공간 안에서 새로운 생멸정보가 생겨나는 것을 생멸연기(生滅緣起)라 한다. 생멸연기가 열두 단계 절차로 일어나는 것이 12연기이다.

생멸연기가 심화되면서 생멸공간의 고유진동수가 점점 더 높아지게 된다. 본연공간과 생멸공간의 고유진동수가 정도 이상 차이가 나면서 생멸공간과 본연공간이 서로 분리되게 되었다.

본연공간에서 분리된 생멸공간은 독립적인 생명성을 갖춘

문(門)으로 전환된다. 이 생명을 생멸문(生滅門)이라 한다. 생멸문 안에서는 12연기의 절차가 단계적으로 진행된다. 12연기의 과정 중 행(行)의 과정에서 본연공간과 생멸공간의 분리가 이루어졌다.
생멸문은 12연기를 거치면서 천지만물로 나누어진다. 생멸문의 주체생명을 원초신(源初神)이라 부른다. 원초신이 나누어져서 생멸중생들이 생겨나고 세간(世間)이 생겨난다.

생멸공간이 분리된 본연공간은 생멸정보가 사라지고 본성정보와 각성정보만 남게 된다. 그 상태에서 각성정보가 본성정보를 주시의 대상으로 삼으면서 독립된 생명성을 갖게 되고 문(門)으로 전환된다.
이 생명을 진여문(眞如門)이라 부른다.
본연공간이 변화된 진여문은 스스로에게서 분리된 생멸문을 껴안고 동체(同體)를 이룬다. 진여문과 생멸문이 동체를 이루고 있는 것을 일법계(一法界)라 한다. 일법계를 이루고 있는 진여보살을 준제보살이라 한다.

생멸문의 중생은 12연기를 거슬러 올라가서 생멸문에서 벗어나고 스스로가 진여문이 된다. 12연기의 과정을 놓고 무(無)하는 것이 생멸연기를 벗어나는 것이다.
무사(無死), 무노(無老), 무생(無生), 무유(無有), 무취(無取), 무애(無愛), 무수(無受), 무촉(無觸), 무육입(無六入), 무명색

(無名色), 무식(無識), 무행(無行), 무무명(無無明)하는 것이 생멸연기에서 벗어나는 것이다.

진여보살은 진여연기를 거슬러 올라가서 진여문을 벗어난다. 모든 생멸심을 제도해서 불공여래장을 이루고, 진여심을 제도해서 공여래장을 이루며, 심식(心識)의 근(根)을 제도해서 원통식을 이루고, 대지혜와 대적정, 대자비를 성취한다. 역무진(亦無盡)의 법으로써 진여연기를 거슬러 올라가고, 생멸심의 제도와 밝은성품의 제도, 각성의 무명적 습성을 제도한다.

역무사진(亦無死盡), 역무노진(亦無老盡), 역무생진(亦無生盡), 역무유진(亦無有盡), 역무취진(亦無取盡), 역무애진(亦無愛盡), 역무수진(亦無受盡), 역무촉진(亦無觸盡), 역무육입진(亦無六入盡), 역무명색진(亦無名色盡), 역무식진(亦無識盡), 역무행진(亦無行盡), 역무무명진(亦無無明盡)으로써 진여연기를 벗어난다. 50과위 수행절차와 육바라밀법이 전체적으로 쓰여진다.

본문

爾時. 佛告心王菩薩言. 善男子. 無生法忍法本無生. 諸行
이시. 불고심왕보살언. 선남자. 무생법인법본무생. 제행
無生非無生行. 得無生忍卽爲虛妄. 心王菩薩言. 尊者. 得
무생비무생행. 득무생인즉위허망. 심왕보살언. 존자. 득

無生忍即為虛妄？ 無得無忍應非虛妄. 佛言. 不也. 何以
무생인즉위허망？ 무득무인응비허망. 불언. 불야. 하이
故？ 無得無忍是則有得. 有得有忍是則有生. 有生於得.
고？ 무득무인시즉유득. 유득유인시즉유생. 유생어득.
有所得法. 並為虛妄.
유소득법. 병위허망.

그때 부처님께서 심왕보살에게 말씀하셨다. "선남자여, 무생법인(無生法忍)의 법은 본래 무생(無生)이다. 제행(諸行)은 무생(無生)이고, 무생행(無生行)이 아니며, 무생인(無生忍)을 얻는다는 것이 바로 허망한 것이 된다."
심왕보살이 여쭈었다. "세존이시여, 무생인을 얻음이 곧 허망한 것이라 한다면, 얻음이 없고 인(忍)이 없음은 마땅히 허망하지 않은 것입니까?"
부처님께서 말씀하셨다. "아니다. 어떤 까닭인가? 얻음이 없고 인(忍)이 없는 것은 곧 얻음이 있는 것이고, 얻음이 있고 인(忍)이 있음이 곧 생(生)이 있음이다. 얻음에서 생(生)이 있고, 이와 같은 얻음의 법은 함께 허망한 것이다."

강설

그때 부처님께서 심왕보살에게 말씀하셨다. "선남자여, 무생법인(無生法忍)의 법은 본래 무생(無生)이다.

무생법인(無生法忍)의 법이 본래 무생(無生)인 것은 대적정을 이루고 있는 세 가지 요체인 적상·정상·적멸상은 연(緣)을 통해 드러나는 것이지 새롭게 생겨나는 것이 아니기 때문이다.

본원본제의 본성도 연(緣)을 통해 드러난 것이고 아라한의 본성도 본각을 통해 인식하는 것이지 새롭게 생겨난 것이 아니다.

각성(覺性)은 생멸(生滅)이 있고 증감(證減)이 있지만, 본성(本性)은 생멸이 없고 증감이 없다. 때문에 각성의 일은 유생(有生)이고 본성의 일은 무생(無生)이다.

"제행(諸行)은 무생(無生)이고, 무생행(無生行)이 아니며, 무생인(無生忍)을 얻는다는 것이 바로 허망한 것이 된다."

'**제행(諸行)**'이란 본원본제의 행(行)을 말한다. 이때의 행(行)은 각성의 일을 말한다. 본원본제가 갖고 있는 각성(覺性)을 본각(本覺)이라 한다. 본각은 본성의 능성(能性)이 변화된 것이지 생겨나는 것이 아니다. 때문에 무생(無生)이라고 말씀하시는 것이다. 본원본제는 본각을 갖추고자 노력하지 않는다. 본래부터 갖추고 있기 때문이다.

'**무생행(無生行)**'이란 대적정에 머물고자 노력하는 것을 말한다.

'**무생행이 아니다**'라는 것은 본원본제는 대적정에 머물고자 노력하지 않는다는 말이다.

'무생인(無生忍)'이란 본각을 얻기 위해 노력하는 것을 말한다. 무생인을 얻고자 노력하는 것은 본연소생(本緣所生)인 환(幻)생명들이 하는 일이다. 곧 중생은 무생인을 얻고자 노력하지만, 본원본제는 무생인을 얻고자 노력하지 않는다.

심왕보살이 여쭈었다. "세존이시여, 무생인을 얻음이 곧 허망한 것이라 한다면, 얻음이 없고 인(忍)이 없음은 마땅히 허망하지 않은 것입니까?"
앞의 문장에서는 심왕보살이 중생의 관점에서 질문하고 부처님은 본원본제의 관점에서 대답했다. 이 대목에서는 심왕보살이 본원본제가 무생행(無生行)을 하고자 노력하지 않듯이 중생들도 그리해야 되느냐고 여쭙는 것이다.

부처님께서 말씀하셨다. "아니다. 어떤 까닭인가? 얻음이 없고 인(忍)이 없는 것은 곧 얻음이 있는 것이고, 얻음이 있고 인(忍)이 있음이 곧 생(生)이 있음이다.
부처님께서 대답하시기를 '아니라'고 말씀하신다.
이 대목은 해석을 잘 해야 한다. 먼저 심왕보살의 질문이 어떤 요지를 담고 있는지 그것을 명확하게 이해하고 그 요지에 맞추어서 부처님의 대답을 해석해야 한다. 그렇지 않으면 의미가 꼬여서 이해할 수 없게 된다.
부처님께서 '아니다'라고 대답하신 것은 중생이 무생행(無生

行)을 하기 위해서는 무생인(無生忍)이 필요하다는 말씀이시다. 그 말씀을 전제로 놓고 다음 문장들을 해석해야 한다.

'얼음이 없고 인(忍)이 없는 것은 곧 얼음이 있는 것이고'
이 말씀은 중생은 무득(無得)하고 무인(無忍)하기 위해서 노력해야 한다는 말씀이시다. 즉 무생인(無生忍)을 얻어서 무생행(無生行)을 해야 한다는 의미이다.
원문의 何以故(하이고)? 無得無忍 是則有得 (무득무인시즉유득)은 그 주어가 중생이다. 중생이 무득(無得) 무인(無忍) 하기 위해서는 본각을 얻어야 한다고 말씀하시는 것이다. 시즉유득(是則有得)은 본각을 얻는다는 의미이다.
'얼음이 있고 인(忍)이 있음이 곧 생(生)이 있음이다.'
생으로써 생겨난 중생들은 얼음이 있고 인(忍)이 있어야 한다는 말씀이시다.

"얼음에서 생(生)이 있고, 이와 같은 얼음의 법은 함께 허망한 것이다."
생(生)으로써 생겨난 중생이 얼음을 통해 무생인을 얻는 것은 그 근본이 환(幻)이기 때문이라는 말씀이시다.

본문

心王菩薩言. 尊者. 云何無忍無生心而非虛妄？

심왕보살언. 존자. 운하무인무생심이비허망?
佛言. 無忍無生心者. 心無形段. 猶如火性. 雖處木中其在
불언. 무인무생심자. 심무형단. 유여화성. 수처목중기재
無所. 決定性故. 但名. 但字. 性不可得. 欲詮其理假說為
무소. 결정성고. 단명. 단자. 성불가득. 욕전기리가설위
名. 名不可得. 心相亦爾. 不見處所. 知心如是. 則無生心.
명. 명불가득. 심상역이. 불견처소. 지심여시. 즉무생심.

심왕보살이 여쭈었다. "세존이시여, 어찌하여 무인(無忍) 무생심(無生心)은 허망하지 않습니까?"
부처님께서 말씀하셨다. "인(忍)이 없고 무생(無生)의 마음이라는 것은, 마음에 형상(形相)의 구분이 없는 것이 마치 화성(火性)과 같으며, 비록 나무 속에 있지만 그것은 처소가 없으며, 결정성(決定性)이기 때문이다. 다만 이름이고, 다만 글자이고, 성(性)을 얻을 수 없으며, 그 이치를 설명하고자 가설하여 이름이 되고, 이름을 얻을 수 없다. 마음의 모습은 또한 그러하며 처소를 보지 못한다. 마음이 이와 같음을 알면 곧 무생(無生)의 마음이다.

강설

심왕보살이 여쭈었다. "세존이시여, 어찌하여 무인(無忍) 무생심(無生心)은 허망하지 않습니까?"

이 질문의 주어는 본원본제이다. 무인(無忍)하고 무생심(無生心) 하는 본원본제는 어찌하여 허망한 존재가 아니냐고 여쭙는 것이다.

"부처님께서 말씀하셨다. "인(忍)이 없고 무생(無生)의 마음이라는 것은, 마음에 형상(形相)의 구분이 없는 것이 마치 화성(火性)과 같으며, 비록 나무 속에 있지만 그것은 처소가 없으며, 결정성(決定性)이기 때문이다."
심왕보살의 질문에 부처님께서는 먼저 본성의 상태에 대해서 말씀하신다. 본성 자체는 노력을 통해서 성취되는 것이 아니고(無忍), 생겨나는 마음이 아닌데(無生心), 그 형상과 존재 양태가 마치 불의 형질과 같다는 말씀이시다.
불의 형질은 나무 속에 있지만 뚜렷한 처소를 알 수가 없다. 본성도 그와 같다는 말씀이시다. 분명하게 있지만 드러나지 않는 것이 결정성(決定性)이지만 무상(無相)하다는 말씀이시다.

"다만 이름이고, 다만 글자이고, 성(性)을 얻을 수 없으며, 그 이치를 설명하고자 가설하여 이름이 되고, 이름을 얻을 수 없다."
불(火性)이라는 것은 다만 글자이고 나무 속에서는 그 형질을 찾을 수가 없다는 말씀이시다.

"마음의 모습은 또한 그러하며 처소를 보지 못한다. 마음이 이와 같음을 알면 곧 무생(無生)의 마음이다."

본성도 그와 같아서 분명하게 있지만 뚜렷한 처소를 보지 못한다는 말씀이시다.

본성이 이와 같음을 알면, 그것을 얻음의 대상으로 삼지 않는다는 말씀이시다.

본문

善男子. 是心性相又如阿摩勒果. 本不自生. 不從他生. 不
선남자. 시심성상우여아마륵과. 본불자생. 부종타생. 불
共生. 不因生. 不無生. 何以故? 緣代謝故. 緣起非生. 緣
공생. 불인생. 불무생. 하이고? 연대사고. 연기비생. 연
謝非滅. 隱顯無相. 根理寂滅. 在無有處. 不見所住. 決定
사비멸. 은현무상. 근리적멸. 재무유처. 불견소주. 결정
性故. 是決定性. 亦不一. 不異. 不斷. 不常. 不入. 不出.
성고. 시결정성. 역불일. 불이. 부단. 불상. 불입. 불출.
不生. 不滅. 離諸四謗言語道斷. 無生心性亦復如是. 云何
불생. 불멸. 리제사방언어도단. 무생심성역부여시. 운하
說生不生. 有忍無忍? 若有說心有得. 有住及以見者. 即為
설생불생. 유인무인? 약유설심유득. 유주급이견자. 즉위
不得阿耨多羅三藐三菩提. 般若是為長夜了別心性者.
부득아뇩다라삼막삼보리. 반약시위장야료별심성자.

知心性如是. 性亦如是. 無生. 無行.
지심성여시. 성역여시. 무생. 무행.

"선남자여, 이 마음의 성(性)과 상(相)은 또한 아마륵(阿摩勒)[20] 열매와 같느니라. 그 근본은 자생(自生)하지 않고, 타생(他生)을 쫓지 않으며, 공생(共生)하지 않고, 인생(因生)하지 않고, 무생(無生)하지 않느니라. 어떤 까닭인가? 연(緣)하고 대사((代射)하기 때문이니라. 연(緣)이 일어남(緣起)은 생기는 것이 아니고, 연(緣)이 대사(代射)함은 없어짐이 아니며, 숨거나 나타남에서 모습이 없으며, 근본의 이치가 적멸(寂滅)하느니라. 무(無)로써 존재하고 처해짐이 있지만 머무는 것을 보지 못하니 결정성(決定性)이기 때문이니라. 이 결정성은 또한 하나(같음)가 아니고, 다르지 않고, 끊어지지 않고, 항상하지 않고, 들어가지 않고, 나오지 않고, 생기지 않고, 없어지지 않고, 네 가지 비방[21]을 떠났고, 언어로 말하는 것이 끊어졌느니라. 무생(無生)의 심성(心性)은 또한 이와 같나니, 어떻게 생(生)긴다고 하거나 생기지 않는다고 하거나, 인(忍)이 있다고 하거나 인(忍)이 없다고 설하겠는가? 만약에 어떤 사람이 마음에서 얻음이 있고, 머무름이 있고, 보는 것이 있다고 설한다면 곧 아뇩다라삼먁삼보리를 얻지 못한 것이니라. 반야는

---

20) 아마륵 열매는 오렌지보다 20배나 많은 비타민 C를 함유하고 있는데, 이 식물의 열매, 잎, 씨앗, 뿌리, 껍질, 꽃 등이 모두 약용으로 쓰인다.
21) 네 가지 비방은 사구(四句)를 말하며, '있다, 없다, 있으면서 없다, 있지 않으면서 없지 않다' 등과 같이 상대적인 관념으로 설명하는 것을 뜻한다.

긴 밤 동안 심성을 확실하게 구별하는 것이니라. 심성(心性)이 이와 같음을 알게 되면, 성(性)은 또한 이와 같아서 무생(無生)이고, 무행(無行)이니라."

강설

"선남자여, 이 마음의 성(性)과 상(相)은 또한 아마륵(阿摩勒) 열매와 같느니라. 그 근본은 자생(自生)하지 않고, 타생(他生)을 쫓지 않으며, 공생(共生)하지 않고, 인생(因生)하지 않고, 무생(無生)하지 않느니라."
'이 마음의 성(性)과 상(相)'은 본성(本性)과 본상(本相)을 말한다. 즉 여시성(如是性)과 여시상(如是相)을 말한다.
'아마륵 열매와 같다'는 것은 아마륵 열매는 크고 탐스럽게 열리지만 그 형상이 본래부터 아마륵나무 속에 있던 것이 아니라는 말씀이시다. 꽃이 피고 열매가 열리기까지 갖가지 인연이 작용하고, 열매가 성장하기까지도 갖가지 인연이 작용하는데 본성의 일도 그와 같다는 말씀이시다. 본성이 갖춰지기까지는 갖가지 인연이 작용한다는 말씀이시다.
'그 근본은 자생(自生)하지 않고'
본성의 근본은 스스로 생겨나지 않는다는 말씀이시다.
본성의 근본은 식(識)의 바탕과 심(心)의 바탕이다. 즉 무념(無念)의 적상과 무심(無心)의 정상이다. 무념·무심은 스스로 생겨나는 것이 아니라는 말씀이시다. 본래부터 존재하는 것이기 때문에 생겨나는 것이 아니다.

'타생(他生)을 쫓지 않으며'
본성의 근본인 무념·무심은 다른 존재를 쫓아서 생겨난 것이 아니라는 말씀이시다.

'공생(共生)하지 않고'
본성의 근본인 무념·무심은 협력해서 생겨나는 것이 아니라는 말씀이시다.

'인생(因生)하지 않고'
본성의 근본인 무념·무심은 원인이 있어서 생겨나는 것이 아니라는 말씀이시다.

'무생(無生)하지 않느니라'
본성의 근본인 무념·무심은 없음에서 생겨난 것이 아니라는 말씀이시다. 즉 본성의 근본은 항상 있는 것이라는 말씀이시다.
하지만 그 있음이 주처가 없고(無住), 드러나지 않는 상태(無相)라는 말씀이시다.

"어떤 까닭인가? 연(緣)하고 대사((代射)하기 때문이니라. 연(緣)이 일어남(緣起)은 생기는 것이 아니고, 연(緣)이 대사(代射)함은 없어짐이 아니며, 숨거나 나타남에서 모습이 없으며, 근본과 이치가 적멸(寂滅)하느니라."
'연(緣)'이란 서로 만나는 것을 말한다.

'**대사((代射)**'란 움직이고 순환한다는 뜻이다.

본성을 이루는 바탕은 불자생(不自生)이요, 불타생(不他生)이요, 불공생(不共生)이요, 불인생(不因生)이요, 불무생(不無生)이지만 본성(性)은 연(緣)으로써 생겨나고 대사(代謝)로써 순환해서 본상(本相)을 갖춘다는 말씀이다.

'**연이 일어남은 생기는 것이 아니고(緣起非生)**'

본성은 무념(식의 바탕)과 무심(심의 바탕)이 연(緣)해서 생겨나는데, 연(緣)이 일어남은 생(生)이 아니라는 말씀이다. 무념과 무심은 본래부터 있는 것이고 본성은 무념과 무심이 연(緣)해서 일어나지만, 그것은 생(生)이 아니라는 말씀이다.

'**연이 대사함은 멸하는 것이 아니며(緣謝非滅)**'

연(緣)이 일어나고 연(緣)이 대사(代謝)하는 것은 생멸의 현상이 아니라는 말씀이다.

'**숨거나 나타남에서 모습이 없으며(隱顯無相)**'

본성을 이루고 있는 무념·무심·간극 즉 적상·정상·적멸상은 무상의 모습을 갖추고 있다는 말씀이다.

'**근본과 이치가 적멸(寂滅)하느니라**'

본성의 근본인 무념·무심·간극의 이치가 적(寂)하고 정(靜)하며 적멸(寂滅)하다는 말씀이다.

이 대목에서는 본원본제의 성(性)과 상(相)이 생겨난 원인에 대해서 말씀하신다.

본원본제의 성(性)은 적상(寂相), 정상(靜相), 적멸상(寂滅相)으로 이루어져 있다. 본원본제의 상(相)은 적상·정상·적멸상, 각성(覺性)으로 이루어져 있다. 본원본제의 성(性)이 연(緣)을 통해 생겨났고 상(相)이 대사(代謝)를 통해 생겨났다고 말씀하신다.

본원본제는 성(性), 상(相), 체(體), 력(力), 작(作), 인(因), 연(緣), 과(果), 보(報)를 근본(本)으로 삼는다. 이것을 10여시(十如是)라 한다. 본원본제가 10여시로써 근본을 삼은 것은 여래장연기에 들었기 때문이다.

여래장연기의 시작이 여시성(如是性)이다. 본성을 이루는 세 가지 요소가 어떤 과정을 통해서 출현하게 되었는지 이것을 아는 것이 여래장연기의 원인을 아는 것이다.

여시성(性)이 대사해서 여시상(相)이 나오고 여시상이 대사해서 여시체(體)가 나온다. 여시체가 연기해서 여시력(力)과 여시작(作), 여시인(因), 여시연(然), 여시과(果), 여시보(報)가 나온다. 본원본제는 이것을 근본으로 삼아 존재성을 갖춘다.

본성을 이루고 있는 적상(寂相)과 정상(靜相)은 본래부터 있는 것이지 새롭게 생겨나는 것이 아니다. 적멸상(寂滅相)은 적상과 정상이 서로 연(緣)했을 때 드러난다.

연(緣)이 이루어지기 이전에는 적상(寂相)과 정상(靜相)이 따로따로 존재한다. 그러다가 연(緣)이 이루어지면 본성(本

性)을 이룬다. 연이 이루어지는 과정에서 적상과 정상 사이에 간극이 생겨난다. 그때의 간극이 적멸상으로 이루어져 있다. 적상과 정상, 적멸상이 드러나면 본성(本性)이 갖춰진 것이다. 본성이 갖춰지면 비로소 생명이 된다. 이런 과정을 통해 갖추어진 생명의 근본을 본원본제(本源本際)라 한다.

본원본제가 자기능성(能性)으로 대사(代謝)를 행하면서 각성(覺性)이 생겨난다. 각성으로 인해 여시상(相)이 생겨나고 여시상 안에서 대사(代謝)가 반복되면서 여시체(體)가 생겨난다.

중생의 마음에는 심(心)의 바탕과 식(識)의 바탕이 따로따로 존재한다. 심의 바탕은 가슴과 오장, 대뇌변연계에 자리하고 식의 바탕은 대뇌와 소뇌, 뇌줄기와 척수에 자리한다.

중생의 심식(心識)은 서로 분리되어 있다. 때문에, 본성(本性)을 이루지 못한다.

몸이라는 구조물 안에서는 심(心)의 바탕과 식(識)의 바탕이 한 덩어리를 이루고 있기 때문에 독립적인 생명성을 유지해 가지만 정신적인 면에서는 심식(心識)의 바탕을 연(緣)하지 못했기 때문에 본성이 갖춰지지 않았다.

때문에 본성으로 자기의 근본을 삼지 못하고 의식·감정·의지로 자기 근본을 삼는다.

중생이 의식·감정·의지로써 자기 근본을 삼는 것은 여시인

(因)과 여시연(緣), 여시과(果)와 여시보(報)로써 자기를 삼는 것이다. 이런 존재를 환(幻)생명이라 한다.

여시성(性)과 여시상(相), 여시체(體)와 여시력(力), 여시작(作)을 잃어버린 존재, 그런 존재가 중생이다.

중생이 성(性), 상(相), 체(體), 력(力), 작(作)을 회복하려면 각성을 통해 심의 바탕(無心)과 식의 바탕(無念)을 연(緣)하도록 해야 한다. 각성으로 심식의 바탕이 연(緣)해진 것을 능연견성(能緣見性)이라 한다.

능연을 통해 심식(心識)의 바탕이 연(緣)해지면 이때 비로소 본성(本性)이 드러난다. 본성이 드러나면 본성을 이루고 있는 세 가지 요소를 관찰할 수 있게 된다.

본성이 무념과 무심, 간극으로 이루어져 있는 것을 인식하게 되면 본상(本相)이 갖추어진 것이다.

그 상태에서 본성의 간극에서 생성되는 밝은성품을 인식하게 되면 본체(本體)가 갖춰진 것이다.

밝은성품과 선천기, 후천기, 슈슘나 에너지, 이다·핑갈라 에너지가 서로 반응해서 한 물건이 형성되는 것을 인식하면 본력(本力)이 갖춰진 것이다.

식의 바탕을 육단시(六段示)하고 일어나는 식업에 대해 육념처관(六念處觀)을 행할 수 있으면 본작(本作)을 성취한 것이다.

본원본제가 여래장연기에 들어가는 것은 스스로가 갖고 있는 향하문적 성향(向下門的性向) 때문이다. 이는 각성의 각조(覺照)적 습성으로 인해 생겨난다.

각성이 성(性)을 이루고 있는 적상·정상·적멸상과 체(體)를 이루고 있는 밝은성품을 각조(覺照)의 대상으로 삼으면서 25가지 유형의 대사(代謝)가 일어난다. 이 중 24가지 유형의 대사를 통해 여시력(力)이 생겨난다.

여시력으로 인해 본연(本緣)이 생겨난다. 본연은 각성이 본성을 대상으로 행했던 24가지 대사가 정보화되면서 생겨났다. 24가지 대사의 정보가 밝은성품 공간 안에 내장되면서 밝은성품 간의 부딪침이 지속적으로 일어났다. 그로 인해 새로운 생멸정보들이 다량으로 생겨나면서 본연(本緣)이 생겨났다. 본연생명은 심식(心識)의 바탕이 연(緣)해서 생겨난 것이 아니다. 여시체(如是體) 안에서 근본정보와 생멸정보가 서로 교류하면서 생겨났다. 때문에 실제(實際)생명이 아니다.

본연(本緣)을 이루고 있는 본성(本性)도 연(緣)을 통해 갖춰진 것이 아니다. 24가지 대사가 정보화되면서 갖춰진 것이다. 이것을 '근본정보'라 한다.

본성이 연(緣)으로 인해 갖춰지지 못하고 근본정보로 이루어진 생명을 환(幻)생명이라 한다.

본연이 출현하고부터 본연공간 안에서 일어나는 모든 변화를 환(幻)이라 한다. 생멸연기도 환(幻)이고 진여연기도 환(幻)이다. 생멸연기의 결과로써 생겨난 천지만물도 환(幻)

이다.

여시인(如是因)은 본연공간 안에서 일어나는 근본정보와 생멸정보 간의 교류를 말한다.
여시연(如是緣)은 정보간의 교류를 통해서 새로운 환(幻)이 생겨나는 것을 말한다.
여시인과 여시연의 과정을 통해 생멸문이 생겨나고 12연기가 일어난다. 생멸문 안에서 일어나는 인(因)과 연(緣)으로 인해 여시과(果)와 여시보(報)가 생겨난다.
여시과(如是果)는 생멸문 안에서 일어나는 인(因)과 연(緣)의 결과이다. 선연(善緣)과 악연(惡緣)으로 인해 선업(善業)과 악업(惡業)으로 나타난다.
여시보(如是報)는 업(業)에 따라 형성되는 서로 간의 관계를 말한다. 악업으로 흉보(凶報)가 도래하고 선업으로 길보(吉報)가 도래한다.
생멸문은 인연과보(因緣果報)로 이루어진 세계이다. 때문에 생멸문의 모든 중생들은 인과응보(因果應報)의 법칙 속에 살아가게 된다.
중생이 인연과보의 굴레에서 벗어나려면 먼저 환(幻)의 산물인 의식·감정·의지에서 벗어나야 한다. 그러기 위해서는 의지를 각성(覺性)으로 전환시키고, 의식을 통해 무념(無念)을 인식하고, 감정을 통해 무심(無心)을 인식해야 한다. 이 과정이 초선정과 3선정 사이에서 행해진다.

무념과 무심이 갖추어지면 각성을 통해 무념과 무심이 서로를 비춰보도록 한다. 이것이 무념과 무심을 서로 연(緣)하도록 하는 것이다. 무념과 무심이 연(緣)해지면 본성(本性)의 틀이 갖추어진다. 이 상태를 견성오도(見性悟道)라 한다. 4선정의 과정이다.

견성오도가 이루어지면 이때부터 본성에 입각해서 의식·감정·의지를 제도해간다. 이 과정을 해탈도(解脫道)라 한다.
세 단계의 해탈도가 있다.
금강해탈도(金剛解脫道)와 허공해탈도(虛空解脫道), 반야해탈도(般若解脫道)가 그것이다.
금강해탈도는 본성에 입각해서 의식·감정·의지를 제도해 가는 것이다. 감정의 제도는 공무변처정(空無變處定)으로 행하고 의식의 제도는 식무변처정(識無變處定)으로 행한다. 5선정과 6선정의 과정이다.
허공해탈도는 본성에 입각해서 밖의 경계를 제도해 가는 것이다. 5선정과 6선정의 과정이다.
금강해탈도와 허공해탈도에서는 관법(觀法)과 지법(止法)이 함께 쓰여진다.
관법(觀法)이란 본성으로 경계와 의식·감정·의지를 비춰보는 것이다.
지법(止法)이란 본성에 머물러서 경계와 의식·감정·의지를 인식의 대상으로 삼지 않는 것이다. 금강경에서 말씀하신 불응색성향미촉법(不應色聲香味觸法) 응무소주이생기심(應無所住而生其心)이 이 과정에 해당된다. '색, 성, 향, 미, 촉, 법에 응하지 않고 응당 머물지 않는 마음을 낸다'는 뜻이다. 지법(止法)으로 금강해탈도와 허공해탈도를 행하다 보면 무념과 무심 사이에서 작용하던 능연심(能緣心)이 더욱더 공고해진다. 그렇게 되면 무념과 무심이 한 덩어리를 이루게 된다. 행, 주, 좌, 와, 어, 묵, 동, 정(行住坐臥語默動靜)에서 무념과 무심이 서로 동떨어지지 않게 되면 이때부터는 무념과 무심 사이의 간극을 들여다본다. 각성의 능연심으로 일체가 된 무념과 무심 사이에는 합쳐지지도 않고 분리되지도 않는 간극(間隙)이 있다. 그 간극의 상태를 들여다보는 것이 이때에 할 일이다.

무념의 형상은 적상(寂相)이고 무심의 형상은 정상(靜相)이다. 간극의 형상(形相)은 적멸상(寂滅相)이다. 적상·정상·적멸상을 뚜렷하게 인식하고 적멸상에 머물게 되면(寂滅止), 이때가 바로 본각(本覺)을 성취한 것이다. 본각을 성취하면 환심(幻心)에서 벗어난다. 비로소 본연(本緣)에서 시작된 환의 굴레에서 벗어나서 실제(實際)가 된 것이다. 하지만 아직도 생멸연기와 진여연기, 여래장연기에서 벗어난 것이 아니다. 연기의 굴레에서 벗어나 여래(如來)의 면모를 갖추려면 반야해탈도를 성취해서 생멸열반을 이루고, 보살도에 들어가서 중간열반을 이루며, 등각도에 들어가서 반열반을 성취해야 한다. 본각을 성취하면 초입반야에 들어간 것이다.

반야해탈도의 목적은 대적정(大寂定)에 들어가서 의식·감정·의지를 본성과 분리시키는 것이다.

초입반야, 중간반야, 종반야로 이루어져 있다.

초입반야는 적멸상(寂滅相)에 머물러서 적상(寂相)과 정상(靜相)을 함께 관(觀)하는 것이다.

중간반야는 적상·정상·적멸상 사이를 대사하면서 의식·감정·의지를 본성과 분리시키는 것이다. 이때에는 적상·정상·적멸상을 놓고서 25가지 대사(代謝)가 이루어진다. 25원통행(圓通行)이라 한다. 중간반야의 상태에서는 본성과 의식·감정·의지가 서로 동떨어진 상태에서 함께 인식된다.

종반야는 본성과 의식·감정·의지가 완전하게 분리되어서 적상과 정상, 적멸상만 인식된다. 의식·감정·의지는 인식되지 않는 상태이다. 대적정(大寂定)을 성취한 상태이다. 아라한과를 성취한 것이고 생멸열반에 들어간 것이다.

생멸열반을 성취하면 생멸연기에서 벗어나게 된다. 하지만 진여연기나 여래장연기에서 벗어난 것은 아니다.

이 상태에서 진여연기를 벗어나려면 먼저 진여문에 들어가고, 그런 다음 진여출가를 해야 한다.

진여문에 들어가려면 본각(本覺)을 구경각(究竟覺)으로 전환시키고 밝은성품을 인식의 대상으로 삼아야 한다. 이 상태를 법념처관(法念處觀)이라 한다.

본각을 구경각으로 전환시키려면 적멸상(寂滅相)에 머물러 있던(寂滅止) 각성으로 적상(寂相)과 정상(靜相), 밝은성품

(明性)을 함께 비춰봐야(法念處觀) 한다. 이 상태에서 밝은 성품의 기쁨에 머물러서(明性止) 적상·정상·적멸상을 함께 비춰보면(佛念處觀) 진여문에 들어간 것이다. 보살도 초지 환희지에 들어간 것이고 중간열반을 성취한 것이다.

진여출가는 환희지에서 벗어나 일치되는 생멸심들을 제도하면서 이루어진다. 2지 이구지에서부터 10지 법운지까지 생멸심의 제도가 이루어지고 대적정문과 대자비문을 함께 성취한다. 50과위 전체가 활용된다.

등각도에 들어가서 불이문(不二門)을 성취하면 진여연기에서 벗어난 것이다.

등각도는 대적정문(大寂靜門)과 대자비문(大慈悲門)이 함께 성취되고 공여래장(空如來藏)과 불공여래장(不空如來藏)이 불이문(不二門)을 이룬 상태이다.

대적정문은 본성을 이루고 있는 세 가지 요소와 각성이 주체가 되어서 성취된다. 생멸수행과 진여수행을 통틀어서 열두 단계의 대적정문 수행이 있다.

대자비문은 생명에 대한 자비심과 각성이 주체가 되어 성취된다. 생멸수행과 진여수행을 통틀어서 23단계의 대자비문 수행이 있다.

공여래장(空如來藏)은 진여심(眞如心)이 완성을 이룬 것이다. 각성의 무명적 습성이 제도되고 밝은성품의 자연적 성향이 제도되었을 때 갖추어진다.

불공여래장(不空如來藏)은 생멸심(生滅心)이 완성을 이룬 것이다. 생멸문 전체가 제도되고 생멸식(生滅識)이 원통식(圓通識)으로 전환되었을 때 갖추어진다.
등각(等覺)을 성취하면 생멸연기와 진여연기에서 벗어나게 되고 향하문적 성향(向下門的性向)에 빠지지 않게 된다. 때문에 본연(本緣)으로부터 시작된 환(幻)의 연기에서 벗어나게 된다.

여기서 잠깐 등각보살의 상태와 본원본제의 상태를 비교해 보자.
등각보살은 본체(本體)에 머물러서 본력(本力)을 만들어내지 않는다. 때문에 향하문적 성향이 생겨나지 않고 본연(本緣)이 출현하지 않는다. 본연이 출현하지 않으면 여래장연기가 일어나지 않는다.
본원본제는 여시체(如是體)의 상태에서 여시력(如是力)을 만들어 낸다. 때문에 본연이 출현하고 여래장연기를 일으키게 된다.
등각보살은 스스로가 생성해 내는 밝은성품으로 천백억화신을 이룬다.
본원본제는 스스로가 생성해 내는 밝은성품으로 본연(本緣)을 만들어낸다.
등각보살은 각성의 무명적 습성을 제도한 존재이다.
본원본제는 각성의 무명적 습성을 제도하지 못한 존재이다.
등각보살은 25가지 대사(代謝)를 통해 일체종지(一切種智)

를 이룬다.
본원본제는 25가지 대사를 통해 유생(有生)에 들어간다.
등각보살은 묘각도를 이루기 위해 향상문(向上門)으로 나아가는 육바라밀을 행한다. 수기불(受期佛)과 동법계를 이루고 불세계(佛世界)로 들어간다. 불(佛)을 이룬 다음에는 본원본제와 동법계를 이루고 정토불사를 행한다.
본원본제와 동법계를 이룬 상태에서는 상행(上行), 무변행(無邊行), 정행(淨行), 안립행(安立行)을 이룬다. 그 결과, 여래지(如來智)를 체득하고 새로운 여래장을 창조할 수 있는 능연지력(能緣智力)을 갖춘다.
본원본제는 스스로의 향하문적 성향을 제도하기 위해 일심법계 부처님과 동법계를 이룬다. 동법계를 이룬 다음에는 대자비와 대지혜를 갖추고 상락아정(常樂我淨) 바라밀을 통해 일심법계를 이룬다.

"無로써 존재하고 처해짐이 있지만, 머무는 것을 보지 못하니 결정성(決定性)이기 때문이니라."
본원본제의 여시성(性)과 여시상(相)은 무(無)로써 존재하고 처해짐이 있다. 하지만 머무는 것을 보지 못한다. 적상(寂相)과 정상(靜相), 적멸상(寂滅相) 사이를 쉼 없이 대사(代謝)하기 때문이다.

"이 결정성은 또한 하나(같음)가 아니고, 다르지 않고, 끊어지지 않고, 항상하지 않고, 들어가지 않고, 나오지 않고, 생기지 않고, 없어지지 않고, 네 가지 비방을 떠났고, 언어로 말하는 것이 끊어졌느니라."

본성을 이루고 있는 적상·정상·적멸상은 서로 다른 형질로 이루어져 있다. 때문에 역불일(亦不一)이라 한다.

본성을 이루고 있는 적상·정상·적멸상은 누구나 똑같은 구조로 이루어져 있다. 부처와 중생도 같은 구조로 이루어져 있고, 본원본제와 아라한도 같은 구조로 이루어져 있다. 때문에 불이(不異)라 한다.

본성을 이루고 있는 적상·정상·적멸상은 서로 단절되지 않는다. 때문에 不斷(부단)이라 한다.

본성은 그 상태에 머물러 있지 않는다. 각성을 통해 대사가 일어나면서 쉼 없이 변화하고 밝은성품이 생성되면서 유(有)가 일어난다. 때문에 不常(불상)이라 한다.

본성을 이루고 있는 적상·정상·적멸상은 들고 남이 없다. 대사를 통해 체(體)와 력(力)이 생겨나고 여래장연기가 일어나지만 이것은 각성과 밝은성품에서 일어나는 변화일 뿐, 본성 자체에서 일어나는 변화가 아니다. 때문에 不入(불입) 不出(불출)이라 한다.

본성을 이루고 있는 적상·정상·적멸상은 생겨난 것이 아니다. 연(緣)으로써 드러난 것이다. 때문에 不生(불생) 不滅(불멸)한다.

본성을 이루고 있는 적상·정상·적멸상은 있고 없는 것을 떠났고 비교할 대상이 없다. 또한 말로써 표현하는 것에 한계가 있다.

"무생(無生)의 심성(心性)은 또한 이와 같나니, 어떻게 생(生)긴다고 하거나 생기지 않는다고 하거나, 인(忍)이 있다고 하거나 인(忍)이 없다고 설하겠는가?"
연(緣)으로 드러나는 본성을 생(生)과 불생(不生)의 관점으로 단정 지어서 말하기가 어렵다. 그와 같이 인(忍)이 있다고(有忍) 말하고 인이 없다고 말하기도(無忍) 어렵다는 말씀이시다. 이 대목에서 인(忍)이란 의도와 노력을 말한다. 무생인(無生忍)이란 무생(無生)하고자 하는 의도와 노력을 말한다.

"만약에 어떤 사람이 마음에서 얻음이 있고, 머무름이 있고, 보는 것이 있다고 설한다면 곧 아뇩다라삼먁삼보리를 얻지 못한 것이니라."
이때의 마음은 유상(有相)의 마음이다. 유상의 마음은 의식(識)·감정(心)·의지(意)를 말한다. 과거 심식의 불가득(過去心識意不加得)이요, 현재 심식의 불가득(現在心識意不加得)이며, 미래 심식의 불가득(未來心識意不加得)이다. 얻을 것이 없고 머물지 않고 취할 바가 없다.

"반야는 긴 밤 동안 심성을 확실하게 구별하는 것이니라.

심성이 이와 같음을 알게 되면, 성(性)은 또한 이와 같아서 무생(無生)이고, 무행(無行)이니라."
긴 밤이란 의식·감정·의지로 이루어진 생멸심을 자기라고 생각하고 살아온 세월을 말한다.
반야란 본성을 이루고 있는 적상(寂相)과 정상(靜相), 적멸상(寂滅相)을 확실하게 구분할 줄 아는 지혜를 말한다.
심성(心性)이란 의식과 감정의 바탕을 말한다. 즉 적상(寂相)과 정상(靜相)을 말한다.
'**심성을 확실하게 구별한다**'는 것은 심의 바탕과 식의 바탕을 확실하게 구분할 줄 안다는 것이다.

성(性)이란 본성을 말한다.
본성이 무생(無生)인 것은 연(緣)으로 드러났기 때문이고, 본성이 무행(無行)인 것은 대사(代謝)를 행하는 주체가 각 성이기 때문이다.

여래장연기의 이치를 알려면 먼저 알아야 할 것이 있다. 바로 여래장연기가 어디에서부터 시작되고 어떤 과정을 통해 진행되었는지를 아는 것이다. 부처님께서는 여래장연기의 시작을 본원(本源)이라 했다. 본원이 본제(本際)를 일으키면서 여래장이 생겨났고, 그 과정에서 여래장연기가 생겨났다고 말씀하신다.
법화경에서는 본원(本源)에서 본제(本際)가 일어나는 과정을 10여시(十如是)로 말씀하셨다. 본원의 성(性)을 여시성(如是性)이라 하셨고, 본원의 상(相)을 여시상(如是相)이라 하셨다. 여시성에서 여시상이 생겨나고 여시상에서 여시체(如是體)가 생겨나고 여시체에서 여시력(如是力), 여시작(如是作), 여시인(如是因), 여시연(如是緣), 여시과(如是果), 여시보(如是報), 여시본(如是本)이 생겨났다고 말씀하셨다. 이것이 법화경에서 말씀하신 여래장연기의 절차이다. 하지만 법화경에서는 본원(本源)의 성(性)이 생겨나는 과정에 대해서는 말씀하지 않으셨다.

본원(本源)의 성(性)을 본성(本性)이라 한다. 본성이 곧 생명의 근본이다. 본성으로부터 여래장도 생겨나고 천지만물도 생겨났다. 그렇다면 그 본성은 어떻게 해서 생겨났을까? 그것을 아는 것이 여래장연기의 원인을 아는 것이다. 심왕보살이 이 질문을 부처님에게 여쭙고 있다.

부처님께서는 연(緣)으로써 본성이 생겨나고, 본성의 능성(能性)으로써 각성(覺性)이 생겨나며, 각성의 대사(代謝)로써 밝은성품이 생겨나고, 밝은성품의 부딪침으로 인해 체(體), 력(力), 작(作), 인(因), 연(緣), 과(果), 보(報), 본(本)이 생겨났다고 대답하신다.

참으로 놀라운 말씀이다. 여래장연기의 원인과 절차에 대해서 이토록 일목요연하게 말씀하신 경전은 금강삼매경이 유일하다.

이 경으로 인해 본원본제의 일과 일심법계의 일, 여래장연기, 생멸연기, 진여연기의 모든 과정이 정리되고 불(佛)의 종지(宗旨)가 세워진다.

본문

心王菩薩言. 尊者. 心若本如無生於行. 諸行無生. 生行不
심왕보살언. 존자. 심약본여무생어행. 제행무생. 생행불
生. 不生無行. 卽無生行也. 佛言. 善男子! 汝以無生而證
생. 불생무행. 즉무생행야. 불언. 선남자. 여이무생이증
無生行也? 心王菩薩言. 不也. 何以故? 如無生行. 性相
무생행야? 심왕보살언. 불야. 하이고? 여무생행. 성상
空寂. 無見. 無聞. 無得. 無失. 無言. 無說. 無知. 無相.
공적. 무견. 무문. 무득. 무실. 무언. 무설. 무지. 무상.
無取. 無捨. 云何取證? 若取證者. 卽爲諍論. 無諍. 無
무취. 무사. 운하취증? 약취증자. 즉위쟁론. 무쟁. 무
論. 乃無生行.
론. 내무생행.

심왕보살이 여쭈었다. "세존이시여, 만약에 마음의 근본이 여(如)이고 행(行)에서 생기지 않는다면, 제행(諸行)은 무생(無生)입니다. 생행(生行)이 불생(不生)이고 불생(不生)이 무행(無行)입니다. 이것이 곧 무생행(無生行)이라 하겠습니다."
부처님께서 말씀하셨다. "선남자여, 그대는 무생(無生)으로써 무생행(無生行)을 증명하려고 하는가?"
심왕보살이 대답했다. "아닙니다. 왜냐하면, 여의 무생행(無生行)에는 성(性)과 상(相)이 공적(空寂)하고, 보는 것이 없고, 들음이 없고, 얻음이 없고, 잃음이 없고, 말씀이 없고, 설(說)하는 것이 없고, 앎이 없고, 모습이 없고, 취함이 없고, 버림이 없는데 어떻게 취증(取證)[22]하겠습니까? 만약에 취증한다고 하면 곧 쟁론(諍論)이 됩니다. 무쟁(無諍)하고 무론(無論)함이 곧 무생행(無生行)입니다."

강설

심왕보살이 여쭈었다. "세존이시여, 만약에 마음의 근본이 여(如)이고 행(行)에서 생기지 않는다면, 제행(諸行)은 무생(無生)입니다. 생행(生行)이 불생(不生)이고 불생(不生)이 무행(無行)입니다. 이것이 곧 무생행(無生行)이라 하겠습니다."
'마음의 근본이 여(如)이고'
이때의 마음은 본성(本性)을 이루고 있는 심과 식의 바탕을 말한다.
여(如)는 본성을 이루는 요소를 말한다.
'행(行)에서 생기지 않는다면'
이때의 행(行)은 각성이다.
본성을 이루고 있는 심과 식의 바탕은 각성으로 인해 생

---

[22] 취증(取證)은 증명을 취하다. 무생행을 진리로 삼아서 증명하고, 그것에 머물면 무생행에 어긋나게 된다.

긴 것이 아니다. 오히려 본성으로 인해 각성이 생겨난다. 본성의 능성(能性)이 각성으로 전환되고, 각성으로 인해 대사(代謝)가 일어난다.
'제행(諸行)은 무생(無生)입니다.'
'제행(諸行)'은 본원본제의 행을 말한다. 본원본제의 행은 각성으로 25가지 대사를 하는 것이다. 본원본제가 대사를 통해 생성해 내는 밝은성품은 본연(本緣)이 유생(有生)하는 원인이 되지만 그로 인해 본원본제의 본성이 변화되지는 않는다.
'제행이 무생이라'는 것은 각성으로 행하는 대사도 생이 아니라는 뜻이다.
이 대목에서의 무생(無生)은 두 가지 의미로 해석된다.
첫 번째 의미는 각성의 대사로 인해 본원본제의 생명성이 변화를 일으키지 않는다는 뜻이다.
두 번째 의미는 각성의 대사도 생이 아니라는 뜻이다.

"생행(生行)이 불생(不生)이고 불생(不生)이 무행(無行)입니다. 이것이 곧 무생행(無生行)이라 하겠습니다."
'생행(生行)'이란 각성의 대사로 인해 밝은성품과 본연(本緣)이 생겨난 것을 말한다.
불생(不生)이란 변화되지 않은 것을 말한다. 각성의 대사로 인해 심식의 바탕이 변화되지 않은 것을 표현한 말이다.
무행(無行)이란 심과 식의 바탕은 각성의 영향을 받지 않는다는 뜻이다.
그것이 곧 '무생행(無生行)'이라는 말이다.

본원본제는 각성으로 25가지 대사를 이루지만 아라한은 각성으로 25가지 원통을 이룬다.
본원본제는 대사를 통해 여시체(如是體)를 이루고 본연(本緣)을 생성해 낸다.
아라한은 원통행을 통해 대적정에 들어간다.
본원본제는 각성으로 인해 향하문(向下門)으로 향해지지만, 아라한은 각성으로 인해 향상문(向上門)으로 향해진다.
본원본제는 각성으로 인해 여래장연기에 들어가지만, 아라한은 각성으로 인해 생멸연기를 벗어나고 진여문에 들어간다.
본원본제에게 각성은 제도의 대상이다.
아라한에게 각성은 승화시켜야 할 대상이다.

중생이 본성을 인식하기 위해서는 각성을 얻어야 한다.
하지만 본원본제는 각성의 각조적 습성을 제도하여 향하문적 성향에서 벗어나야 한다.
각성을 놓고서 중생과 본원본제는 서로 다른 입장을 취한다.
본성은 각성을 통해 체득하는 것이 아니다. 각성이 생기기 이전에 이미 본성이 있었다. 중생은 각성으로 본성을 인식한다. 때문에 각성으로 인해 본성이 생겨났다고 착각할 수 있다. 부처님께서 '본성이 무생(無生)한다'라고 말씀하시는 것은 중생들이 그런 착각에 빠지지 않도록 하기 위해서이다.

각성은 본성의 능성(能性)에서 생겨났다.
본성의 능성(能性)은 본성이 스스로를 인식하는 마음이다. 본성은 능성을 통해 스스로를 지켜보고 스스로를 이끌어 간다. 능성은 인식, 지각, 의도로 이루어져 있다.
능성이 각성으로 전환되는 것은 대사의 과정을 통해서이다. 능성이 적상·정상·적멸상을 놓고 대사를 행하면서 각성이 생겨났다. 각성은 능성의 지각성이 증장된 것이다. 각성이 생겨나고부터는 각성이 주체가 되어서 대사가 행해졌다. 본원본제의 25가지 대사는 각성이 주체가 되어서 이루어진 것이다. 이때의 대사를 통해 밝은성품이 생성되었다.

"부처님께서 말씀하셨다. "선남자여, 그대는 무생(無生)으로써 무생행(無生行)을 증명하려고 하는가?"
무생(無生)은 심식의 바탕과 본성의 일이다. 본성은 연(緣)으로 드러났다.
무상행(無相行)은 각성의 일이다. 각성은 대사의 과정에서 생겨났다.
'무생으로써 무생행을 증명한다'는 것은 연(緣)의 이치로써 대사(代謝)를 증명하는 것을 말한다.
무생(無生)의 일과 무생행(無相行)은 서로 다른 관점에서 바라봐야 한다. 부처님께서 심왕보살에게 이 질문을 하시는 것은 각성의 일로는 본성의 일을 말할 수 없고, 또한 본성의 일로도 각성의 일을 말할 수 없다는 것을 명확하게 하기 위해서이다.

심왕보살이 대답했다. "아닙니다. 왜냐하면, 여의 무생행(無生行)에는 성(性)과 상(相)이 공적(空寂)하고, 보는 것이 없고, 들음이 없고, 얻음이 없고, 잃음이 없고, 말씀이 없고, 설(說)하는 것이 없고, 앎이 없고, 모습이 없고, 취함이 없고, 버림이 없는데 어떻게 취증(取證)하겠습니까? 만약에 취증한다고 하면 곧 쟁론(諍論)이 됩니다. 다툼이 없고, 논(論)함이 없는 것이 곧 무생행(無生行)입니다."

심왕보살이 대답하기를 본성의 일과 각성의 일을 동치(同値)시키는 것이 아니라고 한다. 왜 그런가 하면 여무상행(如無生行), 성상공적(性相空寂)하기 때문이다.

여무상행(如無生行)이란 본원본제가 각성으로 대사를 행하는 것을 말한다.

성상공적(性相空寂)이란 본원본제가 대사를 행하더라도 여시성(性)의 모습은 항상 공적(空寂)하다는 뜻이다.

'보는 것이 없고, 들음이 없고, 얻음이 없고, 잃음이 없고, 말씀이 없고, 설(說)하는 것이 없고, 앎이 없고, 모습이 없고, 취함이 없고, 버림이 없는데 어떻게 취증(取證)하겠습니까?'

본원본제는 생멸심(生滅心)과 유상(有相)을 갖추고 있지 않기 때문에 대사를 통해 여시체(體)가 갖추어지고 본연(本緣)이 생겨나더라도, 적상(寂相)·정상(靜相)·적멸상(寂滅相)은 변함이 없다는 말이다.
의식·감정·의지가 없기 때문에 취하고 버림이 없는 것이다.
'**취증(取證)**'은 증득(證得)과 같은 의미이다. 각성은 취증되지만 본성은 취증되지 않는다.
'**만약에(본성을) 취증한다고 하면 곧 쟁론(諍論)이 됩니다.**'
본성을 취증한다고 생각하는 사람이 있다면 곧 쟁론이 일어난다는 말이다.
본성은 취증의 대상이 아니기 때문이다.
반면에 각성은 취증의 대상이다. 본원본제는 각성의 무명적 습성을 제도하는 것을 취증의 목적으로 삼고, 중생은 각성 자체를 취증의 대상으로 삼는다.
'**무쟁하고 무론하는 것이 곧 무생행(無生行)입니다**'
이 대목은 앞의 문장과 분리해서 해석해야 한다.
앞의 문장은 본성의 일을 말한 것이고, 이 대목은 각성의 일을 말한 것이다. 때문에 무쟁하고 무론하는 것이 무생행이라고 해석하면 안된다. 내무상행은 각성의 일을 말한다. '각성이 취증되는 것에 대해서도 더 이상 쟁론의 대상이 아니다'라고 해석해야 한다.

본문

佛言. 汝得阿耨多羅三藐三菩提也. 心王菩薩言. 尊者. 我
불언. 여득아뇩다라삼먁삼보리야. 심왕보살언. 존자. 아
無得阿耨多羅三藐三菩提. 何以故？菩提性中無得. 無失.
무득아뇩다라삼먁삼보리. 하이고？보리성중무득. 무실.
無覺. 無知. 無分別相. 無分別中即清淨性. 性無間雜. 無
무각. 무지. 무분별상. 무분별중즉청정성. 성무간잡. 무
有言說. 非有. 非無. 非知. 非不知. 諸可法行亦復如是.
유언설. 비유. 비무. 비지. 비부지. 제가법행역부여시.
何以故？一切法行. 不見處所. 決定性故. 本無有得. 不得.
하이고？일체법행. 불견처소. 결정성고. 본무유득. 부득.
云何得阿耨多羅三藐三菩提？
운하득아뇩다라삼먁삼보리？

부처님께서 말씀하셨다. "그대는 아뇩다라삼먁삼보리를 얻었는가?"
심왕보살이 대답했다. "세존이시여, 저는 아뇩다라삼먁삼보리를
얻지 못했습니다. 왜냐하면, 보리의 성(性) 가운데는 얻음이 없
고, 잃음이 없고, 느낌이 없고, 앎이 없고, 분별하는 모습이 없
고, 분별이 없는 가운데서 곧 청정한 성(性)이기 때문입니다.
성(性)은 사이에서 섞임이 없고, 그 존재를 말로써 설명할 수
없고, 있음이 아니고, 없음이 아니고, 앎이 아니고, 알지 못함
이 아닙니다. 여러 가지 가능한 법행(法行)도 또한 이와 같습
니다. 왜냐하면, 일체 법행(法行)은 처소(處所)를 보지 못하는
데, 결정성(決定性)이기 때문입니다. 본래 유를 얻지 못하고 얻

음이 아닌데, 어떻게 아뇩다라삼먁삼보리를 얻겠습니까?"

강설

부처님께서 말씀하셨다. "그대는 아뇩다라삼먁삼보리를 얻었는가?"
아뇩다라삼먁삼보리는 의식·감정·의지를 제도해서 보리심으로 전환시킨 것이다. 욕(慾)의 근본이 되는 일체의 생멸심을 본성으로 제도해서 세 가지 보리심으로 전환시킨 것이 아뇩다라삼먁삼보리심이다.
아뇩다라삼먁삼보리를 완성하려면 먼저 본성을 인식해야 한다. 본성을 인식하는 것을 견성(見性)이라 한다.
세 가지 보리심이란 대적정(大寂定), 대지혜(大智慧), 대자비(大慈悲)을 말한다.
의지(意志)를 본성으로 제도해서 무위각(無爲覺)을 이루고, 무위각을 본각으로 증장시켜서 대적정을 이룬다.
의식(意識)을 본성으로 제도해서 식(識)의 청정(淸淨)을 이루고, 식의 청정으로 원통식을 체득해서 대지혜를 이룬다.
감정(感情)을 본성으로 제도해서 심(心)의 청정(淸淨)을 이루고, 심의 청정으로 안팎의 중생들을 제도해서 대자비를 이룬다.
본성을 인식하고 생멸심을 제도하여 세 가지 보리심을 체득해 가는 각각의 과정에서, 서로 다른 단계의 아뇩다라삼먁삼보리를 성취하게 된다.
생멸수행의 아뇩다라삼먁삼보리가 있고 진여수행의 아뇩다라삼먁삼보리가 있다.
생멸수행에서는 견성오도의 아뇩다라삼먁삼보리가 있고 금강해탈도의 아뇩다라삼먁삼보리가 있으며 반야해탈도의 아뇩다라삼먁삼보리가 있다.
진여수행에서는 보살도에서 성취되는 세 단계의 아뇩다라삼먁삼보리가 있고 등각도에서 성취되는 두 단계의 아뇩다라삼먁삼보리가 있다. 묘각도에서는 다섯 단계의 아뇩다라삼먁삼보리를 성취한다.

생멸수행에서 성취되는 첫 번째 아뇩다라삼먁삼보리는 견성오도에서 이루어진다. 견성오도를 통해 본성을 이루고 있는 적상(寂相)과 정상(靜相)이 서로 연(緣)하도록 하면 첫 번째 아뇩다라삼먁삼보리를 증득한 것이다.
견성오도를 성취한 다음에는 금강해탈도로 나아간다. 금강해탈도란 본성을 이루고 있는 적상(寂相)과 정상(靜相)이 한 덩어리를 이루어서 서로 동떨어지지 않도록 하는 것이다. 금강해탈도를 성취하는 방법에 대해서는 금강경을 통해서 상세하게 말씀해 주셨다. 불응색성향미촉법(不應色聲香味觸法)하고, 응무소주이생기심(應無所住而生起心) 함으로써 적상(寂相)과 정상(靜相)이 서로 동떨어지지 않도록 한다. 금강해탈도를 성취하게 되면 생멸수행의 두 번째 아뇩다라삼먁삼보리를 성취한 것이다.

반야해탈도를 통해 성취하는 아뇩다라삼먁삼보리는 세 단계가 있다.

첫 번째 단계는 본성을 이루고 있는 적멸상(寂滅相)을 인식하고 그 자리에 머무는 것이다. 초입반야해탈도(初入般若解脫道)에 들어간 것이다.

두 번째 단계는 본성을 이루고 있는 적상과 정상, 적멸상 사이를 대사(代謝)하는 것이다. 이 과정에서 본성과 의식·감정·의지가 서로 분리된다. 중간반야해탈도(中間般若解脫道)에 들어간 것이다.

세 번째 단계는 대적정에 머물러서 의식·감정·의지를 인식의 대상으로 삼지 않는 것이다. 적멸상에 머물러서(寂滅止) 적상과 정상을 관(觀)하는 상태이다. 종반야해탈도(終般若解脫道)에 들어간 것이다.

세 번째 단계의 아뇩다라삼먁삼보리를 성취하게 되면 생멸수행을 완성하고 생멸열반에 들어간 것이다. 아라한과를 성취한 것이다.

보살도에서 이루어지는 세 단계 아뇩다라삼먁삼보리는 초지에서 6지까지의 과정에서 첫 번째 단계가 성취된다. 그런 다음 7지와 8지의 과정에서 두 번째 단계가 성취되고, 9지와 10지의 과정에서 세 번째 단계가 성취된다.

초지에서 6지까지는 암마라식을 완성시키면서 아뇩다라삼

먁삼보리가 성취된다.
7지와 8지에서는 반연중생들을 제도하면서 아뇩다라삼먁삼보리가 성취된다.
9지와 10지에서는 원통식을 갖추고 생멸문 전체를 제도하면서 아뇩다라삼먁삼보리를 성취하게 된다.
보살도 10지에서 성취되는 아뇩다라삼먁삼보리는 대적정문의 완성과 대자비문의 완성이다.
대지혜는 등각도와 묘각도의 과정에서 성취된다.
다섯 종류의 대지혜가 있다.
첫 번째 대지혜는 일체종지(一切種智)이다. 등각도에서 성취하는 첫 번째 아뇩다라삼먁삼보리이다.
두 번째 대지혜는 무사지(無師智)이다. 보살도 10지와 등각도 첫 번째 단계에서 성취한다.
세 번째 대지혜는 자연지(自然智)이다. 밝은성품의 자연적 성향을 제도함으로써 갖추어진다. 등각도에서 성취하는 두 번째 아뇩다라삼먁삼보리이다.
네 번째 대지혜는 불지(佛智)이다. 묘각도에서 성취하는 첫 번째 아뇩다라삼먁삼보리이다. 등각보살이 수기불(受期佛)과 동법계(同法界)를 이루면서 갖추어진다.
다섯 번째 대지혜는 여래지(如來智)이다. 일심법계 부처님께서 본원본제와 동법계를 이룬 후에 갖추어진다. 묘각도에서 성취하는 다섯 번째 아뇩다라삼먁삼보리이다.

일심법계 부처님과 본원본제가 동법계를 이루려면 네 단계의 절차를 거쳐야 한다.

첫 번째 단계가 상행(上行)이다. 이 과정을 통해 본원본제가 갖고 있는 각성의 무명적 습성이 제도된다.

두 번째 단계가 무변행(無邊行)이다. 이 과정을 통해 본원본제가 생성해내는 밝은성품의 자연적 성향이 제도된다.

세 번째 단계가 정행(淨行)이다. 이 과정을 통해 본원본제의 식근(識根)이 원통식으로 제도된다.

네 번째 단계가 안립행(安立行)이다. 이 과정을 통해 본원본제의 심근(心根)에 대자비심이 갖추어진다.

본원본제가 네 단계의 절차를 통해 제도되는 과정에서 일심법계 부처님은 연(緣)의 이치를 깨닫게 된다. 불(佛)이 연(緣)의 이치를 깨닫게 되면 능연(能緣)을 행할 수 있는 지혜가 갖추어진다. 그 상태를 일러 여래지(如來智)를 갖추었다고 말한다.

묘각도에서 성취하는 두 번째 아뇩다라삼먁삼보리는 불(佛)이 정토불사(淨土佛事)를 행하면서 갖추어진다. 불(佛)이 정토불사를 통해 자기 불국토(佛國土)를 갖추게 되면 그 국토에서 살아가는 제도된 생명들로부터 무사지(無師智)를 얻게 된다. 그때에 얻게 되는 무사지가 묘각도에서 성취하는 두 번째 아뇩다라삼먁삼보리이다.

묘각도에서 성취하는 세 번째 아뇩다라삼먁삼보리는 각 단계의 동법계행이 성취되면서 갖추어진다.
상행(上行)이 성취되어서 본원본제의 무명적 습성이 제도되면 본원본제와 일심법계 부처님께서 함께 생성해내는 밝은 성품이 등각화신불로 변화된다. 이 과정에서 2백오십만억의 등각화신불들이 출현한다.
무변행(無邊行)이 성취되어서 본원본제의 자연적 성향이 제도되면 이때에도 2백오십만억의 등각화신불들이 출현하게 된다.
정행과 안립행의 과정에서도 각각 2백오십만억의 등각화신불들이 출현하게 된다. 네 단계의 동법계행이 진행되면서 천만억의 등각화신불들이 출현하게 된다.
등각화신불들은 여래장연기를 거치지 않은 능연(能緣)생명이다. 수연(隨緣)으로 드러난 본원본제의 향하문적 성향을 답습하지 않은 완성된 생명이다. 본원본제가 제도되면서 창조되었기 때문에 출현할 때부터 이미 등각의 깨달음을 체득한 상태이다. 등각화신불들은 본원본제와 일심법계 부처님 사이에서 출현한 능연생명(能緣生命)이다.
등각화신불이 출현하게 되면 일심법계 부처님은 등각화신불들을 가르치게 된다. 그때 부처님께서 가르치시는 법문이 묘법연화경이다. 묘법연화경에는 등각보살이 묘각을 이룰 수 있는 방법이 제시되어 있고 묘각도 이후에 다섯 단계의 아뇩다라삼먁삼보리를 증득할 수 있는 방법이 제시되어 있다. 또한 여래장연기의 이치와 생멸연기의 이치, 진여연기의 이치가 제시되어 있다.

석가모니 부처님께서는 본원본제와 동법계를 이루신 다음 천만억의 등각화신불들을 출현시켰다. 그런 다음 그들을 양육하고 가르치기 위해 본원본제의 여래장계 밖에 새로운 여래장을 창조하셨다.

일심법계 부처님께서 능연생명을 창조하게 되면 그 과정에서 능연을 조율할 수 있는 힘을 얻게 된다. 이것을 능연지력(能緣智力)이라 한다. 불(佛)은 능연지력을 통해 임의대로 식(識)의 바탕과 심(心)의 바탕을 연(緣)하게 할 수 있다. 그 능력을 활용해서 작게는 능연생명을 창조해내고 크게는 새로운 여래장을 창조해낸다.

능연생명을 창조해내는 능연지력이 묘각도에서 얻어지는 세 번째 아뇩다라삼먁삼보리이다.

새로운 여래장을 창조해내는 능연지력이 묘각도에서 성취되는 네 번째 아뇩다라삼먁삼보리이다.

여래지(如來智)를 성취한 부처님을 능연불(能緣佛)이라 한다. 수많은 부처님들이 계시지만 그 중에서 능연불은 석가모니부처님께서 유일하시다. 능연불은 시공을 창조할 수도 있고 시공을 임의대로 넘나들 수도 있다. 때문에 능연불에게는 과거도 없고 현재도 없으며 미래도 없다. 과거의 어느 시공에라도 능연불이 존재하고, 현재와 미래의 시공에도 항상 능연불이 현전한다. 능연불은 스스로가 창조한 새로운 여래장계에 머물면서 본원본제의 여래장계를 임의대로 내왕한다. 이것이 묘각도에서 성취되는 다섯 번째 아뇩다라삼먁삼보리이다.

심왕보살은 아직까지 10지를 증득하지 못한 8지 보살이다. 보살도에서 성취하는 두 번째 아뇩다라삼먁삼보리를 성취한 상태이다.
부처님께서 심왕보살에게 여래장연기의 원인에 대해서 말씀해 주시는 것은 심왕보살을 등각도로 이끌어가기 위해서이다.

심왕보살이 대답했다. "세존이시여, 저는 아뇩다라삼먁삼보리를 얻지 못했습니다. 왜냐하면, 보리의 성(性) 가운데는 얻음이 없고, 잃음이 없고, 느낌이 없고, 앎이 없고, 분별하는 모습이 없고, 분별이 없는 가운데서 곧 청정한 성(性)이기 때문입니다. 성(性)은 사이에서 섞임이 없고, 그 존재를 말로써 설명할 수 없고, 있음이 아니고, 없음이 아니고, 앎이 아니고, 알지 못함이 아닙니다. 여러 가지 가능한 법행(法行)도 또한 이와 같습니다. 왜냐하면, 일체 법행(法行)은 처소(處所)를 보지 못하는데, 결정성(決定性)이기 때문입니다. 본래 유(有)를 얻지 못하고 얻음이 아닌데, 어떻게 아뇩다라삼먁삼보리를 얻겠습니까?"
심왕보살이 아뇩다라삼먁삼보리를 얻지 못했다는 것은 10

지의 아뇩다라삼먁삼보리와 등각의 아뇩다라삼먁삼보리를 얻지 못했다는 말이다. 심왕보살은 8지보살이다.

'보리의 성(性) 가운데는 얻음이 없고, 잃음이 없고, 느낌이 없고, 앎이 없고, 분별하는 모습이 없고, 분별이 없는 가운데서 곧 청정한 성(性)이기 때문입니다. 성(性)은 사이에서 섞임이 없고, 그 존재를 말로써 설명할 수 없고'

'보리의 성(性)'이란 대적정과 대자비, 대지혜의 상태에서 인식하는 적상(寂相)·정상(靜相)·적멸상(寂滅相)을 말한다. 그 상태에서는 얻음이 없고, 잃음이 없고, 느낌이 없고, 앎이 없고, 분별하는 모습이 없다는 말이다.

'분별이 없는 가운데서 곧 청정한 성(性)'이란 분별이 없는 가운데에서 물듦도 없다는 뜻이다.

'성(性)은 사이에서 섞임이 없고'란 적상·정상·적멸상은 서로 섞이지 않는다는 뜻이다.

'그 존재를 말로써 설명할 수 없고'

성(性)의 존재 양태는 말로써 설명할 수 없다는 뜻이다.

'있음이 아니고, 없음이 아니고, 앎이 아니고, 알지 못함이 아닙니다.'

있고 없음, 앎과 알지 못함으로 표현할 수 없다는 말이다.

'여러 가지 가능한 법행(法行)은 또한 이와 같습니다.'

여러 가지 가능한 법행이란 각성으로 행하는 대사(代謝)를 말한다.

'왜냐하면, 일체 법행(法行)은 처소(處所)를 보지 못하는데,

결정성(決定性)이기 때문입니다.'
각성으로 대사를 할 때는 처소를 통해 적상과 정상, 적멸상을 구분하지 않는다. 결정된 성(決定性)으로 구분한다.
'본래 유(有)를 얻지 못하고 얻음이 아닌데, 어떻게 아뇩다라삼먁삼보리를 얻겠습니까?'
아뇩다라삼먁삼보리는 있음으로써 얻어지는 것이 아니기 때문에, 얻었다고 말할 수 없다는 뜻이다.

본문

佛言. 如是. 如是. 如汝所言. 一切心行. 不過無相體寂無
불언. 여시. 여시. 여여소언. 일체심행. 불과무상체적무
生. 可有諸識亦復如是. 何以故？眼. 眼觸悉皆空寂. 識亦
생. 가유제식역부여시. 하이고？안. 안촉실개공적. 식역
空寂. 無有動. 不動相. 內無三受. 三受寂滅. 耳. 鼻. 舌.
공적. 무유동. 부동상. 내무삼수. 삼수적멸. 이. 비. 설.
身. 心意意識. 及以末那. 阿梨耶識亦復如是. 皆亦不生寂
신. 심의의식. 급이말나. 아리야식역부여시. 개역불생적
滅之心及無生心. 若生寂滅心. 若生無生心. 是有生行.
멸지심급무생심. 약생적멸심. 약생무생심. 시유생행.
非無生行. 菩薩內生三受. 三行. 三戒. 若已寂滅. 生心不
비무생행. 보살내생삼수. 삼행. 삼계. 약이적멸. 생심불
生. 心常寂滅. 無功. 無用. 不證寂滅相. 亦不住於無證.

생. 심상적멸. 무공. 무용. 부증적멸상. 역부주어무증.
可處無住總持無相. 則無三受. 三行. 三戒. 悉皆寂滅淸淨
가처무주총지무상. 즉무삼수. 삼행. 삼계. 실개적멸청정
無住. 不入三昧. 不住坐禪. 無生. 無行.
무주. 불입삼매. 부주좌선. 무생. 무행.

부처님께서 말씀하셨다. "그러하다, 그러하다. 그대의 말과 같다. 일체의 심행(心行)은 무상(無相)에 불과하고 체(體)는 고요해서 무생(無生)이며, 있을 수 있는 여러 식(識) 또한 이와 같다. 어떤 까닭인가? 눈(眼), 안촉(眼觸/눈의 접촉)은 다 공적(空寂)하고, 식(識) 또한 공적하며, 움직이지 않고, 움직이는 모습이 없고, 안쪽으로 삼수(三受)[23]가 없고, 삼수가 적멸(寂滅)하다. 귀, 코, 혀, 몸, 심(心), 의(意), 의식(意識) 및 말나식(末那識), 아뢰야식(阿賴耶識) 또한 이와 같다. 모두 또한 적멸(寂滅)의 마음과 무생(無生)의 마음을 생기게 하지 않는다. 만약에 적멸(寂滅)의 마음을 생기게 하거나 무생(無生)의 마음을 생기게 한다면, 이는 유생행(有生行)이고, 무생행(無生行)이 아니다. 보살이 안쪽으로 삼수(三受), 삼행(三行)[24], 삼계(三戒)[25]를 생기게 하였으나, 이미 적멸(寂滅)했다면, 생기는 마음은 생기

---

23) 삼수(三受)는 괴로운 감수(苦受), 즐거운 감수(樂受), 괴롭지도 않고 즐겁지도 않은 감수(不苦不樂受)이다.
24) 삼행(三行)은 신행(身行), 구행(口行), 의행(意行).
25) 삼계(三戒)는 삼취정계(三聚淨戒)이고, 섭률의계(攝律儀戒)·섭선법계(攝善法戒)·섭중생계(攝衆生戒)의 셋으로 대승의 보살이 지녀야 할 계법(戒法).

지 않는다.

마음은 늘 적멸하고, 공(功/노력)이 없고, 용(用/용도)이 없고, 적멸한 모습을 증명하지 않고, 또한 증명 없음에도 머물지 않으며, 가능한 처소에 머물지 않고 무상(無相)을 총지(摠持/다 지님)하면, 곧 삼수(三受), 삼행(三行), 삼계(三戒)가 없고, 모두 다 적멸하고 청정해서 머무름이 없고, 삼매에 들어가지 않고, 좌선에 머물지 않고, 무생(無生)이고, 무행(無行)이다."

강설

부처님께서 말씀하셨다. "그러하다, 그러하다. 그대의 말과 같다."
부처님께서 심왕보살의 말이 옳다고 인정하신다.

"일체의 심행(心行)은 무상(無相)에 불과하고 체(體)는 고요해서 무생(無生)이며, 있을 수 있는 여러 식(識) 또한 이와 같다."
'일체의 심행(心行)'이란 각성으로 마음을 살펴보는 것을 말한다. 이때의 마음이란 의식·감정·의지로 이루어진 생멸심(生滅心)을 말한다.
'일체의 심행이 무상(無相)에 불과하다'는 것은 생멸심을 관(觀)하는 것은 의미가 없다는 말씀이시다.
'체(體)는 고요해서 무생(無生)이며'

심의 체(心體)는 적(寂)하므로 생겨나는 것이 아니라는 말씀이시다. 심체(心體)란 심의 바탕을 말한다.
'있을 수 있는 여러 식(識) 또한 이와 같다.'
'있을 수 있는 여러 식'이란 생멸식을 말한다. 전5식(前五識), 후6식(後六識), 제7말나식(末那識), 제8아뢰야식(阿賴耶識)이 생멸식(生滅識)이다.
'있을 수 있는 여러 식이 이와 같다'는 것은 생멸식(生滅識)은 무상(無相)하고, 식의 바탕(識體)은 적(寂)하며, 무생(無生)한다는 말씀이시다.

"어떤 까닭인가? 눈(眼), 안촉(眼觸/눈의 접촉)은 다 공적(空寂)하고, 식(識) 또한 공적하며, 움직이지 않고, 움직이는 모습이 없고, 안쪽으로 삼수(三受)가 없고, 삼수가 적멸(寂滅)하다."

'눈(眼)'이란 안근(眼根)을 말한다. 안근이란 6식의 보는 형질을 말한다. 즉 육체의 눈이 보는 것을 말한다.
'안촉(眼觸)'이란 보여지는 대상을 접촉하는 것을 말한다.
'눈(眼), 안촉(眼觸)은 다 공적(空寂)하고'
6식으로 보는 형질도 공적하고, 보여지는 대상을 눈으로 접촉하는 것도 공적하다는 말씀이시다.
'식(識) 또한 공적하며'
이때의 식(識)은 안식(眼識)을 말한다. 안식(眼識)이란 8식으로 보는 기능을 말한다. 보는 행으로써 쌓여진 업식(業

識)이 8식에 쌓여 있다가 보는 기능으로 드러난다.
'움직이지 않고, 움직이는 모습이 없고'
안근과 안촉, 안식의 바탕을 여섯 단으로 나누어서 인식해 보면 그 형상이 공적해서 움직이지 않고, 움직이는 모습이 없다. 각각의 식근(識根)을 여섯 단으로 나누어서 인식하는 것을 6단시(六段示)라 한다. 6단시하고 육념처관(六念處觀)을 행하게 되면 육근원통(六根圓通)을 성취하게 된다. 육근원통법에 대해서는 보현보살행법경에 상세하게 수록되어 있다.
'안쪽으로 삼수(三受)가 없고,'
삼수(三受)란 고수(苦受), 락수(樂受) 불고불락수(不苦不樂受)를 말한다.
고수란 괴로움을 느끼는 것을 말한다.
락수란 즐거움을 느끼는 것을 말한다.
불고불낙수란 괴로움도 느끼지 않고 즐거움도 느끼지 않는 것을 말한다.
'안쪽으로 삼수가 없다'는 것은 식근(識根)을 이루고 있는 6단(六段)의 바탕에는 괴로움도 없고 즐거움도 없으며, 괴롭지도 않고 즐겁지도 않는 것도 없다는 말씀이시다.
식근의 6단은 아래로부터 본성단(本性段), 밝은성품단(明性段), 가성단(覺性段), 업식단(業識段), 공유단(共有段), 근단(根段)으로 이루어져 있다.
식근(識根)의 맨 아래쪽에 위치한 본성단(本性段)은 적상(寂

相)과 정상(靜相), 적멸상(寂滅相)으로 이루어져 있다. 때문에 삼수(三受)가 없다.

밝은성품단(明性段)은 본성단 위에 자리해 있다. 밝은성품단에서는 기쁨과 뿌듯함이 느껴진다. 락수(樂受)가 있다.

각성단(覺性段)은 밝은성품단 위에 자리해 있다. 위로는 업식단(業識段)과 공유단(共有段), 근단(根段)을 차례로 두고 있고 아래로는 밝은성품단과 본성단을 두고 있다.

각성이 밝은성품단을 취하게 되면 락수(樂受)가 되고 업식단을 취하게 되면 고수(苦受)가 된다. 근단(根段)의 청정함을 취하게 되면 불고불낙수(不苦不落受)가 된다.

업식단(業識段)은 각성단 위에 자리한다. 눈, 귀, 코, 입, 몸, 생각에 따라 서로 다른 업식단이 있다. 식근으로 접해지는 경계들이 업식단에 내장된다. 의식·감정·의지가 일어나는 원인처이다.

공유단(共有段)은 업식단과 근단 사이에 자리해 있다. 몸의 위치로 보면 대뇌연합령과 대뇌변연계에 자리한다. 외부에서 인식된 경계와 내면에서 떠오르는 업식이 서로 만나는 자리이다. 전5식(前五識)이 합쳐져서 후6식(後六識)이 형성되는 자리이다.

근단(根段)은 눈, 귀, 코, 입, 몸, 머리를 이루고 있는 육체 구조물 안에 위치한다. 육근(六根)마다 서로 다른 형태의 근상(根相)이 있다.

안근(眼根)은 망막과 각막 사이에 위치해 있다. 망막과 각막 사이에서 인식되는 보는 형질의 느낌이 안근이다. 맑고, 투명하고, 명료하고, 청정하다.

이근(耳根)은 양쪽 고막의 안쪽에 위치해 있다. 양쪽 고막의 안쪽에서 인식되는 듣는 형질의 느낌이 이근이다. 텅 비어있고, 적막하고, 맑고 투명하다.

비근(鼻根)은 비공에 위치해 있다. 비공에서 인식되는 숨결의 느낌이 비근이다. 텅 비어 있고 맑고 투명하다.

설근(舌根)은 입천장과 시상 사이에 위치해 있다. 혀를 말아서 입천장에 붙이고 혀끝에 지긋이 힘을 주면 입천장과 시상 사이에서 뻑뻑한 공간감이 형성된다. 그때의 공간감을 주시하면서 맛의 느낌을 떠올려 보면 머릿속에서 맛이 느껴진다. 그 맛의 느낌과 뻑뻑한 공간감을 함께 인식하는 것이 설근을 인식하는 것이다.

신근(身根)은 안 몸과 바깥 몸에 위치해 있다. 안 몸은 뇌와 척수로 이루어져 있다. 바깥 몸은 피부와 근, 골격, 장부로 이루어져 있다. 설근을 인식한 다음 머릿속에서 느껴지던 뻑뻑한 느낌을 척수로 끌어내린다. 그런 다음 뇌와 척수 전체가 뻑뻑하게 억제된 느낌을 주시한다. 이것이 안 몸의 신근이다.

안 몸의 신근을 인식한 다음 회음부에 각성을 둔다. 회음부에서 심장박동을 느낀다. 회음부의 박동을 양쪽 발바닥에서 인식한다. 발바닥의 박동을 엄지발가락으로 집중시킨다. 엄지발가락이 진동하면서 점점 더 부풀어나는 것을 주시한다. 엄지발가락이 부풀어난 그 느낌을 발등 쪽으로 끌고 올라온다. 발목, 무릎, 허벅지, 허리, 등 쪽으로 거슬러 올라가면서 부풀어난 느낌을 확장시킨다. 머리까지 올라가서 얼굴로 내려오고, 가슴을 거쳐서 아랫배까지 내려온다. 몸 전체에서 부푼 느낌을 관찰한다. 그때에 인식되는 부푼 느낌이 바깥 몸의 신근이다.

의근(意根)은 뇌와 척수를 이루고 있는 45개의 막과 분절에 흩어져서 내재되어 있다. 뇌의 영역에서는 14개의 분절로 나누어서 내재되어 있고 척수의 영역에서는 경수 8분절, 흉수 12분절, 요수 5분절, 천수 6분절로 나누어서 내재되어 있다. 뇌척수막관을 통해 각 분절들을 관(觀)하면서 텅 빈 자리를 인식하게 되면 의근이 드러난 것이다.

각성으로 본성단을 관(觀)하는 것을 불념처관(佛念處觀)이라 한다.
각성으로 본성단과 밝은성품단을 함께 관하는 것을 법념처관(法念處觀)이라 한다.
각성으로 본성단과 밝은성품단, 업식단과 근단을 함께 관하는 것을 승념처관(僧念處觀)이라 한다.
각성과 자비심으로 업식단을 관하는 것을 시념처관(施念處觀)이라 한다.
각성과 식근(識根)의 청정함으로 업식과 경계를 비춰보는 것을 계념처관(戒念處觀)이라 한다.

각성으로 제도된 업식과 경계를 천념처에 내장하는 것을 천념처관(天念處觀)이라 한다. 천념처는 뇌와 척수에 위치한다. 육근(六根) 육식(六識)에 따라서 서로 다른 천념처가 있다.
'삼수가 적멸(寂滅)하다'는 것은 본성단(本性段)에서는 삼수가 없다는 말씀이다.

"귀, 코, 혀, 몸, 심(心), 의(意), 의식(意識) 및 말나식(末那識), 아뢰야식(阿賴耶識) 또한 이와 같다."
눈의 식근이 그러하듯이 생멸심을 이루고 있는 의식·감정·의지의 바탕과 나머지 6식의 귀, 코, 입, 몸의 바탕, 7식의 말라식과 8식의 아뢰야식의 바탕이 그와 같이 청정하고 적멸하다는 말씀이시다.
제7 말라식은 혼의식으로 이루어져 있다. 12연기의 과정 중 촉(觸), 수(受), 애(愛), 취(取)를 거치면서 형성된 의식이다. 말라식이 내재된 몸을 혼(魂)이라 한다.
제8 아뢰야식은 영의식으로 이루어져 있다. 12연기의 과정 중에 식(識), 명색(名色), 육입(六入)을 거치면서 형성된 의식이다. 아뢰야식이 내재된 몸을 영(靈)이라 한다.
말라식과 아뢰야식은 혼의 몸과 영의 몸에 내재된 형태로 육체의 몸 안에 내장되어 있다.
말라식은 육장(六腸)과 각 세포의 유전사에 흩어져 내장되어 있다. 아뢰야식은 뇌와 척수에 나누어져 내장되어 있다. 6식과 7식, 8식은 의식·감정·의지가 나타나는 원인처이다.

"모두 또한 적멸(寂滅)의 마음과 무생(無生)의 마음을 생기게 하지 않는다."

눈, 귀, 코, 입, 몸, 생각, 의식·감정·의지, 7식과 8식을 놓고 6념처관(六念處觀)으로 삼수(三受)가 없는 안쪽 자리를 인식하게 되면 별도로 적멸의 마음과 무생의 마음을 얻고자 노력하지 않아도 된다는 말씀이시다.

"만약에 적멸(寂滅)의 마음을 생기게 하거나 무생(無生)의 마음을 생기게 한다면, 이는 유생행(有生行)이고, 무생행(無生行)이 아니다."

적멸의 마음과 무생의 마음은 생기는 것이 아니다. 적멸의 마음과 무생의 마음을 생기게 하려고 노력하는 것은 아직까지 본성을 이루고 있는 세 가지 요소를 인식하지 못했기 때문이다. 견성오도와 금강해탈도의 과정에 머물러 있는 상태이다. 그 상태에서는 본성의 적멸상을 인식하지 못한다. 그때의 노력들은 유생행(有生行)이라는 말씀이시다.

"보살이 안쪽으로 삼수(三受), 삼행(三行) 삼계(三戒)를 생기게 하였으나, 이미 적멸(寂滅)했다면, 생기는 마음은 생기지 않는다."

삼행(三行)이란 신행(身行), 구행(口行), 의행(意行)을 말한다.
삼계(三戒)란 삼취정계(三取淨戒)를 말한다.
섭률의계(攝律儀戒), 섭선법계(攝善法戒), 섭중생계(攝衆生

戒)로 보살이 지녀야 하는 세 가지 계법이다.
섭률의계란 계율을 지켜서 그릇됨을 막고 일체의 악을 끊어버리는 것이다. 열 가지 무거운 계율과 48가지 가벼운 계율이 있다.
섭선법계란 법계에서 일체의 선을 실행하는 것이다.
섭중생계란 일체중생을 제도하고 구제해서 이로움을 주는 것이다.
'보살이 안쪽으로 삼수, 삼행, 삼계를 생기게 하였다'는 것은 진여수행의 과정에서 생멸심과 생멸문을 제도의 대상으로 삼는다는 의미이다. 초지에서 8지까지의 과정에서 이루어지는 수행이다. 6념처관과 육바라밀이 쓰여진다.

"마음은 늘 적멸하고, 공(功/노력)이 없고, 용(用/용도)이 없고, 적멸한 모습을 증명하지 않고, 또한 증명 없음에도 머물지 않으며, 가능한 처소에 머물지 않고 무상(無相)을 총지(摠持/다 지님)하면, 곧 삼수(三受), 삼행(三行), 삼계(三戒)가 없고, 모두 다 적멸하고 청정해서 머무름이 없고, 삼매에 들어가지 않고, 좌선에 머물지 않고, 무생(無生)이고, 무행(無行)이다."
'마음은 늘 적멸하고'
불념처관(佛念處觀)을 행하는 것이다.
'공(功/노력)이 없고'
본성을 이루고 있는 적상과 정상, 적멸상을 비추어볼 뿐,

따로이 닦고자 하는 노력을 하지 않는다.
'용(用/용도)이 없고'
적상·정상·적멸상을 따로이 활용하고자 하지 않는다.
'적멸한 모습을 증명하지 않고'
적상과 정상, 적멸상을 증득의 대상으로 삼지 않는다.
'또한 증명 없음에도 머물지 않으며'
그렇다고 망각하지도 않는다.
'가능한 처소에 머물지 않고'
이때의 처소는 심식의(心識意)와 여러 식(識)을 말한다.
'무상(無相)을 총지(摠持)하면'
무상을 총지한다는 것은 적상과 정상, 적멸상을 모두 지녀서 잃어버리지 않는다는 뜻이다.
'곧 삼수(三受), 삼행(三行), 삼계(三戒)가 없고,'
불념처관(佛念處觀)을 행해서 적상·정상·적멸상에 머물게 되면 삼수가 일어나지 않고, 삼행이 끊어지며, 삼계를 지킬 필요가 없다는 말씀이시다.
'모두 다 적멸하고 청정해서 머무름이 없고'
적멸한 것은 본성의 간극이고 청정한 것은 심(心)과 식(識)의 바탕이다. 간극에도 머물지 않고 심식의 바탕에도 머물지 않는 것은 육념처관을 행한다는 뜻이다.
'삼매에 들어가지 않고, 좌선에 머물지 않고'
육념처관법(六念處觀法)은 식근(識根)과 업식, 경계를 활용해서 그대로 대적정과 대자비, 대지혜를 성취하는 수행이다. 업식과 경계를 저버리지 않고, 시념(施念)하고 계념(戒念)하면서 불념처(佛念處)와 법념처(法念處), 승념처(僧念處)를 관하기 때문에 삼매에 들어가지 않고 따로이 좌선에 머물지도 않는다.
'무생(無生)이고, 무행(無行)이다.'
때문에 무생선(無生禪)이고 무행이다.

본문

心王菩薩言. 禪能攝動. 定諸幻亂. 云何不禪?
심왕보살언. 선능섭동. 정제환란. 운하불선?
佛言. 菩薩禪即是動. 不動.不禪是無生禪. 禪性無生. 離
불언. 보살선즉시동. 부동.불선시무생선. 선성무생. 리
生禪相. 禪性無住. 離住禪動. 若知禪性無有動靜. 即得無
생선상. 선성무주. 리주선동. 약지선성무유동정. 즉득무
生. 無生般若亦不依住. 心亦不動. 以是智故. 故得無生般
생. 무생반야역불의주. 심역부동. 이시지고. 고득무생반
若波羅蜜.
야바라밀.

심왕보살이 여쭈었다. "선(禪)은 능히 움직임을 잡을 수 있고, 여러 환(幻)과 어지러움을 고정할 수 있는데, 어찌하여 선(禪)이 아닙니까?"

부처님께서 말씀하셨다. "보살이여, 선(禪)은 곧 움직임이다. 움직이지 않고 참선하지 않음이 무생(無生)선(禪)이니라. 선(禪)의 성(性)은 무생(無生)이고, 선(禪)의 모습을 생기게 하는 것을 떠난다. 선(禪)의 성(性)은 머무름이 없고, 선(禪)의 움직임에 머무는 것을 떠난다. 만약에 선(禪)의 성(性)에 움직임과 고요함이 없음을 안다면, 곧 무생(無生)을 얻는다. 무생(無生)반야는 또한 의지하여 머무는 것이 없고, 마음 또한 움직이지 않는다. 이러한 지혜인 까닭에, 무생(無生)반야바라밀을 얻는다."

강설

심왕보살이 여쭈었다. "선(禪)은 능히 움직임을 잡을 수 있고, 여러 환(幻)과 어지러움을 고정할 수 있는데, 어찌하여 선(禪)이 아닙니까?"
선(禪)은 정(定)의 주체를 세워서 진보시켜가는 것이다. 정(定)의 주체로 세워지는 것이 무념(無念)과 무심(無心)이다. 무념을 세워서 단계적으로 진보시켜가고, 무심을 세워서 단계적으로 진보시켜가는 것이 선(禪)이다. 생멸수행을 놓고서는 정(定)의 주체가 아홉 단계로 진보하고, 진여수행을 놓고서는 정(定)의 주체가 세 단계로 진보한다.
선(禪)은 각성이 주체가 되어서 심식(心識)의 바탕을 주시하는 것이다. 각성의 상태에 따라 심식의 바탕을 인식하는 역량이 달라지기 때문에, 각성을 진보시켜가면서 상대적으로 무념과 무심의 상태도 함께 진보시켜간다. 무념과 무심을 네 단계 진보시키면 그 상태가 견성오도이다. 여섯 단계 진보시키면 금강해탈도의 식무변처정(識無變處定)이고, 일곱 단계 진보시키면 반야해탈도의 첫 번째 단계이다. 아홉 단계 진보시키면 종반야해탈에 들어가고, 아라한과를 성취한다.

진여수행에서는 초지에서 6지까지 한 단계가 진보하고 7지와 8지에서 한 단계가 진보한다. 9지와 10지에서 또한 단계가 진보한다.

선(禪)을 행하는 목적은 각성을 증장시켜서 환(幻)으로 이루어진 생멸심을 제도하는 것이다. 의지를 유위각(有爲覺)으로 전환시키고, 유위각을 무위각(無爲覺)으로 전환시켜서 심식(心識)의 바탕을 연(緣)하도록 하고, 본성(本性)의 적멸상(寂滅相)에 머물러서 실제생명(實際生命)이 되는 것이 선을 행하는 목적이다.

선(禪)이 이러한데 무생선(無生禪)이라 하시니 또다시 의구심이 일어나서 여쭙는 것이다.

부처님께서 말씀하셨다. "보살이여, 선(禪)은 곧 움직임이다. 움직이지 않고 참선하지 않음이 무생선(無生禪)이니라."
'선(禪)은 곧 움직임이다'라는 것은 선(禪)은 단계가 있고 진보한다는 말씀이다.

움직이지 않고 참구해서 선(禪)하지 않는 것이 무생선(無生

禪)이라는 말씀이시다.

"선(禪)의 성(性)은 무생(無生)이고, 선(禪)의 모습을 생기게 하는 것을 떠난다."
선(禪)을 행하는 주체는 각성(覺性)이고 선(禪)의 바탕은 본성(本性)이다. 본성은 무생(無生)이다.
각성이 본성의 적멸상(寂滅相)에 머물게 되면 각성과 본성이 계합을 이룬다. 이 상태의 각성을 본각(本覺)이라 한다. 본각의 상태에서는 각성이 본성의 능성(能性)으로 작용한다. 때문에 선(禪)의 모습을 생기게 하는 것을 떠난다.

"선(禪)의 성(性)은 머무름이 없고, 선(禪)의 움직임에 머무는 것을 떠난다."
'선(禪)의 성(性)이 머무름이 없다'는 것은 각성이 적멸상(寂滅相)에만 머물지 않고 적상(寂相)과 정상(靜相) 사이를 대사(代謝)한다는 뜻이다. 이때 본성도 밝은성품을 생성해 내면서 체(體)를 갖추게 된다.
'선(禪)의 움직임에 머무는 것을 떠난다'는 것은 각성이 대사(代謝)하고 밝은성품이 생성되는 것을 지켜보면서도 항상 본성을 이루는 세 가지 요소에 지(止) 할줄 안다는 뜻이다.

"만약에 선(禪)의 성(性)에 움직임과 고요함이 없음을 안다면, 곧 무생(無生)을 얻는다."

본각으로 밝은성품과 적상(寂相)·정상(靜相)·적멸상(寂滅相)을 함께 관(觀)하게 되면 본각(本覺)이 구경각(究竟覺)으로 전환된다.

구경각의 상태에서는 본성의 적멸상과 밝은성품이 일으키는 변화를 함께 주시하게 된다. 하지만 이 상태에서도 본성의 본질은 변화되지 않는다. 구경각으로 그 변화되지 않는 자리를 지켜보는 것이 무생을 얻는 것이라는 말씀이시다.

"무생(無生) 반야는 또한 의지하여 머무는 것이 없고, 마음 또한 움직이지 않는다. 이러한 지혜인 까닭에, 무생(無生) 반야바라밀을 얻는다."

구경각으로 변화되지 않는 본성의 본질을 지켜보는 것을 무생반야(無生般若)라고 말씀하신다.

'**의지하여 머무는 것이 없다**'는 것은 무생반야는 정(定)의 주체인 무념과 무심을 의지해서 본성을 보지 않고 변화되지 않는 본성의 본질을 주시의 대상으로 삼는다는 뜻이다.
'**마음 또한 움직이지 않는다**'는 것은 생멸심이 일어나지 않는다는 뜻이다.
'**무생반야바라밀**'이란 무생(無生)의 상태에서도 벗어나는 것이다. 무생선(無生禪)을 행하는 것은 무생(無生)에 머물기 위해 하는 것이 아니라는 말씀이다.

본문

心王菩薩言. 尊者. 無生般若於一切處無住. 於一切處無
심왕보살언. 존자. 무생반야어일체처무주. 어일체처무
離. 心無住處. 無處住心. 無住無心. 心無生住. 如此住心.
리. 심무주처. 무처주심. 무주무심. 심무생주. 여차주심.
即無生住. 尊者. 心無生住不可思議. 不思議中可不可說.
즉무생주. 존자. 심무생주불가사의. 부사의중가불가설.
佛言. 如是. 如是.
불언. 여시. 여시.

심왕보살이 말하였다. "세존이시여, 무생(無生)반야는 일체 처소에 머무름이 없고, 일체 처소에서 떠남이 없습니다. 주처가 없는 마음(心無住處)은 처소가 없이 머무는 마음(無處住心)이고, 무주하고 무심(無住無心)하며, 무생(無生)에 머무는 마음입니다(心無生住). 이와 같이 머무는 마음은 곧 무생주(無生住)입니다. 세존이시여, 마음의 무생주(無生住)는 불가사의합니다. 부사의(不思議)한 가운데 설할 수 있거나 설할 수 없습니다."
부처님께서 말씀하셨다. "이와 같고 이와 같다."

강설

심왕보살이 말하였다. "세존이시여, 무생(無生)반야는 일체 처소에 머무름이 없고, 일체 처소에서 떠남이 없습니다. 주처가 없는 마음(心無住處)은 처소가 없이 머무는 마음(無

處住心)이고, 무주하고 무심(無住無心)하며, 무생(無生)에 머무는 마음입니다(心無生住)."

'무생(無生)반야가 일체 처소에 머무름이 없는 것'은 무생반야는 본성의 변함 없는 본질성(本質性)을 주시의 대상으로 삼기 때문이다.

'무생반야가 일체 처소에서 떠남이 없는 것'은 그러면서도 본성을 이루고 있는 적상과 정상, 적멸상을 여의지 않기 때문이다. 이때 밝은성품이 일으키는 변화를 함께 주시한다.

'주처가 없는 마음(心無住處)은 처소가 없이 머무는 마음(無處住心)이고'

이때의 마음은 본성의 본질성을 주시하는 구경각을 말한다. 본질성(本質性)을 주시하는 구경각은 머무는 처소가 없다. 본성의 적멸상(寂滅相)은 적상(寂相)과 정상(靜相)이 연(緣)해서 드러난다. 그렇다고 해서 적상과 적상이 적멸상을 만들어내는 것이 아니다. 다만 드러낸 것뿐이다. 적멸상의 그런 상태를 이해하고 지각해서 본질성(本質性)을 통해 적멸상을 주시한다.

'무주하고 무심(無住無心)하며, 무생주(無生住)의 마음입니다(心無生住).'

'무주(無住)한다'는 것은 본성의 적상과 정상, 적멸상에 머물지 않는다는 말이다.

'무심(無心)'은 생멸하는 마음이 일어나지 않는다는 뜻이다. 이것이 무생주(無生住)의 마음이라는 말이다.

"이와 같이 머무는 마음(如此住心)은 곧 무생주(無生住)입니다."
여차주심(如此住心)은 구경각으로 무생반야를 이루는 것을 말한다.
이것이 바로 무생주(無生住)라는 말이다.

"세존이시여, 마음의 무생주(無生住)는 불가사의합니다. 부사의(不思議)한 가운데 설할 수 있거나 설할 수 없습니다."
마음의 무생주가 불가사의한 것은 변화되지 않는 자리와 변화되는 상태를 함께 관찰해야 되기 때문이다.
부사의한 가운데 설할 수 있는 것은 무생반야의 일과 무생반야바라밀의 일이다. 설할 수 없는 것은 변화되지 않는 본질성(本質性)에 대한 것이다.

부처님께서 말씀하셨다. "이와 같고 이와 같다."
부처님께서도 심왕보살의 이와 같은 설명이 옳다고 인정하신다.

본문

心王菩薩聞如是言. 歎未曾有. 而說偈言.
심왕보살문여시언. 탄미증유. 이설게언.
滿足大智尊　　廣說無生法　　聞所未曾聞　　未說而今說
만족대지존　　광설무생법　　문소미증문　　미설이금설

猶如淨甘露	時時乃一出	難遇難思議	聞者亦復難
유여정감로	시시내일출	난우난사의	문자역부난
無上良福田	最上勝妙藥	為度眾生故	而今為宣說
무상량복전	최상승묘약	위도중생고	이금위선설

爾時. 眾中聞說此已. 皆得無生無生般若.
이시. 중중문설차이. 개득무생무생반야.

심왕보살이 이와 같은 말씀을 듣고, 미증유(未曾有)함을 찬탄하며 게송으로 말하였다.
"큰 지혜 원만하신 세존이시여, 무생(無生)의 법을 널리 설하시니, 일찍이 듣지 못했던 것을 듣고, 설하지 않았던 것을 지금 설하십니다.
마치 깨끗한 감로와 같고, 때가 되어서 한 번 나오며, 만나기 어렵고 헤아리기도 어려운데, 듣는 것 또한 어렵습니다.
위없는 좋은 복전이며, 가장 뛰어난 묘약(妙藥)이며, 중생을 제도하기 위하는 까닭에, 오늘 말씀을 펼치십니다."
그때 대중 속에서 이러한 설법을 듣고, 모두 무생(無生)과 무생(無生)반야를 얻었다.

강설

"큰 지혜 원만하신 세존이시여, 무생(無生)의 법을 널리 설하시니, 일찍이 듣지 못했던 것을 듣고, 설하지 않았던 것을 지금 설하십니다."
여래장연기가 시작된 원인과 본성이 드러난 원인을 말씀하시고, 대사(代謝)를 통해서 본성의 능성(能性)이 각성(覺性)으로 전환되는 이치에 대해 말씀하신 것은 금강삼매경의 심왕보살장이 유일하다.
또한 그렇게 연(緣)으로 무생(無生)한 본원본제(本源本際)와 본각(本覺)으로 대적정에 들어간 아라한의 상태를 서로 비교하면서 같은 점과 다른 점을 논하고, 본원본제의 향하문적 성향을 제도하기 위해 아라한과 진여보살이 어떤 수행을 해야 하는지, 그 나아갈 방향을 제시해 주신 것도 금강삼매경이 유일하다.
49년의 설법행 중에서 유일하게 금강삼매경에서만 이 부분에 대한 말씀을 하셨다. 참으로 희유한 가르침이다.

"마치 깨끗한 감로와 같고, 때가 되어서 한 번 나오며, 만나기 어렵고 헤아리기도 어려운데, 듣는 것 또한 어렵습니다."
이 이치는 때가 되어야 말씀해 주시는 최고의 가르침이다. 만나기도 어렵고 이해하기도 힘들며, 듣는 것조차 어렵다.

"위없는 좋은 복전이며, 가장 뛰어난 묘약(妙藥)이며,
중생을 제도하기 위하는 까닭에, 오늘 말씀을 펼치십니다."
본성은 증득되는 것이 아니다. 다만 심(心)의 바탕과 식(識)의 바탕을 연(緣)하도록 하는 것이다. 이것은 선(禪)이 아니

고 삼매(三昧)가 아니다. 념처(念處)로 관(觀)하는 것이다.
부처님께서는 무생선(無生禪)의 방편으로 능연법(能緣法)과 6념처관법(六念處觀法)을 제시해 주셨다.
능연법은 심식의 바탕을 인식하고 서로 연(緣)하도록 하는 방법이다. 견성오도를 이루는 방법이다.
6념처관법은 일체의 생멸심을 통해 시념(施念)과 계념(戒念), 승념(僧念)과 천념(天念)을 행하면서 원통식(圓通識)을 갖추는 방법이다.
그에 반해 대적정에 드는 것은 일체의 생멸심을 분리의 대상으로 삼는다. 때문에 보살도에 들어가서 분리시켰던 생멸심을 다시 제도해야 한다.
능연법으로 본성을 인식하고 적멸상에 들어가서 대적정을 이룬다. 그런 다음 6념처관을 통해 대적정과 대자비, 대지혜를 함께 성취한다.
불념처관을 통해 대적정에 머문다.
법념처관과 시념처관을 통해 대자비를 성취한다.
계념처관과 승념처관, 천념처관을 통해 대지혜를 성취한다. 6념처관법을 통해 대승과 소승을 함께 총섭한다.

"그때 대중 속에서 이러한 설법을 듣고, 모두 무생(無生)과 무생(無生)반야를 얻었다."
'무생(無生)을 얻었다'는 것은 본성을 이루는 세 가지 요소에 머물러서 대적정을 이룬 것이다.

'무생반야(無生般若)를 얻었다'는 것은 본성의 불변성(不變性)에 머물 줄 아는 것이다.

《금강삼매경 본각리품 本覺利品 第四》

본문

爾時. 無住菩薩聞佛所說一味眞實不可思議. 從遠近來. 親
이시. 무주보살문불소설일미진실불가사의. 종원근래. 친
如來座. 專念諦聽. 入淸白處. 身心不動.
여래좌. 전념체청. 입청백처. 신심부동.
爾時. 佛告無住菩薩言. 汝從何來？今至何所？
이시. 불고무주보살언. 여종하래？금지하소？
無住菩薩言. 尊者. 我從無本來. 今至無本所.
무주보살언. 존자. 아종무본래. 금지무본소.

그때 무주(無住)보살이 부처님께서 설한 한 맛(一味) 진실의 불가사의(不可思議)함을 듣고서, 먼 곳으로부터 가까이 이르러 여래의 자리로 다가와 오로지 염(念)하고 자세히 듣고, 청백(淸白)한 경지에 들어가서, 몸과 마음이 움직이지 않았다.
그때 부처님께서 무주보살에게 말씀하셨다. "그대는 어디서 왔는가? 지금 어디에 이르렀는가?"
무주보살이 대답하였다. "세존이시여, 저는 무본(無本)에서 왔고, 지금 무본소(無本所)에 이르렀습니다."

강설

"그때 무주(無住)보살이 부처님께서 설한 한 맛(一味) 진실의 불가사의(不可思議)함을 듣고서, 먼 곳으로부터 가까이 이르러 여래의 자리로 다가와 오로지 염(念)하고 자세히 듣고, 청백(淸白)한 경지에 들어가서, 몸과 마음이 움직이지 않았다."

'오로지 염(念)하고 자세히 듣고'
염(念)했다는 것은 념처(念處)를 관(觀)했다는 말이다.
'청백(淸白)한 경지에 들어가서'
청백한 곳에 들어갔다는 것은 계념처관(戒念處觀)으로 육근(六根)의 바탕을 관하고 있다는 말이다.
'몸과 마음이 움직이지 않았다'는 것은 대적정(大寂靜)에 들어서 불념처관(佛念處觀)을 하고 있다는 말이다.

그때 부처님께서 무주보살에게 말씀하셨다. "그대는 어디서 왔는가? 지금 어디에 이르렀는가?"
부처님께서 무주보살에게 "그대는 어디서 왔는가? 지금 어디에 이르렀는가?"라고 질문하신 것은 몸이 어디에서 왔느냐고 물은 것이 아니다. 마음자리에 대해 질문한 것이다. '너의 마음은 어디에서 와서 어디에 이르렀는가?' 이렇게 질문하신 것이다.

"무주보살이 대답하였다. "세존이시여, 저는 무본(無本)에서 왔고, 지금 무본소(無本所)에 이르렀습니다."

마음자리를 물어본 부처님의 질문에 무주보살은 본성의 일로써 대답한다.
아종무본래(我從無本來) 금지무본소(今至無本所)
참으로 멋있는 대답이다.
이 말을 해석해 보면 이런 뜻이다.
'저는 무본(無本)에서 와서 무본(無本)에 이르렀습니다. 저의 본성은 그 바탕이 무(無)입니다. 때문에, 온 곳도 무(無)이고 지금 이르른 곳도 무(無)입니다.'
군더더기가 없는 명쾌한 대답이다. 무주보살의 견처(見處)를 직설(直說)로 표현한 것이다.
앞서 심왕보살장에서 말씀하셨듯이 부처님께서는 적상(寂相)과 정상(靜相)이 연(緣)해서 본성(本性)이 되었다고 하셨다. 무주보살은 그 적상과 정상을 무본(無本)이라고 표현한 것이다.

본문

佛言. 汝本不從來. 今本不至所. 汝得本利不可思議. 是大
불언. 여본부종래. 금본부지소. 여득본리불가사의. 시대
菩薩摩訶薩. 卽放大光遍照千界. 而說偈言.
보살마하살. 즉방대광변조천계. 이설게언.

| 大哉菩薩 | 智慧滿足 | 常以本利 | 利益衆生 |
| **대재보살** | **지혜만족** | **상이본리** | **리익중생** |

| 於四威儀 | 常住本利 | 導諸群庶 | 不來不去 |
| 어사위의 | 상주본리 | 도제군서 | 불래불거 |

부처님께서 말씀하셨다. "그대는 본래 오지 않았고 어느 처소에도 이르지 않았다. 그대는 본리(本利)의 불가사의(不可思議)함을 얻었으니, 대보살마하살이다."
곧 큰 광명을 놓아 일천 세계를 두루 비추고, 게송으로 말씀하셨다.
"크도다! 보살이여, 지혜가 만족스럽다.
늘 본리(本利)로써 중생을 이익되게 하는구나.
네 가지 위의(威儀)[26]에서 언제나 본리(本利)에 머물고,
여러 중생을 인도하고, 오지도 않고 가지도 않는구나."

강설

부처님께서 말씀하셨다. "그대는 본래 오지 않았고 어느 처소에도 이르지 않았다."
무(無)로써 근본을 삼았기에 오고 감이 없는 것이다.
부처님께서 무주보살에게 인가(印可)를 주시는 대목이다. 대적정에 들어가서 무생(無生)하고 본성의 불변성을 인식해서 무생반야(無生般若)에 들어간 존재는 무(無)로써 근본을 삼은 것이다.

---

[26] 사위의(四威儀)는 행주좌와(行住坐臥)이다.

"그대는 본리(本利)의 불가사의(不可思議)함을 얻었으니, 대보살마하살이다."
'본리(本利)의 불가사의(不可思議)'란 본성이 생겨나고 여래장연기가 시작된 모든 과정을 깨달아서 무생과 무생반야를 행할 줄 아는 것이다.
'대보살마하살'이란 10지 보살과 등각보살을 지칭하는 말이다.

"곧 큰 광명을 놓아 일천 세계를 두루 비추고, 게송으로 말씀하셨다."
부처님께서 큰 광명을 놓아서 일천 세계를 비추면서 말씀하시는 것은 부처님께서 관장하시는 불세계에 등각보살이 출현한 것을 선포하기 위함이다.

"크도다! 보살이여, 지혜가 만족스럽다."
크다는 것은 그 깨달음이 10지에 들어갔다는 의미이다.
지혜가 만족스럽다는 것은 일체종지(一切種智)와 자연지(自然智), 원통식(圓通識)을 갖추었다는 말이다.
일체종지로써 무생반야를 성취하고 자연지로써 여래장연기의 이치를 알게 된다. 원통식으로써 육근청정을 이루고 육신통을 성취하게 된다.

"늘 본리(本利)로써 중생을 이익되게 하는구나."

무생반야의 지혜로써 중생을 이익되게 한다는 말씀이다.

"네 가지 위의(威儀)에서 언제나 본리(本利)에 머물고"
네 가지 위의란 행주좌와(行住坐臥)를 말한다.
항상 무생반야에 머물러 있다는 말씀이시다.
"여러 중생을 인도하고, 오지도 않고 가지도 않는구나."
여러 중생을 인도하지만 항상 적멸상을 여의지 않는다는 말씀이다.

본문

爾時. 無住菩薩而白佛言. 尊者. 以何利轉而轉衆生一切情
이시. 무주보살이백불언. 존자. 이하리전이전중생일체정
識入庵摩羅? 佛言. 諸佛如來常以一覺而轉諸識入庵摩羅.
식입암마라? 불언. 제불여래상이일각이전제식입암마라.
何以故? 一切衆生本覺. 常以一覺覺諸衆生. 令彼衆生皆
하이고? 일체중생본각. 상이일각각제중생. 령피중생개
得本覺. 覺諸情識空寂無生. 何以故? 決定本性本無有動.
득본각. 각제정식공적무생. 하이고? 결정본성본무유동.
無住菩薩言. 可一八識皆緣境起. 如何不動?
무주보살언. 가일팔식개연경기. 여하부동?
佛言. 一切境本空. 一切識本空. 空無緣性. 如何緣起?
불언. 일체경본공. 일체식본공. 공무연성. 여하연기?

그때 무주보살이 부처님께 여쭈었다. "세존이시여, 어떤 이익으로써 중생의 일체의 정식(情識)27)을 바꾸어 암마라식(菴摩羅識)으로 들어가게 합니까?"

부처님께서 말씀하셨다. "제불 여래는 늘 일각(一覺)으로써 여러 식(識)을 바꾸어 암마라로 들어가게 한다. 어떤 까닭인가? 일체중생의 본각(本覺)은 늘 일각(一覺)으로써 여러 중생을 깨닫게 하고, 저 중생으로 하여금 모두 본각을 얻게 하고, 여러 정식(情識)이 공적(空寂)하고 무생(無生)임을 깨닫게 한다. 어떤 까닭인가? 결정 본성은 본래 움직임이 없기 때문이다."

무주보살이 여쭈었다. "가히 하나의 팔식(八識)은 모두 경계를 반연(攀緣)하여 일어날 수 있는데, 어떻게 움직이지 않습니까?"

부처님께서 말씀하셨다. "일체의 경계는 본래 공(空)하고, 일체의 식(識)은 본래 공(空)하고, 공(空)해서 반연(攀緣)하는 성(性)이 없는데, 어떻게 연(攀緣)이 일어나겠는가?"

강설

그때 무주보살이 부처님께 여쭈었다. "세존이시여, 어떤 이익으로써 중생의 일체의 정식(情識)을 바꾸어 암마라식(菴摩羅識)으로 들어가게 합니까?"

팔식(八識)을 제도해서 구식(九識)으로 가는 방법을 여쭙는 대목이다.

---

27) 정식(情識)은 중생의 감정과 의식이다. 암마라식은 제9 여래청정식(淸淨識)이다.

'일체의 정식(情識)'은 6식, 7식, 8식으로 이루어진 감정과 의식을 말한다.
'암마라식(菴摩羅識)'은 9식을 말한다. 보살도 6지 현전지에서 체득된다. 아라한의 과정에서 성취한 해탈지견식(解脫智見識)이 암마라식으로 전환된다.

부처님께서 말씀하셨다. "제불 여래는 늘 일각(一覺)으로써 여러 식(識)을 바꾸어 암마라로 들어가게 한다."
일각(一覺)이란 적멸상에 머물러 있는 각성을 말한다. 본각(本覺)과 구경각(究竟覺), 등각(等覺)이 모두 일각이다. 본각으로 적멸상에 머무르는 대적정에 들어가고 구경각으로 생멸심을 제도해서 여러 식(識)을 암마라식으로 전환시킨다. 본각을 구경각으로 전환시킨 때가 생멸문을 벗어나서 진여문에 들어간 것이다.
등각은 대자비심으로 각성의 무명적 습성을 제도한 상태이다.

"어떤 까닭인가? 일체중생의 본각(本覺)은 늘 일각(一覺)으로써 여러 중생을 깨닫게 하고"
'일체중생의 본각(本覺)은 늘 일각(一覺)'이라는 말씀은 두 가지 의미로 해석할 수 있다.
첫 번째 의미는 일체중생의 본래의 각성은 본성의 적멸상을 여의지 않았다는 뜻이다.
두 번째 의미는 아라한은 본각으로써 여러 중생들을 깨달음으로 이끌어 간다고 해석하는 것이다. 두 번째 관점으로 해석하려면 이 대목에서 말씀하시는 '일체중생'을 해탈열반을 성취한 아라한으로 해석해야 한다.

"저 중생으로 하여금 모두 본각을 얻게 하고,"
본각이 성취되는 것은 반야해탈도의 첫 번째 단계이다. 아라한이 중생을 제도해서 반야해탈도로 이끌어가게 되면 중생이 본각을 얻는다. 초입반야의 과정에서 본각을 증득한 존재를 수다원이라 한다.

"여러 정식(情識)이 공적(空寂)하고 무생(無生)임을 깨닫게 한다."
반야해탈도에 들어가면 본성의 적멸상(寂滅相)에 머물러서 적상(寂相)과 정상(靜相)을 함께 관(觀)하게 된다. 이때의 관행이 25가지 유형으로 이루어진다. 때문에 이 과정의 공부를 25원통행이라 한다. 25원통행을 성취해가면서 수다원이 '사다함'으로 발전해가고, 사다함이 '아나함'으로 발전해간다. 25원통행을 한 번 이상 성취한 존재를 '아나함'이라 한다. 사다함은 25원통을 중간 정도 성취한 존재이다. 25원통을 통해서 멸진정에 들어간 존재를 '아라한'이라 한다.

25원통을 하다 보면 의식·감정·의지가 본성과 분리된다. 이 상태에서는 자기 마음을 이루고 있던 심·식·의(心識意)가 남의 것처럼 느껴진다. 이때가 되면 스스로가 마음이라고 생각했던 심식의가 실체가 아니고 허상인 것을 알게 된다. 중생이 환(幻)으로 이루어진 허상의 마음에서 벗어나는 때가 바로 이때이다. 이런 성취를 이룬 존재를 '사다함'이라 한다. 사다함이 되면 여러 정식(情識)이 공적(空寂)하고 본성이 무생(無生)임을 깨닫게 된다.

"어떤 까닭인가? 결정 본성은 본래 움직임이 없기 때문이다."
결정 본성(決定本性)이란 본성을 이루고 있는 적상(寂相)·정상(靜相)·적멸상(寂滅相)을 말한다.
움직임 없는 결정 본성을 관할 줄 아는 것이 무생반야(無生般若)이다.

무주보살이 여쭈었다. "가히 하나의 팔식(八識)은 모두 경계를 반연(攀緣)하여 일어날 수 있는데, 어떻게 움직이지 않습니까?"
경계에 반연해서 일어나는 8식을 놓고 어떻게 움직이지 않는 자리를 갖출 수 있느냐고 여쭙는 대목이다.

부처님께서 말씀하셨다. "일체의 경계는 본래 공(空)하고, 일체의 식(識)은 본래 공(空)하고, 공(空)해서 반연(攀緣)하는 성(性)이 없는데, 어떻게 연(緣)이 일어나겠는가?"
무주보살의 질문에 대해 부처님께서는 '경계의 근본과 식의 근본이 모두 공(空)해서 반연하는 성(性)이 없다'고 말씀하신다. 이 말씀을 다시 한번 굴려보면 경계의 근본과 식의 근본에는 본성이 없다는 뜻이다. 때문에 실상(實相)이 아니고 실상이 아니기 때문에 연(緣)이 일어나지 않는다라고 말씀하신다.

의식·감정·의지로 이루어진 식(識)을 마라식(摩羅識)이라 하고, 의식·감정·의지가 없고 본성과 각성으로 이루어진 식(識)을 암마라식(菴摩羅識)이라 한다.

8식과 7식, 6식을 제도해서 암마라식으로 바꾸려면 본각이 구경각으로 전환되어야 한다. 그런 다음 본각과 구경각을 함께 쓸 줄을 알아야 한다. 이 과정이 보살도 5지 난승지에서 행해진다. 보살도 2지 이구지에서부터 5지 난승지의 과정에서는 멸진정에서 분리시켰던 생멸심이 진여심과 일치를 이룬다. 그 과정에서 일치되는 생멸심이 6식, 7식, 8식이다.

암마라식을 성취하려면 분리시켰던 생멸심을 모두 제도해야한다. 이때 쓰여지는 것이 본성을 이루고 있는 세 가지 요소와 구경각, 그리고 본각이다.

각성을 구경각에 두고 일치되는 생멸심의 심업(心業)과 식업(識業)을 함께 주시한다. 그런 다음 심업(心業)은 본성의 무심처에 일치시키고, 식업(識業)은 본성의 무념처와 일치시킨다. 그 상태에서 각성을 본각으로 전환시킨다. 그런 다음 본성의 간극에 머물러 무심처와 무념처를 함께 비춰본다. 이 과정을 통해 생멸심이 제도되고 암마라식이 갖추어진다. 이것이 8식을 제도해서 9식으로 전환시키는 방법이다.

암마라식이 돈독해져서 일체의 생멸식(生滅識)에 훼손되지 않는 것을 '현전지(現前地)를 성취했다'라고 한다. 보살도 6지의 경지이다.

암마라식을 갖추고 생멸문(生滅門)을 임의대로 내왕하면서 중생 제도를 하는 것을 7지 원행지(遠行地)라 한다.

중생이 스스로를 자각하는 것은 소각(所覺)이다. 소각은 각성 정보가 각성의 기능을 하는 것이다. 소각을 의지(意志)라고 한다. 의지로는 8식을 제도하지 못한다.

본문

無住菩薩言. 一切境空. 如何有見？佛言. 見即為妄. 何以
무주보살언. 일체경공. 여하유견？불언. 견즉위망. 하이
故？一切萬有. 無生. 無相. 本不自名. 悉皆空寂. 一切法
고？일체만유. 무생. 무상. 본부자명. 실개공적. 일체법
相亦復如是. 一切眾生身亦如是. 身尚不有. 云何有見？
상역부여시. 일체중생신역여시. 신상불유. 운하유견？
無住菩薩言. 一切境空. 一切身空. 一切識空. 覺亦應空.

무주보살언. 일체경공. 일체신공. 일체식공. 각역응공.
佛言. 可一覺者. 不毀不壞. 決定性故. 非空. 非不空. 無空不空.
**불언. 가일각자. 불훼불괴. 결정성고. 비공. 비불공. 무
공불공.**

무주보살이 여쭈었다. "일체의 경계는 공(空)한데, 어떻게 보는 것(見)이 있습니까?"
부처님께서 말씀하셨다. "보는 것은 곧 망령됨이다. 어떤 까닭인가? 일체의 만유(萬有)는 무생(無生)이고 무상(無相)이어서, 본래 스스로 이름을 짓지 못하며 모두 공적(空寂)하다. 일체의 법상(法相) 또한 이와 같다. 일체 중생의 몸도 또한 이와 같다. 몸도 오히려 있지 않거늘, 어떻게 보는 것이 있겠느냐?"
무주보살이 말씀드렸다. "일체의 경계는 공(空)하고, 일체의 몸이 공(空)하고, 일체의 식(識)이 공(空)하니, 각(覺) 또한 마땅히 공(空)해야 합니다."
부처님께서 말씀하셨다. "가히 일각(一覺)은 훼손되지 않고, 무너지지 않느니라. 결정성(決定性)인 까닭이며, 공(空)함이 아니고, 공하지 않음이 아니고, 공(空)함과 공(空)하지 않음이 없기 때문이다."

강설

무주보살이 여쭈었다. "일체의 경계는 공(空)한데, 어떻게 보는 것(見)이 있습니까?"
'일체 경계'란 안의 경계와 밖의 경계를 총섭한 표현이다. 안의 경계는 안, 이, 비, 설, 신, 의(眼耳鼻舌身意)의 식(識)을 말한다. 밖의 경계는 육근으로 접해지는 모든 현상을 말한다. 내처(內處)와 외처(外處)라 한다.
'내처와 외처가 공(空)한데 무엇이 있어서 봅니까?'라고 여쭙는 대목이다.
암마라식의 본질을 여쭙는 질문이다.

부처님께서 말씀하셨다. "보는 것은 곧 망령됨이다."
생멸식(生滅識)으로 '본다'는 것은 쌓여진 정보가 보는 것이다. 때문에 실제(實際)가 보는 것이 아니고 환(幻)이 보는 것이다. 실제의 작용을 능성(能性)이라 하고 환의 작용을 소성(所性)이라 한다. 능성(能性)으로 보지 않고 소성(所性)으로 보는 것을 망령(忘靈)이라 한다.
소성(所性)으로 보고, 소성으로 듣고, 소성으로 느끼고, 소성으로 생각하고, 소성으로 말하고, 소성으로 냄새 맡는 모든 행위가 다 망령됨이다.
능성(能性)이 전환되어서 각성(覺性)이 된다. 각성이 주체가 되어 인식하는 모든 작용은 환(幻)이 아니다.
각성이 주체가 되어 인식, 지각, 의도, 분별을 행하는 것이 암마라식이다.

"어떤 까닭인가? 일체의 만유(萬有)는 무생(無生)이고 무상(無相)이어서, 본래 스스로 이름을 짓지 못하며 모두 공적(空寂)하다."

'일체 만유'란 여래장연기와 생멸연기로 생겨난 생멸정보와 천지만물을 말한다. 만유(萬有)의 시작이 본원본제이다. 본원본제 스스로는 무(無)에서 무생(無生)으로 출현했고 불생불멸(不生不滅)하지만, 연기(緣起)의 소생인 천지만물은 유생(有生)으로 유전(有轉)한다.

유생의 시작이 본원본제가 생성해내는 밝은성품이다. 밝은성품을 묘유(妙有)라 칭한다. 밝은성품은 본원본제가 생성해내는 파동이다.

본성을 이루고 있는 적상(寂相)과 정상(靜相)의 서로 다른 차이에서 생겨나는 요동이 밝은성품이다.

연(緣)으로써 한자리를 이룬 적상과 정상은 합쳐지지도 않고 분리되지도 않는 간극을 갖고 있다. 그 간극의 형상이 적상(寂相)도 아니고 정상(靜相)도 아니면서 무상(無相)하고 공(空)하기 때문에 적멸상(寂滅相)이라 칭한다.

밝은성품은 적상과 정상 사이의 간극에서 생성된다.

적상과 정상 사이에서 밝은성품이 생성될 때 본성은 스스로의 능성(能性)으로 적상과 정상, 적멸상을 주시하고 있다. 그러다가 밝은성품이 생성되자 밝은성품을 함께 주시하게 되었다.

간극에서 생성되는 밝은성품의 양(量)은 능성(能性)의 대사

(代謝)로 결정된다. 능성의 대사란 능성이 본성을 이루고 있는 적상과 정상, 적멸상을 인식의 대상으로 삼아 지(止)하고 관(觀)하는 것이다. 이 과정에서 능성이 각성(覺性)으로 전환된다. 각성이 주체가 되어 행해지는 대사는 25가지 형태로 이루어졌다. 적상과 정상, 적멸상과 밝은성품을 대상으로 이루어지는 대사는 어떤 때는 밝은성품을 많이 생성시키기도 하고, 어떤 때는 적게 생성시키기도 하였으며 어떤 때는 생성이 멈춰지게도 하였다.

밝은성품의 생성이 멈춰질 때는 각성이 적멸상에 머물러서 적상과 정상을 균등하게 껴안고 있을 때였다. 이 상태를 대적정(大寂定)이라 한다.

밝은성품이 가장 많이 생성될 때는 각성이 적상과 정상 중 어느 한쪽으로 치우쳐 있을 때였다. 그 상태에서는 적상과 정상 간의 고유진동수(固有震動數)의 차이가 커지면서 더욱더 심한 요동이 일어나게 되었다.

밝은성품이 적게 생성될 때는, 각성이 적멸상에 두어지고 적상과 정상을 비슷하게 취할 때였다.

밝은성품이 생성되고부터 본원본제는 밝은성품으로 이루어진 몸을 갖게 되었다. 이것을 일러 여시체(如是體)라 한다. 여시체가 갖추어지기 전의 본원본제는 여시성(如是性)과 여시상(如是相)을 갖추고 있었다.

여시성(如是性)이란 본원본제의 본성을 말한다.

여시상(如是相)이란 본성과 각성이 함께 갖추어진 것을 말한다.

각성이 행하는 25가지 대사 중 밝은성품의 생성이 중단되는 것은 앞서 설명한 한 가지 경우뿐이었다. 하지만 이 한 가지 경우로 인해 먼저 생성된 밝은성품과 나중 생성된 밝은성품이 생겨나게 되었다. 먼저 생성된 밝은성품과 나중 생성된 밝은성품은 서로 부딪침의 대상이 된다. 동질의 에너지가 부딪치면 작용점의 거리에 따라 미는 힘과 당기는 힘이 생겨난다. 이로 인해 여시력(如是力)이 생겨나게 되었다.

여시체(如始體)가 생겨나면서 여시체의 공간 안에는 각성과 본성정보가 내재되게 되었다. 특히 각성이 행했던 25가지 대사의 과정이 정보로 내장되게 되었다. 이 과정에서 본연(本緣)이 출현하게 되었다.

본연(本緣)이란 본성정보와 각성정보, 밝은성품으로 이루어진 성(性)과 상(相), 체(體)를 갖추고 있는 존재를 말한다. 본연은 본성을 갖추지 못했기 때문에 능성(能性)이 없다. 본연 안에서 이루어지는 생명활동은 본성정보와 각성정보, 생멸정보간의 교류로써 이루어진다. 능동적으로 의도하고 인식하고 분별하는 것이 아니라, 생성된 정보에 대해 수동적으로 대응한다. 본연이 갖고 있는 이러한 성향을 소성(所性)이라 한다.

천지만물, 즉 만유(萬有)는 본연에서 생겨난 생명이다. 때문에 마음을 이루고 있는 모든 요소가 능성(能性)이 아니고 소성(所性)이다. 중생이 스스로의 소성을 능성으로 바꿔가는 과정이 수행이다. 환(幻)의 산물인 심(心)과 식(識)과 의(意)를 암마라식으로 전환시켜가게 되면 능성(能性)을 회복한 것이다. 그러기 위해서는 본각(本覺)을 증득해야 한다.
'일체의 만유(萬有)는 무생(無生)이고 무상(無相)이다'라는 말씀은 만유의 근본을 말씀하신 것이다. 만유는 유생(有生)이고 유상(有相)이지만, 만유의 근본은 무생(無生)이고 무상(無相)이다. 만유의 시작인 밝은성품과 생멸정보가 심의 바탕과 식의 바탕에서 생겨났기 때문이다.
'본래 스스로 이름을 짓지 못하며'
만유(萬有)는 스스로 능성(能性)이 없다. 밝은성품도 능성이 없고 생멸정보도 능성이 없으며 심식의 바탕도 능성이 없다. 때문에 스스로 명색하지 못한다.
'모두 공적(空寂)하다.'
만유의 근본은 공적하고 만유의 존재성은 환(幻)이기 때문에 공적하다.

"일체의 법상(法相) 또한 이와 같다."
일체의 법상이란 제법실상(諸法實相), 본연환상(本緣幻相), 만유허상(萬有虛相)을 말한다.
본원본제가 일으키는 모든 변화를 제법실상이라 한다.
본연이 일으키는 모든 변화를 본연환상이라 한다.

만유가 일으키는 모든 변화를 만유허상이라 한다. 일체법상도 무생(無生)이며 무상(無相)하고 공적(空寂)하다는 말씀이시다.

"일체 중생의 몸도 또한 이와 같다."
일체 중생의 몸도 환(幻)의 분상이고 그 바탕은 무상하고 공적하다는 말씀이시다.

"몸도 오히려 있지 않거늘, 어떻게 보는 것이 있겠느냐?"
몸도 환의 분상인데 어떻게 보는 식(識)의 작용이 실상일 수 있겠냐는 말씀이시다.

무주보살이 말하였다. "일체의 경계는 공(空)하고, 일체의 몸이 공(空)하고, 일체의 식(識)이 공(空)하니, 각(覺) 또한 마땅히 공(空)해야 합니다."
경계가 공(空)하고 몸이 공(空)하고 식이 공(空)하니 각(覺) 또한 공(空)한 것이 아니냐고 반문하는 대목이다.

부처님께서 말씀하셨다. "가히 일각(一覺)은 훼손되지 않고, 무너지지 않느니라."
무주보살의 반문에 부처님께서는 경계와 식(識)은 공하고 허망하지만, 일각(一覺)은 훼손되지 않고 무너지지 않는다고 말씀하신다.

"결정성(決定性)인 까닭이며, 공(空)함이 아니고, 공하지 않음이 아니고, 공(空)함과 공(空)하지 않음이 없기 때문이다."
그 이유가 일각(一覺)은 결정성(決定性)이기 때문이라고 말씀하신다.
일각이 결정성인 것은 본성의 능성이 회복되고 각성의 무명적 습성이 제도되었기 때문이다. 본성의 능성은 초입반야에서 회복되고 종반야에서 완전해진다. 각성의 무명적 습성이 제도되는 것은 등각도의 과정에서 이루어진다.

아라한의 본각과 본원본제의 본각은 서로 다른 차이점이 있다. 그것이 바로 능성(能性)의 성향이다.
아라한의 본각(本覺)은 본성의 능성을 극대화시킨 각성이다. 그러기 위해 행하는 것이 심의 바탕과 식의 바탕을 연(緣)하도록 하고 본성과 각성을 합일시키는 것이다. 아라한은 스스로의 본성을 능연(能緣)으로 회복한 존재이다. 때문에 본성을 주시하는 능성(能性)이 대단히 강하다.
그에 반해 본원본제는 스스로의 본성을 수연(隨緣)으로 갖춘 존재이다. 때문에 본성을 주시하는 능성(能性)이 미약하다. 본원본제가 갖고 있는 이러한 성향 때문에 능성(能性)이 각성으로 전환된다. 대사의 과정에서 능성이 각성으로 전환되었기 때문에 본원본제의 본각에는 대사적 성향(代謝的性向)과 무명적 습성(無明的習性)이 함께 내재되어 있다.
아라한은 본각을 증장시켜서 구경각, 원각, 등각으로 발전시키고 그 결과로 각성의 대사적 성향과 무명적 습성을 제도한다. 대사적 성향을 제도해서 25원통을 이루고 무명적 습성을 제도해서 등각(等覺)을 이룬다. 그렇게 제도된 본각(本覺)은 일각(一覺)으로써 결정성을 갖게 된다.

하지만 본원본제의 본각(本覺)은 대사적 성향과 무명적 습성으로 인해 밝은성품이 일으키는 변화에 치우치게 된다. 그 결과로 본연(本緣)이 출현하고 여래장연기(如來藏緣起)가 시작된다. 이것을 본원본제의 향하문적 성향(向下門的性向)이라 한다. 본원본제는 각성의 무명적 습성 때문에 멸진정(滅盡定)의 상태에서 벗어나지 못한다. 그 결과로 무한하게 밝은성품을 생성해내고, 무량극수의 본연(本緣)들이 생겨나도록 한다.

일각(一覺)이 공(空)함이 아닌 것은 실상(實相)이기 때문이다. 일각이 공하지 않음이 아닌 것은 무생(無生)이며 무상(無相)이기 때문이다.

일각이 공(空)함과 공(空)하지 않음이 없는 것은 무상(無相)과 유상(有相)을 총섭하기 때문이다.

본문

無住菩薩言. 諸境亦然. 非空相. 非無空相.
무주보살언. 제경역연. 비공상. 비무공상.
佛言. 如是. 彼可境者. 性本決定. 決定性根. 無有處所.

불언. 여시. 피가경자. 성본결정. 결정성근. 무유처소.
無住菩薩言. 覺亦如是. 無有處所. 佛言. 如是. 覺無處故
무주보살언. 각역여시. 무유처소. 불언. 여시. 각무처고
淸淨. 淸淨無覺. 物無處故淸淨. 淸淨無色.
청정. 청정무각. 물무처고청정. 청정무색.

무주보살이 말씀드렸다. "여러 경계가 역연(亦然)하는 것은 공(空)한 모습이 아니고, 공한 모습이 없다는 것도 아니겠습니다." 부처님께서 말씀하셨다. "이와 같다. 경계를 그렇게 대하는 사람은 성(性)이 본래 결정(決定)이고, 결정성(決定性)의 뿌리에는 처소가 없다."
무주보살이 말씀드렸다. "각(覺) 또한 이와 같이 처소가 없겠습니다."
부처님께서 말씀하셨다. "이와 같다. 각(覺)은 처소가 없는 까닭에 청정하고, 청정하여 무각(無覺)이다. 물질도 처소가 없는 까닭에 청정하고, 청정하여 색(色/물질)이 없다."

강설

무주보살이 말씀드렸다. "여러 경계가 역연(亦然)하는 것은 공(空)한 모습이 아니고, 공한 모습이 없다는 것도 아니겠습니다."
경계가 역연(亦然)하다는 것은 경계의 입장에서 나를 보는

것이다. 그 상태에서도 공한 모습이 아니고, 공한 모습이 없다는 것도 아니라고 말하고 있다.

부처님께서 말씀하셨다. "이와 같다. 경계를 그렇게 대하는 사람은 성(性)이 본래 결정(決定)이고, 결정성(決定性)의 뿌리에는 처소가 없다."
경계의 관점에서 자기를 보는 경우에도 그와 같다는 말씀이시다. 자기의 관점에서 경계를 볼 때나 경계의 관점에서 자기를 볼 때나 일각의 상태에서는 본성이 똑같이 결정성이라는 말씀이시다.
결정성의 뿌리에는 처소가 없다는 것은 본성의 뿌리가 적멸상이고, 각성이 취하는 것은 적멸상이 갖고 있는 불변성(不變性)이라는 말씀이시다.

무주보살이 말씀드렸다. "각(覺) 또한 이와 같이 처소가 없겠습니다."
본성이 그러하듯이 각성 또한 그와 같냐고 여쭙고 있다.

부처님께서 말씀하셨다. "이와 같다. 각(覺)은 처소가 없는 까닭에 청정하고, 청정하여 무각(無覺)이다.
부처님께서도 그렇다고 말씀하신다.
각 또한 적멸상의 불변성을 의지하기 때문에 처소가 없고 청정하다. 청정하기 때문에 무위각(無爲覺)이라 한다. 무각

금강삼매경 본각리품 • 211

(無覺)은 무위각(無爲覺)으로 해석해야 한다.

"물질도 처소가 없는 까닭에 청정하고, 청정하여 색(色)이 없다."
몸을 이루고 있는 물질도 적멸상에서 비롯되었기 때문에 청정하고 형상이 없다는 말씀이시다.
물질의 근본은 밝은성품이다. 밝은성품이 부딪쳐서 힘이 생겨났고, 힘과 힘이 부딪쳐서 물질이 생겨났다.

본문

無住菩薩言. 心. 眼. 識亦復如是. 不可思議.
무주보살언. 심. 안. 식역부여시. 불가사의.
佛言. 心. 眼. 識亦復如是. 不可思議. 何以故？色無處所.
불언. 심. 안. 식역부여시. 불가사의. 하이고？색무처소.
淸淨無名. 不入於內. 眼無處所. 淸淨無見. 不出於外. 心
청정무명. 불입어내. 안무처소. 청정무견. 불출어외. 심
無處所. 淸淨無止. 無有起處. 識無處所. 淸淨無動. 無有
무처소. 청정무지. 무유기처. 식무처소. 청정무동. 무유
緣別. 性皆空寂. 性無有覺. 覺則爲覺. 善男子. 覺知無覺.
연별. 성개공적. 성무유각. 각즉위각. 선남자. 각지무각.
諸識則入. 何以故？金剛智地解脫道斷. 斷已入無住地.
제식즉입. 하이고？금강지지해탈도단. 단이입무주지.

無有出入. 心處無在決定性地. 其地淸淨如淨琉璃. 性常平
무유출입. 심처무재결정성지. 기지청정여정류리. 성상평
等如彼大地. 覺妙觀察如慧日光. 利成得本如大法雨.
등여피대지. 각묘관찰여혜일광. 리성득본여대법우.
入是智者. 是入佛智地. 入智地者. 諸識不生.
입시지자. 시입불지지. 입지지자. 제식불생.

무주보살이 말씀드렸다. "마음, 눈, 식(識) 또한 이와 같겠습니다. 불가사의합니다."
부처님께서 말씀하셨다. "마음, 눈, 식(識) 또한 이와 같고 불가사의하다. 어떤 까닭인가? 색(色)은 처소가 없고, 청정하고 명색이 없으며, 안쪽으로 들어가지 않는다. 눈은 처소가 없고, 청정하고 보는 것이 없으며, 바깥으로 나가지 않는다. 마음은 처소가 없고, 청정하고 무지하며(淸淨無止), 일어나는 곳이 없다. 식(識)은 처소가 없고, 청정하고 움직임이 없으며, 연(緣)으로 구별됨이 없다. 성(性)이 모두 공적(空寂)하고 성(性)에는 유각(有覺)이 없는데, 각(覺)이 즉해서 위각(爲覺)이 된다. 선남자여, 각지무각(覺知無覺)이면 제식즉입(諸識則入)이니라. 어떤 까닭인가? 금강(金剛)지지(智地)에서는 해탈의 도(道)가 끊어지며, 끊어지고 나면 무주지(無住地)에 들어가고, 출입이 없기 때문이다. 그 상태에서는 마음은 처소가 없고 결정성(決定性)의 지위에 있고, 그 지위는 청정해서 깨끗한 유리와 같다. 성(性)이 항상하고 평등함이 저 대지와 같다. 각(覺)의 묘(妙)

한 관찰은 지혜의 일광(日光)과 같다. 이로움을 이루고 근본을 얻음이 큰 법우(法雨)와 같다. 이 지혜에 들어간 자는 불지(佛智)의 지위에 들어감이고, 지지(智地)에 들어간 자에게는 여러 식(識)이 생기지 않는다."

강설

무주보살이 말씀드렸다. "마음, 눈, 식(識) 또한 이와 같겠습니다. 불가사의합니다."
마음은 의식·감정·의지를 말한다.
마음과 눈, 식(識) 또한 공(空)한 모습이 아니고, 공한 모습이 없는 것도 아니라는 말이다.
'**공한 모습이 아닌 것**'은 인식의 주체가 일각(一覺)을 이루지 못했을 때이고, 일어나는 현상을 취했을 때이다.
'**공한 모습이 없다는 것도 아닌 것**'은 인식의 주체가 일각(一覺)을 성취했을 때이고, 그 바탕을 취했을 때이다. 아무리 환(幻)이고 허깨비일지라도 일각(一覺)으로 보면 적멸상을 여의지 않았다는 말이다.

부처님께서 말씀하셨다. "마음, 눈, 식(識) 또한 이와 같고 불가사의하다."
부처님께서도 무주보살의 말이 옳다고 말씀하신다.

"어떤 까닭인가? 색(色)은 처소가 없고, 청정하고 명색이 없으며, 안쪽으로 들어가지 않는다."
일각을 성취한 사람은 어떤 색(色)을 접하더라도 그것을 마음에 들이지 않는다. 때문에 그 색(色)에 물들지 않는다. 물듦이 없기에 청정하고, 청정한 자리로 색(色)을 관(觀)하기에, 색(色) 또한 청정하다.
색(色)은 그 자체로 성(性)을 갖추지 못했다. 때문에 스스로 대사(代謝)하지 못하고 명색(名色)하지 않는다. 색(色)은 스스로 식의 안쪽으로 들어가지 않는다.

"눈은 처소가 없고, 청정하고 보는 것이 없으며, 바깥으로 나가지 않는다."
눈이 처소가 없는 것은 성(性)이 갖추어지지 않았다는 말이다. 눈은 식근(識根)을 갖추고 있다. 하지만 본성을 갖추지 못했다.

일각(一覺)을 성취한 사람은 안근(眼根)의 청정함과 떠오르는 업식(業識)을 관하면서 안식(眼識)이 밖으로 나가지 않도록 한다. 이 과정에서 활용되는 것이 계념처관(戒念處觀)과 시념처관(施念處觀), 불념처관(佛念處觀)과 법념처관(法念處觀), 승념처관(僧念處觀)과 천념처관(天念處觀)이다.
보는 작용을 놓고 일각(一覺)으로 계념처관(戒念處觀)을 하는 것은 각성(覺性)으로 안근(眼根)의 청정함을 관(觀)하는 것이다.

눈을 감고 망막과 각막 사이에서 맑고 투명하고 청정한 느낌의 보는 형질을 관찰한다. 보는 형질의 청정함이 인식되면 계념처관(戒念處觀)이 성취된 것이다.

그 상태에 머물러서 본성을 들여다본다. 본성을 이루고 있는 적상(寂相)·정상(靜相)·적멸상(寂滅相)을 명확하게 구분해서 인식한다. 본성을 이루고 있는 세 가지 요소가 명확하게 구분되면 불념처관(佛念處觀)이 행해진 것이다.

불념처관이 이루어지면 계념처관과 불념처관을 함께 행한다. 불념처관과 계념처관을 병행하다 보면 미묘한 기쁨이 일어난다. 그때의 기쁨을 함께 지켜본다. 기쁨의 형질을 계념처에서도 느껴보고 불념처에서도 느껴본다. 기쁨의 형질이 양쪽 모두에서 인식되면 법념처관(法念處觀)이 성취된 것이다.

기쁨으로 불념처와 계념처를 한 덩어리로 만든다. 법념처와 계념처, 불념처 사이를 오르내리면서 대사(代謝)를 행한다. 그 상태를 지속하다 보면 업식(業識)이 떠오른다. 그때의 업식을 대뇌변연계 단(段)에 고정시켜 놓고 자비심(慈悲心)을 일으킨다. 그런 다음 자비심이 일어난 바탕을 들여다본다. 가슴 바탕이 뭉클해지고 법념처의 기쁨이 사라지면 시념처관(施念處觀)이 행해진 것이다.

그 상태에 머물러서 계념처와 불념처로 업식을 비춰준다. 가슴바탕의 뭉클함이 사라지고 다시 기쁨이 차오르면 승념처관(僧念處觀)이 행해진 것이다.
떠올랐던 업식이 공해지고 계념처와 불념처, 법념처가 균등하게 관(觀)해지면 경수 1, 2, 3번에 머물러서 대뇌변연계단의 공한 모습과 안근의 청청함, 본성의 세 가지 요소와 밝은성품의 기쁨을 함께 지켜본다. 이것이 안식(眼識)을 놓고 천념처관(天念處觀)을 행하는 것이다.

일각(一覺)을 증득한 사람이 보는 작용을 놓고 6념처관을 행하게 되면, 보는 형질이 밖으로 치닫지 않게 된다. 이것을 일러 무안(無眼)을 이루었다고 말한다.
무안(無眼)으로써 안근청정(眼根清淨)을 이루고 안근원통(眼根圓通)을 성취한다.
무안(無眼)을 성취하듯이 무이비설신의(無耳鼻舌身意)도 똑같은 방법으로 성취한다.

"마음은 처소가 없고, 청정하고 무지하며(清淨無止), 일어나는 곳이 없다."
'마음이 처소가 없는 것'도 성(性)이 없기 때문이다.
6념처(六念處)를 관(觀)하다 보면 마음이 일어나는 자리도 주처(住處)가 없고 일어난 마음도 머물게 하지 않는다. 시념하고 계념하고 불념하고 법념하고 승념하고 천념해서 그 주처를 두지 않는다.
일각(一覺)을 성취한 사람의 마음은 청정하고 무지(無止)하다. 무지(無止)란 그침이 없다는 뜻이다. 쉼 없이 관(觀)하고 지(止)와 관(觀)을 병행하기 때문에 그침이 없다.

"식(識)은 처소가 없고, 청정하고 움직임이 없으며, 연(緣)으로 구별됨이 없다."
'식(識)이 처소가 없는 것'도 성(性)을 갖추지 못했기 때문이다. 식근(識根)은 청청하고 움직임이 없다. 또한 연(緣)으로 구별됨이 없다.
식을 형성하는 정보는 흩어져서 내재되어 있다. 전5식(前五識)의 정보도 육체 안 각 구조물 속에 흩어져서 내재되어 있고 후육식(後六識)도 전5식의 정보가 합쳐져서 생겨난다.
제7 말라식의 정보는 혼의 몸을 이루고 있는 물질입자 속에 내재되어 있고 제8 아뢰야식의 정보는 영의 몸을 이루고 있는 밝은성품 공간 안에 내재되어 있다.
6식(識)이 떠오르는 것은 전5식의 정보와 제7 말라식의 정보, 제8 아뢰야식의 정보가 합쳐져서 이루어지는 것이다.
일각을 성취한 사람은 6념처관을 행하면서 각각의 식근을 들여다보게 된다. 그 과정에서 청정하고 움직임이 없는 식근(識根)의 상태를 관(觀)하게 되고, 식이 연(緣)으로 생겨나지 않는 것을 관찰하게 된다. 식은 업식과 업식의 교류로써 생겨난다.
'청정하고 움직임이 없으며'

식근을 놓고 계념처관(戒念處觀)을 행하게 되면 식근의 청정함과 움직임 없음을 관(觀)하게 된다.

'**연(緣)으로 구별됨이 없다**'는 것은 식은 연으로 생겨나는 것이 아니라는 말씀이시다. 계념(戒念)으로 식근(識根)을 관(觀)하게 되면 식근(識根)과 식(識)이 서로 연(緣)하게 된다. 그 상태에서 불념처관(佛念處觀)을 행하게 되면 본성과 식이 연(緣)하게 되고, 시념처관(施念處觀)을 하게 되면 감정의 바탕과 식이 연(緣)하게 된다. 식은 업식으로 생겨나고 각성으로 연(緣)을 이룬다. 이것을 일러 식의 제도라 한다.

"**성(性)이 모두 공적(空寂)하고, 성(性)에는 유각(有覺)이 없는데, 각(覺)이 즉해서 위각(爲覺)이 된다.**"

일각(一覺)을 성취한 보살이나 중생의 본성(本性)은 모두 공적하다. 그 공적한 본성에는 유위각(有爲覺)이 없다. 중생은 유위각(有爲覺)을 전환시켜서 무위각(無爲覺)을 얻고, 본원본제는 능성(能性)을 전환시켜서 무위각(無爲覺)으로 삼는다.

'**성에는 유각(有覺)이 없다**'는 것은 유위각(有爲覺)이 없다는 뜻이다.

'**각(覺)이 즉(即)해서 위각(爲覺)이 되었다**'는 것은 무위각이 유위각으로 전환되었다는 말이다.

일각(一覺)은 무위각이 본각(本覺), 구경각(究竟覺), 원각(圓覺), 등각(等覺)으로 전환된 것이다. 육념처관을 통해 육근원통을 이루게 되면 원각을 성취한 것이다.

"선남자여, 각지무각(覺知無覺)이면 제식즉입(諸識則入)이니라."
각지무각(覺知無覺)이란 각(覺)이 무위각(無爲覺)을 이루고 무위각이 일각(一覺)을 이루었다는 뜻이다.
제식즉입(諸識則入)이란 모든 식 안에 들어갈 수 있다는 뜻이다. 일각(一覺)으로 제식즉입(諸識則入)하기 때문에 5, 6, 7, 8식을 암마라식으로 전환시킬 수 있게 된다.
일각(一覺)으로 6념처관(六念處觀)을 통해 제식즉입(諸識卽入) 한다. 제식즉입 하면 식의 발현 경로와 식의 내장 경로를 관찰할 수 있게 된다. 그렇게 되면 식이 환(幻)이라는 것도 알게 되고 생멸연기의 과정을 볼 수 있게 된다. 그런 사람은 식업(識業)을 제도해서 암마라식을 갖추게 된다.

"어떤 까닭인가? 금강(金剛)지지(智地)에서는 해탈의 도(道)가 끊어지며, 끊어지고 나서는 무주지(無住地)에 들어가고, 출입이 없기 때문이다."
'금강(金剛)지지(智地)'란 대적정의 마지막 상태를 말한다. 본성의 적멸상(寂滅相)에 머물러서 적상(寂相)과 정상(靜相)을 균등하게 껴안고 있는 것이 이때의 상태이다. 그 상태에서는 간극에서 일어나던 요동도 멈춰지고 밝은성품조차 생성되지 않는다. 때문에 일체의 심식의(心識意)가 일어나지 않는다.

'해탈의 도(道)가 끊어지며'
일체의 심식의가 일어나지 않고 본성과 분리되어있기 때문에 해탈도를 행할 필요가 없다.
'끊어지고 나서는 무주지(無住地)에 들어가고, 출입이 없기 때문이다.'
금강지지(金剛智地)에 들어가서 심식의(心識意)가 분리되고 해탈의 도가 끊어진 상태에 머무는 것이 무주지(無住地)에 들어가는 것이다. 무주지에 머물러서 출입이 없게 되면 금강부동삼매(金剛不動三昧)에 들어간 것이다.

"그 상태에서는 마음은 처소가 없고 결정성(決定性)의 지위에 있고, 그 지위는 청정해서 깨끗한 유리와 같다."
'그 상태에서는 마음은 처소가 없고'
금강지지의 상태에서는 심식의가 처소가 없다는 말씀이시다.
'결정성(決定性)의 지위'
각성(覺性)이 본성(本性)을 이루고 있는 적멸상(寂滅相)에 머물러서 적상(寂相)과 정상(靜相)을 균등하게 껴안고 있는 상태를 말한다.
25가지 원통행 중에서 밝은성품이 생성되지 않는 유일한 원통행이다.
본원본제가 금강지지에 머물게 되면 여래장연기가 일어나지 않는다. 불(佛)이 본원본제와 동법계(同法界)를 이루고 나서 처음으로 행하는 것이 금강지지에 머무는 것이다. 이 과정에서 본원본제는 각성의 무명적 습성이 제도되고 상(常)바라밀을 성취하게 된다. 불(佛)과 본원본제 사이에서 행해지는 이 과정을 상행(上行)이라 한다.

'그 지위는 청정해서 깨끗한 유리와 같다'
본성의 적멸상(寂滅相)은 적상(寂相)과 정상(靜相) 사이의 간극(間隙)이다.
때문에 적상(寂相)의 고요함도 아니고 정상(靜相)의 텅 비워짐도 아니다. 하지만 그 형상이 맑고 깨끗하고 투명하다. 육근(六根) 중 안근(眼根)의 형태와 가장 많이 닮아있다.

"성(性)이 항상하고 평등함이 저 대지와 같다."
'성이 항상한'것은 일각(一覺)이 적상·정상·적멸상을 항상 여의지 않기 때문이다.
평등함이 대지와 같은 것은 일각(一覺)이 적상과 정상, 적멸상을 균등하게 주시하기 때문이다.

"각(覺)의 묘(妙)한 관찰은 지혜의 일광(日光)과 같다."
일각(一覺)이 적상과 정상, 적멸상을 이와 같이 관(觀)하는 것은 '지혜의 일광(日光)과 같다'는 말씀이시다.

"이로움을 이루고 근본을 얻음이 큰 법우(法雨)와 같다."
금강지지에 들어가는 것이 스스로를 이롭게 하는 최고의 복전(福田)이다. 또한 본성과 계합해서 본래면목(本來面目)

을 회복하는 방법이다.

"이 지혜에 들어간 자는 불지(佛智)의 지위에 들어감이고, 지지(智地)에 들어간 자에게는 여러 식(識)이 생기지 않는다."
금강부동삼매에 들어가는 것은 불지(佛智)의 지위에 들어가는 첫 번째 관문이다. 대자비와 대지혜를 함께 성취해야 묘각불(妙覺佛)이 된다.
지지(智地)에 들어가면 여러 식(識)이 생기지 않는다.
암마라식이 성취된 것이다.

본문

無住菩薩言. 如來所說. 一覺聖力. 四弘智地. 即一切眾生
무주보살언. 여래소설. 일각성력. 사홍지지. 즉일체중생
本根覺利. 何以故？一切眾生即此身中本來滿足.
본근각리. 하이고？일체중생즉차신중본래만족.
佛言. 如是. 何以故？一切眾生本來無漏. 諸善利本. 今有
불언. 여시. 하이고？일체중생본래무루. 제선리본. 금유
欲刺. 為未降伏. 無住菩薩言. 若有眾生未得本利. 猶有採
욕자. 위미항복. 무주보살언. 약유중생미득본리. 유유채
集. 云何降伏難伏？佛言. 若集. 若獨行. 分別及以染.
집. 운하항복난복？불언. 약집. 약독행. 분별급이염.
迴神住空窟. 降伏難調伏. 解脫魔所縛. 超然露地坐. 識陰

회신주공굴. 항복난조복. 해탈마소박. 초연로지좌. 식음
般涅槃.
반열반.

무주보살이 말씀드렸다. "여래께서 설하신 일각(一覺)의 성스러운 힘과 네 가지 큰 지지(智地)[28]는 곧 일체 중생의 본근각리(本根覺利)입니다. 왜냐하면, 일체중생이 본래 이 몸 가운데 만족하기 때문입니다."
부처님께서 말씀하셨다. "그러하다. 어떤 까닭인가? 일체중생은 본래 무루(無漏)이고 여러 선(善)과 이로움의 근본인데, 아직 욕망의 자극을 항복시키지 못한 것이니라."
무주보살이 여쭈었다. "만약에 어떤 중생이 아직 본리(本利)를 얻지 못하고 오히려 번뇌를 모으고 있다면, 어떻게 조복하기 어려운 그것들을 항복시킵니까?"
부처님께서 말씀하셨다. "만약에 모으거나(集), 홀로 행하거나, 분별하고, 오염이 있다면 신(神)을 돌아오게 하여 빈 동굴에 머물고, 조복하기 어려운 것을 항복시키고, 마구니에게 얽매인 것에서 해탈하고, 초월하여 노지(露地)[29]에 앉으면, 식음(識陰)이 열반에 든다."

---

28) 사지(四智)는 성소작지(成所作智), 묘관찰지(妙觀察智), 평등성지(平等性智), 대원경지(大圓鏡智)를 가리킨다.
29) 노지. 지붕 따위로 덮거나 가리지 않은 땅. 삼계(三界)의 화택(火宅)을 떠난 안온한 곳. 속계를 떠난 고요한 경지를 이른다.

강설

무주보살이 말씀드렸다. "여래께서 설하신 일각(一覺)의 성스러운 힘과 네 가지 큰 지지(智地)는 곧 일체 중생의 본근각리(本根覺利)입니다. 왜냐하면, 일체중생이 본래 이 몸 가운데 만족하기 때문입니다."

'일각의 성스러운 힘'이란 금강지지(金剛智地)에 들어가는 것이다.

'사지(四智)'는 성소작지(成所作智), 묘관찰지(妙觀察智), 평등성지(平等性智), 대원경지(大圓鏡智)를 말한다.

성소작지(成所作智)는 원하는 것을 이룰 수 있는 지혜이다. 묘관찰지(妙觀察智)는 본성의 적멸상을 인식할 수 있고 일체의 업식을 관찰할 수 있는 지혜이다. 이 지혜로 세간을 살피고 모든 존재의 실상을 인식하게 된다. 세간은 환(幻)이고 모든 존재가 허망하지만, 이 지혜로 인해 실상을 갖추게 된다.

평등성지(平等性智)는 밖으로는 일체의 경계를 평등하게 보고, 안으로는 본성을 이루는 적상(寂相)·정상(靜相)·적멸상(寂滅相)을 평등하게 보는 것이다.

대원경지(大圓鏡智)는 원각(圓覺)을 통해 육근원통(六根圓通)을 이루는 것이다. 그 상태에서 대적정(大寂定)과 대자비를 성취하면 등각도에 들어간다.

'일체중생의 본근각리'란 중생들이 일각(一覺)을 증득했을 때 얻을 수 있는 이익이라는 말이다.
'일체중생이 바로 이 몸 가운데 본래 만족하기 때문입니다.'
일체중생이 만족하는 몸이란 금강지지와 4지로써 갖추어진 본체(本體)를 말한다.

부처님께서 말씀하셨다. "그러하다. 어떤 까닭인가? 일체중생은 본래 무루(無漏)이고, 여러 선(善)과 이로움의 근본인데, 아직 욕망의 자극을 항복시키지 못한 것이니라."
'일체중생은 본래 무루(無漏)이고'
일체중생은 본래 본성정보와 각성정보를 갖추고 있고 심과 식의 바탕을 갖추고 있어서 의식·감정·의지에 천착되지 않은 존재라는 말씀이시다.
'여러 선(善)과 이로움의 근본인데'
여러 선(善)이란 깨달음을 이루는 선근을 말한다. 중생이 갖추고 있는 심과 식의 바탕이 깨달음을 이루는 선근이다. 모든 중생이 심과 식의 바탕을 갖추고 있다. 때문에 중생은 언제든지 능연(能緣)을 이룰 수 있는 조건을 갖추고 있다. 그 상태를 이로움의 근본이라고 말씀하신다.
'아직 욕망의 자극을 항복시키지 못한 것이니라.'
하지만 오늘에 이르러서는 심식의의 욕망에 머물러 있다. 때문에 심식의 바탕을 보지 못하고 능연(能緣)으로 본성을 이루지 못한다.

무주보살이 여쭈었다. "만약에 어떤 중생이 아직 본리(本利)를 얻지 못하고 오히려 번뇌를 모으고 있다면, 어떻게 조복하기 어려운 것을 항복시킵니까?"
'중생이 아직 본리(本利)를 얻지 못했다'는 것은 본각을 얻지 못해서 사지(四智)를 얻지 못하고 금강지지에 들어가지 못했다는 말이다.
'번뇌를 모으고 있다(채집.採集)'는 것은 의식·감정·의지에 집착하고 경계에 머무는 것이다. 채집은 육근으로 경계를 받아들이는 행위이다.
'조복하기 어려운 것'이란 의식·감정·의지를 말한다.

부처님께서 말씀하셨다. "만약에 모으거나(集), 홀로 행하거나, 분별하고, 오염이 있다면 신(神)을 돌아오게 하여 빈 동굴에 머물고, 조복하기 어려운 것을 항복시키고, 마구니에게 얽매인 것에서 해탈하고, 초월하여 노지(露地)에 앉으면, 식음(識陰)이 열반에 든다."
'모으거나(集)'
채집하는 행위를 말한다.
'홀로 행하거나'
외로움이나 감정에 빠져있는 것을 말한다.
'분별하고 오염이 있다면'
비교하고 선택하고 상처받고 물드는 것을 말한다.
'신(神)을 돌아오게 한다'는 것은 정신을 돌아오게 하고,

각성을 일으키는 것이다. 경계에 천착되고, 본성을 망각한 마음을 다시 돌아오게 하는 것이다.

'빈 동굴에 머물고'
빈 동굴은 심(心)의 바탕과 식(識)의 바탕을 말한다.
중심의 이면(裏面)에서 심의 바탕을 세우고 머릿골 속으로 들어가서 식의 바탕을 세운다.

'조복하기 어려운 것을 항복시킨다'
조복하기 어려운 것이란 의식·감정·의지를 말한다.
중심의 이면(심의 바탕)에 머물러서 감정을 조복시킨다. 머릿골 속의 텅 빈 자리(식의 바탕)에 머물러서 의식을 조복시킨다. 각성을 투철하게 해서 의지를 조복시킨다.

'마구니'는 의식·감정·의지이다. 의식·감정·의지에서 벗어나는 것이 해탈이다.

'초월한다'는 것은 심의 바탕과 식의 바탕을 초월하는 것이다. 곧 본성을 각(覺)한 것을 말한다.

'노지(露地)에 앉으면'
삼계화택(三界火宅)을 벗어나 진여문에 들어간 것을 말한다.

'식음(識陰)이 열반에 든다.'
6념처관과 육근원통으로 식음을 열반에 들게 한다.
심식(心識)의 바탕을 인식하고, 심식의 바탕이 연(緣)하도록 해서 본성을 이룬다. 그런 다음 본성을 놓고 적상(寂相)과 정상(靜相), 적멸상(寂滅相)을 인식한다. 본성을 이루고 있는 세 가지 요소를 놓고 각성으로 대사(代謝)한다. 25원통을 행하면서 심식의(心識意)를 분리시킨다. 대적정(大寂定)에 머물러서 금강지지(金剛智地)에 들어간다. 그런 다음 분리시켰던 심식의(心識意)를 제도의 대상으로 삼는다. 본각(本覺)을 구경각(究竟覺)으로 전환시키고 진여출가(眞如出家)를 한다. 진여문에 들어가서 육념처관(六念處觀)을 행한다. 육근원통(六根圓通)으로 식업(識業)을 제도하고 일체의 식음(識陰)을 열반에 들게 한다.

식음이 열반에 들면 성소작지(成所作智), 묘관찰지(妙觀察智), 평등성지(平等性智), 대원경지(大圓鏡智)가 성취된다.

본문

無住菩薩言. 心得涅槃獨一無伴. 常住涅槃. 應當解脫.
무주보살언. 심득열반독일무반. 상주열반. 응당해탈.
佛言. 常住涅槃是涅槃縛. 何以故? 涅槃本覺利. 利本覺涅
불언. 상주열반시열반박. 하이고? 열반본각리. 리본각열
槃. 涅槃覺分卽本覺分. 覺性不異. 涅槃無異. 覺本無生.
반. 열반각분즉본각분. 각성불이. 열반무이. 각본무생.
涅槃無生. 覺本無滅. 涅槃無滅. 涅槃本故. 無得涅槃.
열반무생. 각본무멸. 열반무멸. 열반본고. 무득열반.
涅槃無得. 云何有住? 善男子. 覺者不住涅槃. 何以故?
열반무득. 운하유주? 선남자. 각자부주열반. 하이고?
覺本無生. 離衆生垢. 覺本無寂. 離涅槃動. 住如是地.

각본무생. 리중생구. 각본무적. 리열반동. 주여시지.
心無所住. 無有出入. 入庵摩羅識.
심무소주. 무유출입. 입암마라식.

무주보살이 여쭈었다. "마음으로 열반을 얻으면 홀로 뛰어나 필적할 것이 없이 항상 열반에 머무르게 되리니, 마땅히 해탈이라 합니까?"
부처님께서 말씀하셨다. "열반에 늘 머무는 것은 열반에 얽매임이다. 어떤 까닭인가? 열반은 본각(本覺)의 이로움이고, 본각을 이롭게 함이 열반이고, 열반 각분(覺分)이 곧 본각분(本覺分)이다. 각성(覺性)이 다르지 않고, 열반은 다름이 없다. 각(覺)의 근본은 무생(無生)이고, 열반은 무생이다. 각(覺)의 근본은 없어짐이 없고, 열반은 없어짐이 없다. 열반을 근본으로 삼는 까닭에 열반을 얻지 못하고, 열반에는 얻음이 없는데, 어떻게 머물겠는가? 선남자여, 각(覺)한 사람은 열반에 머물지 않는다. 어떤 까닭인가? 각(覺)의 근본은 무생(無生)이고, 중생의 때묻음을 떠났기 때문이다. 각(覺)의 근본은 고요함이 없고, 열반을 떠나서 움직인다. 이와 같은 지위에 머물고, 마음에는 머무는 것이 없고 출입이 없으므로, 암마라식(菴摩羅識)에 들어간다."

강설

무주보살이 여쭈었다. "마음으로 열반을 얻으면 홀로 뛰어나 필적할 것이 없이 항상 열반에 머무르게 되리니, 마땅히 해탈이라 합니까?"
'마음으로 열반을 얻으면 홀로 뛰어나 필적할 것이 없다'는 것은 대적정에 들어간 아라한의 열반을 말한다. 본성의 간극에 머물러서 의식·감정·의지가 없기 때문에 해탈이고 홀로 되어 필적할 것이 없는 것이다. 아라한은 늘 이런 열반에 머물러 있다.

부처님께서 말씀하시기를 "열반에 늘 머무는 것은 열반에 얽매임이다."
소승해탈로 생멸열반에 들어가고 그 상태에 머무는 것은, 대적정은 체득했지만 대자비와 대지혜를 체득한 것이 아니다. 또한 각성의 무명적 습성과 밝은성품의 자연적 성향, 생멸심을 완전하게 제도한 것도 아니다. 생멸열반은 본성의 간극에 머물러서 스스로가 실제(實際)를 이룬 것이지만 연기의 원인을 제도하고 일체중생을 제도한 것이 아니다. 생멸열반에만 머물러있게 되면 그 이후의 수행들이 진행되지 못한다.
생멸심을 제도하면서 대자비와 대지혜를 증득하고, 각성의 무명적 습성과 밝은성품의 자연적 성향을 제도해서 연기(緣起)의 원인을 끊어낸다. 그로써 스스로가 여(如)를 이루고 본원본제의 향하문적 성향을 제도해 준다. 그와 같은 성취를 이루려면 생멸열반의 얽매임에서 벗어나야 한다.

"어떤 까닭인가? 열반은 본각(本覺)의 이로움이고, 본각을 이롭게 함이 열반이고, 열반 각분(覺分)이 곧 본각분(本覺分)이다. 각성(覺性)이 다르지 않고, 열반은 다름이 없다"

생멸열반에서 벗어나는 방법에 대해 말씀하시는 대목이다. 대적정을 벗어나서 진여출가를 이루는 방법에 대해 구체적으로 말씀하신다.

'열반은 본각(本覺)의 이로움이고, 본각을 이롭게 함이 열반이다'라는 것은 열반이 수행의 목적이 아니라는 말씀이시다. 열반은 본각을 통해 나타나는 한 가지 현상이고 또한 본각을 지속시켜가는 수단이지만, 그 자체가 수행의 목적은 아니라는 말씀이시다.

'열반 각분(覺分)이 곧 본각분(本覺分)이다.'

'열반을 각분한다'는 것은 적멸상(寂滅相)에 머물러 있는 각성을 적상(寂相)과 정상(靜相), 밝은성품으로 전환시키라는 말씀이시다. 그렇게 하는 것이 본각을 나누는 것(本覺分)과 같은 상태라는 것이다. 본각이 나누어지면 구경각이 된다. 구경각으로 생멸열반을 벗어나서 진여출가를 하라는 말씀이시다.

본각을 나누어서 구경각으로 전환시키면, 멸진정에서 벗어나서 법념처관(法念處觀)을 하게 된다.

네 종류 열반이 있다.

생멸열반, 중간열반, 반열반, 대열반이 그것이다.

생멸열반은 작은 열반이다. 아라한의 열반이다. 본각으로 본성의 적멸상에 머물러있는 상태이다.

중간열반은 진여출가를 해서 보살도 초지에 머물러있는 상태이다. 구경각으로 본성을 이루는 세 가지 요소와 밝은성품을 함께 인식해서 그 자리에 머물러있는 것이 중간열반이다.

반열반은 등각 열반이다. 등각으로 공여래장과 불공여래장을 불이문이 되도록 해서 그 상태에 머물러있는 상태이다.

대열반은 묘각 열반이다. 부처님께서 열반에 드시는 것이다. 대열반은 두 가지 유형이 있다. 첫 번째 유형은 불(佛)의 법신(法身)을 해방시켜서 삼천대천세계를 덮는 것이다. 불(佛)은 이 열반을 통해 자기 불세계(佛世界)를 이룬다.

두 번째 유형의 대열반은 새로운 열반계를 창조하고 그 세계에 머무는 것이다. 새롭게 창조되는 열반계는 본원본제의 여래장계 밖에 새롭게 창조되는 여래장이다. 본원본제와 동법계를 이루고 본원본제의 향하문적 성향을 제도한 부처님만이 들어갈 수 있는 대열반이다.

두 번째 대열반에 들어간 부처님은 스스로가 창조한 열반계에 머무시면서 이쪽 여래장계를 임의대로 내왕하신다. 그러면서 이쪽 여래장에도 자기 불세계를 갖고 계신다. 석가모니 부처님은 두 번째 대열반에 들어간 분이시다. 그

쪽 여래장에 머무시면서 언제라도 이쪽 여래장에 현신하실 수 있고, 이쪽 여래장의 과거 현재 미래를 임의대로 조율할 수 있다. 그 신통을 십력(十力)이라 한다.
'각성(覺性)이 다르지 않고, 열반은 다름이 없다'
본각을 구경각으로 전환시켜도, 각성이 다르지 않고 열반도 다름이 없다는 말씀이시다. 다만 주시의 대상이 간극의 적멸상에서 무념(寂相), 무심(靜相), 간극(寂滅相), 밝은성품으로 바뀔 뿐이다.
법념처관을 하면서 밝은성품의 기쁨에 머물게 되면 보살도 초지 환희지(歡喜地)에 들어간다. 그렇게 되면 중간열반에 들어간 것이다.

"각(覺)의 근본은 무생(無生)이고, 열반은 무생이다."
각(覺)은 본성의 능성(能性)이 전환된 것이다. 때문에 본래 무생이다. 각성으로 열반에 머무는 것은 무생(無生)의 당처(當處)에 들어간 것이다.

"각(覺)의 근본은 없어짐이 없고, 열반은 없어짐이 없다."
본성도 없어지지 않고 능성도 없어지지 않는다. 스스로가 스스로를 지켜보는 마음은 소멸되지 않는다. 다만 망각할 뿐이다. 열반도 마찬가지이다. 본각으로 적멸상에 머물러서 멸진정에 들어갔던 존재는 각분(覺分)을 통해서 주시의 대상을 다양화시키더라도 열반의 형질을 잃어버리지 않는다. 보살도 5지 난승지 과정에서 잠시 망각되었다가도 다시 자각하게 된다.
본각을 각분해서 구경각으로 전환시키는 것은 대적정에 머물면서 생멸심을 제도하고 밝은성품의 자연적 성향을 제도하기 위해서이다. 그 과정이 보살도 전체 단계에서 이루어진다.

"열반을 근본으로 삼는 까닭에 열반을 얻지 못하고, 열반에는 얻음이 없는데, 어떻게 머물겠는가?"
'열반을 근본으로 삼는다'는 것은 열반에 드는 것을 수행의 목적으로 삼는다는 의미이다.
'열반을 얻지 못한다'는 것은 그렇기 때문에 작은 열반을 탐해서 큰 열반을 얻지 못한다는 말씀이시다.
능엄경에서는 작은 열반과 중간열반에 머물러있는 것을 열반상에 빠졌다고 말씀하셨다.
'열반에는 얻음이 없다'는 것은 열반에 머물러서는 생멸심을 제도하지 못하고 대자비문과 대지혜문을 성취하지 못한다는 말씀이시다. 생멸열반과 중간열반에서는 생멸심을 분리시킨 것이지, 제도한 것이 아니다.

"선남자여, 각(覺)한 사람은 열반에 머물지 않는다."
이때의 각(覺)한 사람은 두 가지 의미로 해석할 수 있다. 첫 번째 의미는 원각(圓覺)을 증득한 사람으로 해석하는 것이다. 두 번째 의미는 보살도 과정의 인지법행을 이해하고 있는 사람으로 해석하는 것이다.

"어떤 까닭인가? 각(覺)의 근본은 무생(無生)이고, 중생의 때묻음을 떠나기 때문이다.
각의 근본인 능성(能性)이 무생(無生)이라는 것을 또 한번 강조하신다.
'중생의 때묻음'이란 생멸심에 물드는 것을 말한다.
각의 근본인 능성은 생멸심에 물들지 않는다는 말씀이시다.
각성이 미(迷)해지는 것은 무명적 습성(無明的習性) 때문이다. 무명적습성은 대사(代謝)의 과정에서 생겨났다. 적상·정상·적멸상·밝은성품을 대상으로 대사를 하면서 밝은성품의 기쁨에 머무른 것이 무명적 습성이 생겨난 원인이다.
때문에 능성은 무생(無生)하지만 각성은 퇴전(退轉)한다. 열반에만 머물러있게 되면 각성의 무명적 습성을 제도하지 못한다.
각성의 무명적 습성을 제도하려면 적상과 정상, 적멸상과 밝은성품을 대상으로 대사를 행하면서 밝은성품에 천착되는 각성의 성향을 제도해 주어야 한다. 그 과정이 보살도 초지 환희지에서부터 시작된다.
아라한의 멸진정 상태에서는 밝은성품을 인식의 대상으로 삼지 않는다. 수다원과에서 아나함과의 과정에서도 본성을 이루고 있는 적상과 정상, 적멸상 사이를 대사하면서 25

원통행을 행할 뿐, 밝은성품을 인식의 대상으로 삼지 않는다. 때문에 아라한의 멸진정에서는 각성의 무명적 습성이 완전하게 제도되지 않는다. 본각을 통해 생멸열반에 들어가는 것은, 각성이 밝은성품에 천착되지 않을 수 있는 근기를 갖추기 위한 것이다. 각성을 구경각으로 전환시키고 중간열반에 들어가서 본성을 이루는 세 가지 요소와 밝은성품을 대상으로 대사를 하면서 각성의 무명적 습성을 제도해가게 된다. 각성의 무명적 습성이 완전하게 제도되는 것은 등각도의 과정에서 이루어진다.

"**각(覺)의 근본은 고요함이 없고, 열반을 떠나서 움직인다.**"
'**각(覺)의 근본은 고요함이 없다**'는 것은 각성이 대사(代謝)를 하면서 밝은성품의 기쁨에 천착된 것을 말한다.
'**열반을 떠나서 움직인다**'는 것은 그로 인해 열반에서 벗어나고 여래장연기가 시작된 것을 말한다. 그로 인해 본연(本緣)이 생겨나고 생멸연기와 진여연기가 시작되었다. 본원본제의 본각의 관점에서 말씀하신 내용이다.
아라한이나 초지 보살도 열반을 탐하게 되면 똑같은 마장(魔障)에 처해지게 된다.

"**이와 같은 지위에 머물고, 마음에는 머무는 것이 없고, 출입이 없으므로 암마라식(菴摩羅識)에 들어간다.**"
'**이와 같은 지위**'란 보살도 6지 현전지(現前地)를 말한다.

초지에서 밝은성품의 기쁨을 누리다가 2지 이구지(離垢地)에서 생멸심의 경계를 맞이한 진여보살이 3지 발광지(發光地)와 4지 염혜지(焰慧地), 5지 난승지(難勝地)를 거치면서 자기 생멸심을 제도하게 되면 해탈지견식이 암마라식으로 전환된다. 암마라식이 갖춰지면 마음에는 머무는 것이 없고, 출입이 없게 된다.

본문

無住菩薩言. 庵摩羅識. 是有入處. 處有所得. 是得法也.
무주보살언. 암마라식. 시유입처. 처유소득. 시득법야.
佛言. 不也. 何以故? 譬如迷子. 手執金錢而不知有. 遊行
불언. 불야. 하이고? 비여미자. 수집금전이부지유. 유행
十方經五十年. 貧窮困苦. 專事求索而以養身. 而不充足.
시방경오십년. 빈궁곤고. 전사구색이이양신. 이불충족.
其父見子有如是事. 而謂子言. 汝執金錢何不取用? 隨意
기부견자유여시사. 이위자언. 여집금전하불취용? 수의
所須皆得充足. 其子醒已. 而得金錢. 心大歡喜. 而謂得錢.
소수개득충족. 기자성이. 이득금전. 심대환희. 이위득전.
其父謂言. 迷子. 汝勿欣懌. 所得金錢是汝本物. 汝非有得.
기부위언. 미자. 여물흔역. 소득금전시여본물. 여비유득.
云何可喜? 善男子. 庵摩羅者亦復如是. 本無出相. 今即
운하가희? 선남자. 암마라자역부여시. 본무출상. 금즉

非入. 昔迷故非無. 今覺故非入.
비입. 석미고비무. 금각고비입.

무주보살이 말씀드렸다. "암마라식은 입처(入處)가 있고 얻을 바가 있는 곳에 거처하는 것이니, 이는 법을 얻은 것이라 하겠습니다."
부처님께서 말씀하셨다. "아니다. 어떤 까닭인가? 비유하면 길을 잃은 아들이 손에 금전을 쥐고 있지만 지니고 있는 줄 모르고서, 시방으로 돌아다니며 오십 년이 지나도록 가난과 고난에 시달리며 오직 일을 구하여 찾았으나, 자신을 지탱하기도 부족했던 것과 같다. 그 아버지는 아들에게 이러한 사정이 있음을 보고, 자식에게 일러 말하였다. '너는 금전을 지니고 있으면서도 어찌하여 쓰지 않느냐? 마음대로 필요한 것을 모두 충족할 수 있으리라.' 그 아들이 깨닫고 나서 금전을 찾으니, 마음으로 크게 환희하며 돈을 얻었다고 말했느니라. 그 아버지는 말했느니라. '길을 잃은 아들아, 너는 기뻐하지 말라. 얻은 금전은 본래 너의 물건이니 네가 얻은 것이 아닌데, 어찌하여 기뻐하느냐?' 선남자여, 암마라(庵摩羅) 또한 이와 같다. 본래 나오는 모습이 없으며, 이제 들어가는 것도 아니니라. 예전에 미혹된 까닭에 없음이 아니고, 이제 깨달았다고 하여 들어감이 아니다."

강설

무주보살이 말씀드렸다. "암마라식은 입처(入處)가 있고 얻을 바가 있는 곳에 거처하는 것이니, 이는 법을 얻은 것이라 하겠습니다."
'암마라식은 입처(入處)가 있다'는 것은 들어가는 곳이 있다는 말이다.
'얻을 바가 있는 곳에 거처한다'는 것은 증득한 자리에 머문다는 뜻이다.
'이는 법을 얻은 것이라 하겠습니다.'
이렇기 때문에 암마라식에 들어가는 것은 법을 얻는 것이 아니냐고 여쭙는 대목이다.

부처님께서 말씀하셨다. "아니다."
부처님께서 아니라고 말씀하신다. 그러면서 암마라식은 증득해서 갖추는 것이 아니고 본래부터 갖추고 있던 것이라고 말씀하신다.

"어떤 까닭인가? 비유하면 길을 잃은 아들이 손에 금전을 쥐고 있지만 지니고 있는 줄 모르고서"
9식은 진여식의 바탕이다. 본연(本緣)에서 비롯된 천지만물은 자기안에 9식의 정보를 내장하고 있다. 하지만 각성이 부족해서 그것을 자각하지 못한다. 마치 길을 잃은 아들이 손에 금전을 쥐고 있으면서도 그것을 알지 못하는 것과 같다.

"시방으로 돌아다니며 오십 년이 지나도록 가난과 고난에 시달리며 오직 일을 구하여 찾았으나, 자신을 지탱하기도 부족했던 것과 같다."
'사방으로 돌아다니는 것'은 법을 찾아 헤매는 것이다.
'오십 년이 지나도록'은 보살도 5지 난승지를 비유한 말씀이고 오십과위와 오십가지 마장을 비유한 말씀이다.
'가난과 고난에 시달리며'는 난승지에 들어가서도 아직까지 진여식을 온전하게 쓰지 못한다는 말이다.
'오로지 일을 구하여 찾았으나, 자신을 지탱하기도 부족했던 것과 같으니라'는 진여연기에서 벗어나기 위해 노력하는데 공부가 원만하게 성취되지 않는다는 말이다.

"그 아버지는 아들에게 이러한 사정이 있음을 보고, 아들에게 일러서 말하였다. '너는 금전을 지니고 있으면서도 어찌하여 쓰지 않느냐? 마음대로 필요한 것을 모두 충족할 수 있으리라.'"
부처님께서는 오십과위의 가르침으로 진여연기에서 벗어나는 방법을 제시해 주신다. 십지, 십주, 십행, 십회향, 십신으로 오십과위를 성취한다.
암마라식을 발현시키지 못하면 오십과위를 성취하지 못한다.

"그 아들이 깨닫고 나서 금전을 찾으니, 마음으로 크게 환희하며 돈을 얻었다고 말했느니라. 그 아버지가 말했느니

라. '길을 잃은 아들아, 너는 기뻐하지 말라. 얻은 금전은 본래 너의 물건이니 너는 얻은 것이 아닌데, 어찌하여 기뻐하느냐?'"

난승지를 극복하고 암마라식을 증득하면 그 암마라식이 새롭게 증득된 것이라는 생각을 하지 말라는 말씀이시다. 본래부터 갖추고 있는 것을 드러낸 것일 뿐 새롭게 증득한 것이 아니라는 말씀이시다.

"선남자여, 암마라(庵摩羅) 또한 이와 같다. 본래 나오는 모습이 없으며, 이제 들어가는 것도 아니니라. 예전에 미혹된 까닭에 없음이 아니고, 이제 깨달았다고 하여 들어감이 아니다."

보살이 암마라식을 갖추게 되면 비로소 진여식의 식근(識根)을 활용할 수 있게 된다. 암마라식이 갖추어지기 전에는 해탈지견식으로 일치되는 생멸심들을 제도해 나간다. 그 과정이 보살도 초지에서 5지까지 진행된다. 5지 난승지에서 자기 생멸심의 심업과 식업이 제도되면 그때 암마라식이 갖추어진다. 암마라식이 갖추어지면 6지 현전지에 들어간 것이다. 6지 보살은 암마라식을 활용해서 진여식의 안, 이, 비, 설, 신, 의(眼耳鼻舌身意)를 임의롭게 활용하게 된다.

진여식의 식근(識根)은 새롭게 갖추어지는 것이 아니다. 대적정을 거쳐서 진여문으로 들어온 경우에는 해탈지견식이 주체가 되어 암마라식이 가리워진 상태일 뿐, 암마라식이 없어진 것이 아니다.

해탈지견식은 25원통의 과정에서 갖추어진 본각의 산물이다. 생멸식의 식근(識根)에서 안, 이, 비, 설, 신, 의(眼耳鼻舌身意)와 희, 노, 애, 락, 우, 비, 고뇌(喜怒愛樂憂悲苦惱)가 떨어져 나간 것이 해탈지견식이다. 때문에 해탈지견식을 갖춘 아라한은 일체의 생멸심을 인식의 대상으로 삼지 않는다. 그 상태에서 보살도 초지 환희지(歡喜地)에 들어가도 여전히 밖의 대상을 인식하지 못한다. 그러다가 이구지(離垢地)에서 스스로가 분리시켰던 생멸심과 일치되면 비로소 바깥 경계를 접하게 된다. 하지만 이때에도 일치를 통해 접하는 현상일 뿐 안, 이, 비, 설, 신, 의가 쓰여지지 않는다. 3지 발광지(發光地)에 들어가서 자기 밝은성품으로 생멸문의 중생을 덮을 때도 해탈지견식을 활용할 뿐, 육근(六根)을 활용하는 것이 아니다. 4지 염혜지(焰慧地)에 들어가서 생멸심의 식업(識業)을 제도할 때도 무념처와 해탈지견식을 활용할 뿐, 육근을 활용하는 것이 아니다. 5지 난승지에서 생멸식의 식업과 심업을 동시에 제도할 때도 무념처와 무심처, 해탈지견식을 활용할 뿐, 육근을 활용하지 않는다.

난승지에서 생멸심의 식업(識業)과 심업이 제도되면 암마라식이 처음으로 생겨난다. 그때 5지 보살에게 미약하게 안, 이, 비, 설, 신, 의가 생겨난다. 마치 아기가 태어나서 처음으로 눈을 뜬 것과 같다.
난승지(難勝地)에 들어가서 식업(識業)과 심업(心業)을 본성으로 일치시키면, 그때 감정의 바탕과 의식의 바탕이 갖춰지면서 암마라식이 발현된다. 암마라식은 심의 바탕과 식의 바탕에 제도된 업식이 내장되면서 발현되는 의식이다.
보살이 암마라식을 갖추게 되면 진여문의 다른 보살들과 교류할 수 있게 된다. 그러면서 10지 보살들에게 가르침을 받게 된다.
생멸문의 중생들과도 원만하게 교류할 수 있게 된다. 이렇게 되면 반연중생들을 제도하기 위해 원행지를 떠난다. 생멸문의 반연중생을 제도할수록 암마라식이 더욱더 투철해진다. 각성이 불퇴전하고 암마라식이 온전하게 갖추어지면 부동지에 들어간 것이다.

6념처관으로 수행할 경우에는 대적정에 들어가서 본성과 식근(識根)을 분리시키지 않는다. 오히려 본성과 식근을 함께 주시한다. 때문에 해탈지견식이 생기지 않고 처음부터 암마라식이 발현된다. 육근원통은 암마라식이 바탕이 돼서 성취되는 수행공덕이다.
6념처관에서는 불념차관으로 대적정을 이룬 상태에서 법념처관을 함께 병행하고 생멸수행과 진여수행을 동시에 행한다. 그러면서 육근(六根)의 바탕을 인식해서 계념처관을 행하고, 업식이 일어나면 시념처관과 승념처관을 행한다.

그런 다음 천념처관을 행한다. 천념처관을 통해 제도된 업식을 식근에 내장한다. 식근에 천념이 이루어지면서 암마라식이 발현된다. 이때 발현되는 암마라식은 새롭게 생겨나는 것이 아니다. 원래부터 자신이 갖추고 있던 식근(識根)이다.

진여식(眞如識)과 제도된 생멸식(生滅識)이 합쳐져서 암마라식이 된다.

본문

無住菩薩言. 彼父知其子迷. 云何經五十年. 十方遊歷. 貧
무주보살언. 피부지기자미. 운하경오십년. 시방유력. 빈
窮困苦. 方始告言？
궁곤고. 방시고언？
佛言. 經五十年者. 一念心動. 十方遊歷. 遠行遍計.
불언. 경오십년자. 일념심동. 시방유력. 원행변계.
無住菩薩言. 云何一念心動？
무주보살언. 운하일념심동？
佛言. 一念心動五陰俱生. 五陰生中具五十惡.
불언. 일념심동오음구생. 오음생중구오십악.

무주보살이 여쭈었다. "저 아버지는 그 아들이 미혹된 것을 알면서도 어찌하여 오십 년이 지나도록 시방으로 돌아다니며 빈궁하고 고난을 겪은 다음에야 비로소 알려주는 것입니까?"
부처님께서 말씀하셨다. "오십 년이 지났다는 것은 일념의 마음이 움직인 것이다. 시방으로 돌아다닌 것은, 멀리 다니면서 두루 헤아린 것이다."
무주보살이 여쭈었다. "어찌하여 일념의 마음이 움직입니까?"
부처님께서 말씀하셨다. "일념의 마음이 움직이면 오음(五陰)이 함께 생기고, 오음이 생긴 가운데서 오십 가지 악(惡)을 갖춘다."

강설

무주보살이 여쭈었다. "저 아버지는 그 아들이 미혹된 것을 알면서도 어찌하여 오십 년이 지나도록 시방으로 돌아다니며 빈궁하고 고난을 겪은 다음에야 비로소 알려주는 것입니까?"
처음부터 보배를 가지고 있다는 것을 알려주는 수행법이 6념처관법이다. 이 경우는 해탈지견식을 갖추고 진여출가를 한 아라한에게 해당되는 수행절차이다.
무주보살이 이와 같은 질문을 하는 것은 무주보살도 6념처관으로 10지에 오른 보살이기 때문이다.
무주보살의 질문에는 6념처관과 열반수행에 대한 대비되는 관점이 내재되어 있다.

부처님께서 말씀하셨다. "오십 년이 지났다는 것은 일념의 마음이 움직인 것이다. 시방으로 돌아다닌 것은, 멀리 다니면서 두루 헤아린 것이다."
'일념의 마음이 움직였다'는 것은 주시의 대상이 바뀌었다는 뜻이다.
본원본제가 각성으로 대사를 행하면서 밝은성품에 치중한 것도 일념이 움직인 것이다. 이로 인해 본연이 출현하고 여래장연기가 시작되었다.
중생이 의식·감정·의지에 천착하고 경계에 집착하는 것도 일념이 움직인 것이다. 이로 인해 탐진치가 생겨나고 번뇌의 괴로움에 빠지게 된다.
아라한이 본성의 간극에 머물러서 멸진정에 들어간 것도 일념이 움직인 것이다. 이로 인해 해탈지견식이 생겨나고 생멸심이 분리된다. 생멸심이 분리되면 식근이 사라지고 암마라식의 바탕을 잃어버리게 된다. 아라한이 그 상태에 머물게 되면 식근을 잃어버린 채로 수많은 세월을 지내게 된다. 그렇게 되면 본원본제처럼 향하문적 성향에 빠지게 된다. 그런 존재를 벽지불이라 한다.
부처님께서는 이런 아라한에게 진여식을 갖춰주기 위해 진여출가를 권장하신다. 진여수행을 통해 열반상에서 벗어나게 하고 암마라식을 갖추도록 해서 대지혜를 성취하는 바탕으로 삼게 한다.
초지 보살이 환희지에 머물러 있다가 일치되는 생멸심을

인식하는 것도 일념이 움직인 것이다. 이로 인해 이구지가 진행되고 진여수행이 시작된다.
'**시방으로 돌아다니고 멀리 다니면서 두루 헤아린다**'는 것 것은 중생의 세간행(世間行)을 비유한 것이다.

무주보살이 여쭈었다. "어찌하여 일념의 마음이 움직입니까?"
일념이 움직이는 것은 본원본제가 밝은성품에 천착했던 대사적 습성 때문이다. 이것을 일러 각성의 무명적 습성이라 한다.

부처님께서 말씀하셨다. "일념의 마음이 움직이면 오음(五陰)이 함께 생기고, 오음이 생긴 가운데서 오십 가지 악(惡)을 갖춘다."
각성의 무명적 습성으로 움직인 일념은 오십 가지 악을 일으키고 대지혜로써 움직인 일념은 4지(四智)를 갖추게 한다.

본문

無住菩薩言. 遠行遍計. 遊歷十方. 一念心生. 具五十惡.
무주보살언. 원행변계. 유력시방. 일념심생. 구오십악.
云何令彼眾生無生一念? 佛言. 令彼眾生安坐心神. 住金
운하령피중생무생일념? 불언. 령피중생안좌심신. 주금

剛地靜念無起. 心常安泰即無一念. 無住菩薩言. 不可思議.
강지정념무기. 심상안태즉무일념. 무주보살언. 불가사의.
覺念不生. 其心安泰. 即本覺利. 利無有動. 常在不無.
각념불생. 기심안태. 즉본각리. 리무유동. 상재불무.
無有不無. 不無不覺. 覺知無覺. 本利. 本覺. 覺者淸淨無
무유불무. 불무불각. 각지무각. 본리. 본각. 각자청정무
染. 無着. 不變. 不易. 決定性故. 不可思議.
염. 무착. 불변. 불역. 결정성고. 불가사의.
佛言. 如是.
불언. 여시.

무주보살이 여쭈었다. "멀리 다니면서 두루 헤아리고, 시방으로 돌아다니며, 일념의 마음이 생겨 오십 가지 악(惡)을 갖추게 되는데, 어떻게 저 중생으로 하여금 일념도 생기지 않게 하겠습니까?"

부처님께서 말씀하셨다. "저 중생으로 하여금 심신(心神)을 편안하게 하여 앉게 하고, 금강지(金剛地)에 머물게 하고, 고요한 염(念)으로 일어남이 없게 하며, 마음은 늘 편안하고 태연하게 하면 곧 일념도 없는 것이니라."

무주보살이 말씀드렸다. "불가사의하옵니다. 각(覺)에서 염(念)이 생기지 않고, 그 마음이 편안하고 태연하면 곧 본각리(本覺利)입니다. 본각의 이로움에는 움직임이 없지만, 항상 있어서 없는 것이 아니고, 없는 것이 아니란 것도 없으며, 각(覺)

하지 않는다는 것이 없지 않고, 각(覺/능각(能覺))에서 각(覺/소각(所覺))이 없음을 알면 본리(本利)이고 본각(本覺)입니다. 각(覺)한 자는 청정하고 물듦이 없어서, 집착이 없고, 변하지 않고, 바뀌지 않습니다. 결정성(決定性)인 까닭에 불가사의합니다."
부처님께서 말씀하셨다. "이와 같다."

강설

무주보살이 여쭈었다. "멀리 다니면서 두루 헤아리고, 시방으로 돌아다니며, 일념의 마음이 생겨 오십 가지 악(惡)을 갖추게 되는데, 어떻게 저 중생으로 하여금 일념도 생기지 않게 하겠습니까?"
이 질문은 두 가지 관점으로 해석해야 한다.
첫 번째는 중생의 관점으로 해석하는 것이다.
두 번째는 7지 보살의 관점으로 해석하는 것이다.
중생이 세간행을 하는 것이나 7지 보살이 원행지를 행하는 것이나 똑같은 경계를 접하게 된다. 때문에 그 상태에서 일념도 일어나지 않도록 하는 것은 같은 방법이 활용된다. 접해지는 경계를 놓고 일념도 일어나지 않으면 부동지에 들어갔다 말한다. 보살도 8지의 경지이다.

부처님께서 말씀하셨다. "저 중생으로 하여금 심신(心神)을

편안하게 하여 앉게 하고, 금강지(金剛地)에 머물게 하고, 고요한 염(念)으로 일어남이 없게 하며, 마음은 늘 편안하고 태연하게 하면 곧 일념도 없는 것이니라."

원행지를 행할 때 반연중생을 접하다 보면, 반연중생의 업식과 일치가 된다. 이때 중생이 갖고 있는 오음에 물들지 않는 방법에 대해 말씀해 주시는 대목이다. 8지 부동지에 들어가는 과지법을 말씀해 주신 것이다.

'저 중생으로 하여금 심신(心神)을 편안하게 하여 앉게 하고' 심신을 편안하게 함이 선(禪)이고, 움직이지 않는 마음을 갖추는 것이 곧 앉음(坐)이다.

'금강지(金剛地)에 머물게 하고'
본성을 이루고 있는 적상(寂相)·정상(靜相)·적멸상(寂滅相)을 관(觀)하는 것이다. 6념처관으로 보면 불념처관이다.

'고요한 염(念)으로 일어남이 없게 하며'
금강지의 상태에서는 본각으로 본성의 적멸상에 머무는 것이다.

6념처관의 경우는 구경각으로 불념처에 머물러서 생각이 일어나지 않는 상태이다. 만약에 이 상태에서 생각이 일어나면 시념, 계념, 승념, 천념을 행한다.

'마음은 늘 편안하고 태연하게 하면 곧 일념도 없는 것이다'
구경각으로 금강지에 머물면서 6념처관을 함께 병행하면 암마라식의 청정함과 본성을 이루는 무념(적상), 무심(정상), 간극(적멸상)을 함께 관(觀)하게 된다. 그 상태에서는 일념이 일어나지 않는다.

무주보살이 말씀드렸다. "불가사의하옵니다. 각(覺)에서 염(念)이 생기지 않고, 그 마음이 편안하고 태연하면 곧 본각리(本覺利)입니다."
각(覺)에서 염(念)이 생기지 않는 것이 대사적 습성(代謝的 褶性)에서 벗어난 것이다. 그렇게 되면 각성의 무명적 습성을 제도하고 공여래장(空如來藏)을 성취한 것이다.
그 상태를 '본각리(本覺利)'라 표현했다.

"본각의 이로움에는 움직임이 없지만"
공여래장을 성취하면 보살도 10지를 넘어선 것이다.
역무무명진(亦無無明盡)이 성취되고 불이문(不二門)의 한 축이 갖춰진 것이다.
"항상 있어서 없는 것이 아니고, 없는 것이 아니란 것도 없으며"
공여래장은 진여심이 제도되고 대적정문이 완성을 이룬 것이다. 그 존재 양태가 상재불무(常在不無), 무유불무(無有不無)이다.
"각(覺)하지 않는다는 것이 없지 않고,"
공여래장의 상태에서는 항상 각조(覺照)가 이루어진다. 하지만 불이문은 각조로 형성되지 않는다. 불이문은 각조가 없이 대자비로 세워진다.

"각(覺)에서 각(覺)이 없음을 알면"
앞의 각은 등각(等覺)이며 능각(能覺)을 말한다. 뒤에 각은 시각(時覺)이며 소각(所覺)을 말한다.
공여래장을 이루면 등각과 능각이 있을 뿐 시각과 소각이 없다는 뜻이다.
"본리(本利)이고 본각(本覺)입니다."
그것이 본리이고 본각이라는 말이다.

"각(覺)한 자는 청정하고 물듦이 없어서"
등각을 얻게 되면 식근이 청정하고 오염이 없게 된다. 그런 식을 원통식(圓通識)이라 한다. 암마라식이 바탕이 되어서 원통식을 갖추게 된다.
"집착이 없고, 변하지 않고, 바뀌지 않습니다."
공여래장을 이루고 원통식을 갖추게 되면 본원본제로부터 시작된 무명적 습성에서 벗어나게 된다.

"결정성(決定性)인 까닭에 불가사의합니다."
등각의 성취는 퇴전(退轉)이 없다. 때문에 결정성이다.

부처님께서 말씀하셨다. "이와 같다."
부처님께서도 무주보살의 말이 옳다고 인정하신다.

본문

無住菩薩聞是語已. 得未曾有. 而說偈言.
무주보살문시어이. 득미증유. 이설게언.

尊者大覺尊	說生無念法	無念無生心	心常生不滅
존자대각존	**설생무념법**	**무념무생심**	**심상생불멸**
一覺本覺利	利諸本覺者	如彼得金錢	所得即非得
일각본각리	**리제본각자**	**여피득금전**	**소득즉비득**

爾時. 大衆聞說是語. 皆得本覺利般若波羅蜜.
이시. 대중문설시어. 개득본각리반야바라밀.

무주보살이 이 말씀을 듣고 나서 미증유(未曾有)를 얻어 게송으로 말하였다.
"세존이시여, 크게 깨달으신 세존이시여, 무념(無念)법을 생하게 하는 것을 설하시니, 무념(無念)에는 생기는 마음이 없고, 마음은 늘 생겨서 없어지지 않습니다.
일각(一覺)은 본각(本覺)의 이로움이고, 여러 본각자(本覺者)들을 이롭게 하며, 마치 금전을 얻은 것 같아서 얻음이 곧 얻은 것이 아닙니다."
그때 대중은 이 말씀을 듣고, 모두 본각리(本覺利)와 반야바라밀을 얻었다.

강설

"무주보살이 이 말씀을 듣고 나서 미증유(未曾有)를 얻어

게송으로 말하였다."
무주보살이 이 말씀을 듣고 미증유를 얻은 것은 금강지와 6념처관을 병용해서 등각도로 들어가는 새로운 방법을 체득했기 때문이다. 스스로가 이미 등각을 성취했지만 그 두 가지 방법을 병용하는 것에 대해서는 모르고 있었던 것이다.

"세존이시여, 크게 깨달으신 세존이시여, 무념(無念)법을 생하게 하는 것을 설하시니"
이 대목의 무념법은 금강지에 머물러서 6념처관을 함께 행하는 방법을 말한다. 그 법으로써 일념도 일어나지 않도록 하고 부동지를 넘어서 등각도에 들어가게 한다.

"무념(無念)에는 생기는 마음이 없고, 마음은 늘 생겨서 없어지지 않습니다."
'생기는 마음'은 생멸심을 말한다. 생멸심이 생기지 않는다는 말이다.
'마음은 늘 생긴다'는 것은 원통식을 말한다. 원통식은 없어지지 않는다.

"일각(一覺)은 본각(本覺)의 이로움이고, 여러 본각자(本覺者)들을 이롭게 하며"
이때의 일각은 등각과 능각을 말한다.
'여러 본각자들'이란 반야해탈도를 증득한 수다원에서부터 아라한, 초지 보살, 10지 보살을 말한다.
"마치 금전을 얻은 것 같아서 얻음이 곧 얻은 것이 아닙니다."
일각(一覺) 또한 얻음이 얻음이 아니라는 말이다.

"그때 대중은 이 말씀을 듣고, 모두 본각리(本覺利)와 반야바라밀을 얻었다."
대중들이 성취한 본각리(本覺利)는 근기에 따라 서로 다르다. 10지 보살은 등각을 얻지만 5지 보살은 부동지를 얻는다. 수다원은 해탈지견식을 얻지 않고 곧바로 암마라식을 얻게 된다.
반야바라밀이란 반야해탈도를 넘어서는 것이다. 생멸열반에 들어가지 않고도 진여출가를 하는 것이다.

《금강삼매경 입실제품 入實際品 第五》

본문

於是. 如來作如是言. 諸菩薩等本利深入. 可度眾生. 若後
어시. 여래작여시언. 제보살등본리심입. 가도중생. 약후
非時. 應如說法時說利. 不但順不順說. 非同. 非異. 相應
비시. 응여설법시설리. 부단순불순설. 비동. 비이. 상응
如說. 引諸情智. 流入薩婆若海. 無令可眾挹彼虛風. 悉令
여설. 인제정지. 류입살바야해. 무령가중읍피허풍. 실령
彼庶一味神乳. 世間. 非世間. 住非住處. 五空出入無有取
피서일미신유. 세간. 비세간. 주비주처. 오공출입무유취
捨. 何以故? 諸法空相. 性非有無. 非無不無. 不無不有.
사. 하이고? 제법공상. 성비유무. 비무불무. 불무불유.
無決定性. 不住有無. 非彼有無. 凡聖之智. 而能測隱.
무결정성. 부주유무. 비피유무. 범성지지. 이능측은.
諸菩薩等若知是利. 即得菩提.
제보살등약지시리. 즉득보리.

이에 여래께서는 여(如)의 작(作)에 대해 이와 같은 말씀을 하셨다.
"여러 보살 등은 본리(本利)로 깊이 들어가서 중생을 제도할 수 있느니라. 만약 후비시(後非時)에 여(如)에 응해서 설법할 때 이로움을 주려면, 따르거나 따르지 않거나 가리지 말고 설해야 하고(不但順不順說), 같은 것도 아니고, 다른 것도 아니게, 여(如)에 상응하여 설해야 할 것이다. 여러 감정을 지혜로 인도하여, 살바야[30]의 바다로 유입되게 하고, 중생으로 하여금 저 허풍(虛風)을 따라서 헤매이지 않도록 할 것이며[31](無令可眾挹彼虛風), 저 중생으로 하여금 모두 일미(一味)의 신유(神乳)[32]를 바라게 할지니라. 세간이거나 세간이 아니거나, 머무는 곳이거나 머무는 곳이 아니거나, 오공(五空)[33] 출입(出入)에 취사(取捨)가 없다. 어떤 까닭인가? 제법의 공상(空相)에서, 그 성(性)은 유무(有無)가 아니고, 없음과 없지 않음이 아니고, 없지 않고 있지 않으며, 결정성(決定性)이 없으며, 유무(有無)에 머물지 않나니, 저것은 유무(有無)가 아니기 때문이다. 무릇 성인의 지혜는 숨은 것을 헤아릴 수 있고, 여러 보살들이 이런 이익을 안다면, 곧 보리를 얻으리라."

강설

"이때 여래께서는 여(如)의 작(作)에 대하여 이와 같은 말씀을 하셨다."
여(如)의 작(作)이란 여시작(如是作)을 말한다.

---

30) 살바야는 일체지(一切智)이다. 모든 것을 아는 지혜이다.
31) 헛된 것을 끌어들이지 않게 한다.
32) 신유. 신의 우유, 최상의 맛을 뜻함.
33) 오공(五空)은 삼유(三有/삼계)의 공(空), 육도는 그림자여서 공(空)함, 법상(法相)의 공, 명상(名相)의 공, 심식(心識)의 뜻이 공함.

여시작(如是作)에서부터 생멸연기가 시작되고 진여연기가 시작되었다. 여시작(如是作)은 여시력(如是力)에서 생겨났다. 여시력(力)은 밝은성품이 부딪쳐서 미는 힘과 당기는 힘으로 변화된 것을 말한다. 여시력이 생겨나면서 각성이 자시무명(子時無明)에 빠지게 되었다.

자시무명이란 각성정보가 생멸정보를 취해서 본성을 비추는 것을 망각한 상태를 말한다. 선무명(先無明)이라 한다. 그 상태에서 생멸연기가 단계적으로 진행되는 것이 여시작(如是作)이다.

여시력과 여시작은 본연(本緣) 공간 안에서 일어났다. 때문에 본원본제는 여시력과 여시작의 변화에 관여되지 않는다. 앞서 심왕보살장에서는 여시성(如是性)이 생겨난 원인과 여시상(如是相), 여시체(如是體), 여시력(如是力)이 생겨난 과정에 대해 말씀하셨다. 이 장에서는 여시작(如是作)에 대해서 말씀하신다.

"여러 보살 등은 본리(本利)로 깊이 들어가서 중생을 제도할 수 있느니라. 만약 후비시(後非時)에 여(如)에 응해서 설법할 때 이로움을 주려면, 따르거나 따르지 않거나 가리지 말고 설해야 하고(不但順不順說), 같은 것도 아니고, 다른 것도 아니게, 여(如)에 상응하여 설해야 할 것이다."

'본리(本利)로 깊이 들어가서 중생을 제도하는 것'
금강지지에 머물러서 6념처관을 함께 행하면서 중생을 제도하는 것을 말한다.
'만약 후비시(後非時)에 여(如)에 응해서 설법할 때 이로움을 주려면'
'후비시(後非時)'란 미시무명(未時無明)에 들어가 있는 상태를 말한다. 미시무명이란 본성을 주시하는 각성을 완전하게 망각한 상태를 말한다. 후무명(後無明)이라 한다.
'여(如)에 응해서 설법할 때'란 본성에 머물러서 본제(本際)의 이치에 대해 설법하는 것을 말한다.
종합해서 요약해보면 '본성을 인식하지 못하는 중생들에게 본성의 이치를 설명해서 각성을 갖추도록 해주려면'으로 해석할 수 있다.
'따르거나 따르지 않거나 가리지 말고 설해야 하고(不但順不順說)'
보살이 지켜야 할 삼념(三念)에 대해 말씀하시는 것이다. 보살이 중생을 위해 설법할 때는 믿거나 안 믿거나, 또는 믿기도 하고 안 믿기도 하더라도 그것에 관여되지 않아야 한다.
'같은 것도 아니고, 다른 것도 아니게'
삼념으로 똑같이 대하라는 말이다.
'여(如)에 상응하여 설해야 할 것이다'
본성의 이치에 상응해서 설법하라는 말씀이시다.

"여러 감정을 지혜로 인도하여, 살바야의 바다로 유입되게 하고"
여러 감정이란 의식과 감정을 말한다.
살바야의 바다란 일체지(一切智)를 말한다.
여러 감정을 지혜로 인도한다는 것은 심과 식을 암마라식으로 전환시킨다는 말이다.
살바야의 바다로 유입되게 한다는 것은 일체지를 얻도록 이끌어 준다는 말씀이시다.
일체지란 육근(六根), 육경(六境), 육식(六識)이 생겨난 원인과 과정에 대해 아는 것을 말한다. 아라한과에 들어가면 일체지를 성취한 것이다.

"중생으로 하여금 저 허풍(虛風)을 따라서 헤매이지 않도록 할 것이며"
허풍이란 심식의의 생멸심을 말한다. 생멸심에 천착되어서 헤매이지 않도록 하라는 말씀이시다.

"저 중생으로 하여금 모두 일미(一味)의 신유(神乳)를 바라게 할지니라."
일미의 신유란 본각으로써 갖추어지는 이익을 말한다.

"세간이거나 세간이 아니거나, 머무는 곳이거나 머무는 곳이 아니거나, 오공(五空)의 출입(出入)에 취사(取捨)가 없다."
여래장계에서 세간이 아닌 곳은 불세계와 진여문이다.
오공이란 삼유(三有)가 공(空)하고, 육도(六道)가 공하고, 법상(法相)이 공하고, 명상(名相)이 공하고, 심식(心識)의 뜻

(義)이 공한 것이다.

삼유(三有)란 삼계를 말한다. 세간을 이루고 있는 색계, 욕계, 무색계를 말한다.

육도(六道)란 육도윤회계를 말한다. 천상계, 인간계, 아수라계, 축생계, 지옥계, 아귀계를 말한다.

법상(法相)이란 생멸연기의 과정에서 일어나는 모든 변화를 말한다.

명상(名相)이란 명색(名色)의 결과로 나타난 천지만물의 모습을 말한다.

심식(心識)의 뜻이란 심과 식으로 드러나는 생멸정보를 말한다.

삼유와 육도, 법상과 명상, 심과 식은 본연(本緣)의 환(幻)에서 출현했기 때문에 실제(實際)가 아니다. 그러하기에 허망하다는 뜻이다.

'오공(五空)의 출입(出入)에 취사(取捨)가 없다'는 것은 오공을 놓고서 취할 것도 없고 버릴 것도 없다는 뜻이다. 취할 것도 없는 것은 탐·진·치에 빠지지 않기 위해서다. 버릴 것도 없는 것은 오공을 제도해서 암마라식을 갖추고 대지혜와 대자비를 증득하기 때문이다.

"어떤 까닭인가? 제법의 공상(空相)에서, 그 성(性)은 유무(有無)가 아니고, 없음과 없지 않음이 아니고, 없지 않고 있지 않으며, 결정성(決定性)이 없으며, 유무(有無)에 머물지 않나니, 저것은 유무(有無)가 아니기 때문이다."
'제법의 공상(空相)'이란 오공상(五空相)을 말한다.
제법공상의 성(性)이란 오공상(五空相)의 근본을 말한다. 오공상의 근본은 본연(本緣)이다. 본연은 유무(有無)가 아니고, 없음과 없지 않음이 아니고, 없지 않고 있지 않으며, 결정성(決定性)이 없으며, 유무(有無)에 머물지 않는다는 말씀이다. 본연(本緣)에 결정성(決定性)이 없는 것은 적상(寂相)·정상(靜相)·적멸상(寂滅相)으로 이루어져 있지 않고 본성정보와 각성정보, 밝은성품으로 이루어졌기 때문이다.

"무릇 성인의 지혜는 숨은 것을 헤아릴 수 있고, 여러 보살들이 이런 이익을 안다면, 곧 보리를 얻으리라."
숨은 것을 헤아릴 수 있는 지혜는 묘관찰지(妙觀察智)이다. 본각(本覺)과 본각리(本覺利)로써 갖추어진다.
'숨은 것'이란 본연(本緣)이 생겨난 원인과 본연 안에서 일어나는 여시작(如是作)의 과정이다.
숨은 것을 헤아릴 수 있다는 것은 여래장연기와 생멸연기, 진여연기의 과정을 아는 것이다.
여시작(如是作)의 과정에서 일어난 생멸연기는 무명(無明)-행(行)-식(識)-명색(名色)-육입(六入)이다.
보살들이 얻는 보리는 대지혜와 대자비, 대적정이다.
그로써 4지(四智)와 원통식을 증득하고 등각도에 들어간다.
여러 보살들이 여래장연기와 생멸연기, 진여연기의 이치를 안다면 곧 보리를 얻게 된다는 말씀이시다.

본문

爾時. 眾中有一菩薩名曰大力. 即從座起. 前白佛言. 尊者.
이시. 중중유일보살명왈대력. 즉종좌기. 전백불언. 존자.
如佛所說. 五空出入無有取捨. 云何五空而不取捨?
여불소설. 오공출입무유취사. 운하오공이불취사?
佛言. 菩薩. 五空者. 三有是空. 六道影是空. 法相是空.
불언. 보살. 오공자. 삼유시공. 륙도영시공. 법상시공.
名相是空. 心識義是空. 菩薩. 如是等空. 空不住空. 空無
명상시공. 심식의시공. 보살. 여시등공. 공부주공. 공무
空相. 無相之法. 有何取捨? 入無取地. 則入三空.
공상. 무상지법. 유하취사? 입무취지. 즉입삼공.

그때 대중 가운데 어느 보살이 있었으니 대력(大力)이라 불렀다. 곧 자리에서 일어나서 부처님 앞에 여쭈었다. "세존이시여, 부처님께서 설하신 것과 같이, 오공(五空) 출입에는 취사(取捨)가 없습니다. 어찌하여 오공(五空)은 취사가 없습니까?" 부처님께서 말씀하셨다. "보살이여, 오공이라는 것은 삼유(三有)34)가 공(空)이요, 육도(六道)35)는 그림자여서 공이며, 법상(法相)이 공하고, 명상(名相)이 공하고, 심식(心識)의 뜻(義)이

---

34) 삼유(三有)는 욕유(欲有), 색유(色有), 무색유(無色有)의 삼계(三界)이다.
35) 육도는 지옥, 아귀, 축생, 인간, 아수라, 천상이다.

공한 것이다. 보살이여, 이와 같은 공(空)은, 공(空) 하되 공(空)에 머물지 않고, 공(空) 하되 공(空)한 모습이 없고, 모습이 없는 법인데 어찌 취사가 있겠는가? 취함이 없는 지위에 들어가면, 곧 삼공(三空)에 들어간다."

강설

그때 대중 가운데 어느 보살이 있었으니 대력(大力)이라 불렀다. 곧 자리에서 일어나서 부처님 앞에 여쭈었다. "세존이시여, 부처님께서 설하신 것과 같이, 오공(五空) 출입에는 취사(取捨)가 없습니다. 어찌하여 오공(五空)은 취사가 없습니까?"
오공은 12연기가 일어난 생멸문에서 나타나는 존재적 양태이다.
삼유(三有)는 탐진치와 몸에 대한 집착, 선정의 취득과 업식에 따라 나타난 세계이다.
육도윤회계(六道輪廻界)는 원신의 구조와 고유진동수에 따라 생겨난 생멸문의 여섯 세계이다.
법상(法相)은 생멸연기의 과정에서 나타나는 모든 변화를 말한다.
명상(名相)은 명색(名色)을 통해 생겨난 천지만물의 모습을 말한다.
심(心)과 식(識)의 상(相)은 의식과 감정이 갖고 있는 생멸정보를 말한다.

대력보살이 이러한 오공을 취사의 대상으로 삼지 않는 이유에 대해서 여쭙는 대목이다.

부처님께서 말씀하셨다. "보살이여, 오공이라는 것은 삼유(三有)가 공(空)이요, 육도(六道)는 그림자여서 공이며, 법상(法相)이 공하고, 명상(名相)이 공하고, 심식(心識)의 뜻(義)이 공한 것이다."

생멸연기는 본연의 환(幻)에서 시작되었고 생멸정보와 각성정보, 근본정보의 열두 가지 인연으로 진행되었다.

그 결과로 나타난 것이 오공(五空)이다. 오공은 그 근본이 환(幻)이다. 환(幻)에서는 환(幻)이 출현할 뿐 실제(實際)가 나타나지 않는다. 때문에 공(空)하다고 하는 것이다.

"보살이여, 이와 같은 공(空)은, 공(空) 하되 공(空)에 머물지 않고, 공(空) 하되 공(空)한 모습이 없고, 모습이 없는 법인데 어찌 취사가 있겠는가?"

'공(空) 하되 공(空)에 머물지 않고'

오공이 공하되 공에 머물지 않는 것은 삼유의 중생들이 각성을 증득해서 실제(實際)를 이룰 수 있기 때문이다.

'공(空) 하되 공(空)한 모습이 없는 것'은 존재하기 때문이다. 중생은 스스로 존재함을 느끼기 때문에 스스로가 갖고 있는 모든 존재성을 실제라고 생각한다. 때문에 환(幻)의 굴레에서 벗어나지 못한다.
'모습이 없는 법인데, 어찌 취사가 있겠는가?'
모습이 없다는 것은 허상이라는 뜻이다. 허상이기에, 취하고 버리지 않는다는 말씀이시다.

"취함이 없는 지위에 들어가면, 곧 삼공(三空)에 들어간다."
오공의 허망함을 알고 취사가 없는 지위에 들어가면 삼공(三空)에 들어간 것이라는 말씀이시다.

본문

大力菩薩言. 云何三空？ 佛言. 三空者. 空相亦空. 空空
대력보살언. 운하삼공？ 불언. 삼공자. 공상역공. 공공
亦空. 所空亦空. 如是等空. 不住三相. 不無眞實. 文言道
역공. 소공역공. 여시등공. 부주삼상. 불무진실. 문언도
斷. 不可思議. 大力菩薩言. 不無眞實. 是相應有.
단. 불가사의. 대력보살언. 불무진실. 시상응유.
佛言. 無不住無. 有不住有. 不無. 不有. 不有之法. 不即
불언. 무부주무. 유부주유. 불무. 불유. 불유지법. 부즉
住無. 不無之相. 不即住有. 非以有無而詮得理. 菩薩. 無
주무. 불무지상. 부즉주유. 비이유무이전득리. 보살. 무
名義相. 不可思議. 何以故？ 無名之名. 不無於名. 無義之
명의상. 불가사의. 하이고？ 무명지명. 불무어명. 무의지

義. 不無於義.
의. 불무어의.

대력보살이 여쭈었다. "삼공(三空)은 무엇입니까?"
부처님께서 말씀하셨다. "삼공이라는 것은 공(空)한 모습이 또한 공(空)하고, 공(空)을 공(空) 하게 한 것이 또한 공(空)하고, 공(空)해진 것이 또한 공(空)한 것이다. 이와 같은 공(空) 등은 세 가지 모습에 머물지 않지만, 진실하지 않은 것이 아니니, 글과 말로 말하는 것이 끊기고, 불가사의하다."
대력보살이 말씀드렸다. "진실하지 않은 것이 아니라면, 이 모습은 마땅히 있는 것이어야 합니다."
부처님께서 말씀하셨다. "무(無)는 무(無)에 머물지 않고, 유(有)는 유(有)에 머물지 않으며, 무(無)하지 않고 유(有)하지 않다. 유(有)하지 않는 법은 곧 무(無)에 머무는 것이 아니다. 무(無)의 상(相)을 취하지 않은 것은 곧 유(有)에 머무는 것이 아니다. 유(有)와 무(無)로써 설명하여 이치를 드러낼 수 없는 것이니라. 보살이여, 무명의상(無名義相)은 불가사의하다. 어찌 된 까닭인가? 이름이 없는 이름이라 하여 이름 없는 것이 아니며, 뜻이 없는 뜻이라 하여, 뜻이 없지 않기 때문이다."

강설

대력보살이 여쭈었다. "삼공(三空)은 무엇입니까?"

부처님께서 말씀하셨다. "삼공이라는 것은, 공(空)한 모습이 또한 공(空)하고, 공(空)을 공(空)하게 한 것이 또한 공(空)하고, 공(空)해진 것이 또한 공(空)한 것이다."

'공(空)한 모습이 또한 공(空)하고'

'공한 모습'이란 존재의 허망함을 말한다.

'공한 모습이 또한 공(空)하다'는 것은 그 허망함에 머물지 않고 실다운 공(空)을 인식했다는 말이다. 즉 본성의 적멸상을 인식했다는 말이다.

공(空)은 긍정적 공과 부정적 공이 있다.

'보는 것이 공(空)하고 보여지는 대상이 공(空)하다.'라고 할 때는 부정적 공을 말하는 것이다.

부정적 공일 때는 그 상태에 머물지 않아야 한다. 부정적 공에 머물지 않는 것이 긍정적 공을 성취한 것이다.

'공한 모습 또한 공하다'라는 것은 '부정적 공'에서 벗어나서 '긍정적 공'으로 나아가라는 말이다.

'공(空)을 공(空)하게 한 것이 또한 공(空)하고'

부정적 공을 긍적적 공으로 전환시키게 한 것이 또한 공하다는 뜻이다. 부정적 공을 긍정적 공으로 전환시키는 역할을 하는 것은 각성(覺性)이다. '각성 또한 공하다'는 뜻이다. 각성이 공한 것은 각성이 실상(實相)이라는 말이다. 각성공(覺性空)이라 한다.

'공(空)해진 것이 또한 공(空)한 것이다'

'공해진 것'이란 본성을 말한다.

'공해진 것 또한 공하다'는 것은 본성의 적멸상에도 머물지 말라는 뜻이다.

"이와 같은 공(空) 등은 세 가지 모습에 머물지 않지만, 진실하지 않은 것이 아니니, 글과 말로 말하는 것이 끊기고, 불가사의하다."

이와 같이 공의 세 가지 모습에 머물지 않는 것이 삼공(三空)을 성취한 것이라는 말씀이시다.

허망한 공에 머물지 않고 각성공과 본성공을 성취하고 본성의 공함에도 머물지 않는 것이 삼공을 성취한 것이라는 말씀이시다.

삼공의 성취는 진실(眞實)한 것이고 글과 말이 끊어진 상태이며 불가사의하다고 말씀하신다.

대력보살이 말하였다. "진실하지 않은 것이 아니라면, 이 모습은 마땅히 있는 것이어야 합니다."

삼공(三空)이 성취된 깨달음은 마땅히 있다는 말이다.

부처님께서 말씀하셨다. "무(無)는 무(無)에 머물지 않고, 유(有)는 유(有)에 머물지 않으며, 무(無)하지 않고 유(有)하지 않다."

'무(無)는 무(無)에 머물지 않는다.' 무(無)에서 이 우주와 천지만물이 생겨났기 때문이다.

'유(有)는 유(有)에 머물지 않는다.' 멸(滅)해서 무(無)로 돌아가기 때문이다.
존재의 실상(實相)은 '무(無)하지 않고 유(有)하지 않다.' 쉼 없이 대사(代謝)하고 연기(緣起)하기 때문이다.
없는 것이 아니고 있는 것이 아니다.

"유(有)하지 않는 법은 곧 무(無)에 머무는 것이 아니다."
무(無)에 머무르면 유(有)가 생겨난다. 때문에 유(有)가 생겨나지 않으면 무(無)에 머무는 것이 아니다.

"불무지상(不無之相)은 곧 유(有)에 머무는 것이 아니다."
불무지상(不無之相)은 무(無)의 상(相)을 취하지 않은 것이다. 그런 상태는 유(有)에 머무는 것이 아니라는 말씀이시다.

"유(有)와 무(無)로써 설명하여 이치를 드러낼 수 없는 것이니라."
본연(本緣)이 생겨난 원인과 여시작(如是作)의 이치는 유(有)와 무(無)로써 설명할 수 없다는 말씀이시다.
즉 여래장연기와 생멸연기의 이치는 유(有)와 무(無)로써 설명할 수 없다는 말씀이시다.

"보살이여, 무명의상(無名義相)은 불가사의하다."
무명의상(無名義相)이란 삼공(三空)을 성취해서 명의 상(名

義相)이 없다는 말이다. 삼공으로 오공(五空)을 벗어난 것을 말한다.

"어찌된 까닭인가? 이름이 없는 이름이라 하여 이름 없는 것이 아니며, 뜻이 없는 뜻이라 하여, 뜻이 없지 않기 때문이다."

'이름이 없는 이름'은 명상(名相)을 떠난 이름이다. 때문에 허명(虛名)이 아니고 실명(實名)이다. 천지만물이 명상(名相)을 여의면 허명을 버리고 실제의 이름을 갖게 된다는 말씀이시다.

명상(名相)을 버리려면 명색(名色)이 없어야 한다. 명색은 내부의식 간에 일어나는 교류를 말한다.

생멸문(生滅門)의 본원(本源)인 원초신(源初神)은 명색을 통해 주체의식 간에 교류를 행했고, 그 결과로 객체의식들이 생겨났다. 그 객체의식들이 분리되면서 천지만물이 되었다. 천지만물로 인해 명상(名相)이 생겨났다.

천지만물은 명색을 통해 내부의식 간에 교류를 행하고 그 결과로 생각과 감정, 의지를 일으킨다. 그렇게 일어난 의식·감정·의지가 번뇌를 일으키는 원인이 된다. 이때 중생이 일으키는 번뇌가 심식의 상(心識之相)이다.

중생이 번뇌에서 벗어나려면 무명색(無名色)해야 한다.

중생은 무명색으로 심식의 공에서 벗어나게 된다.

원초신도 12연기의 굴레에서 벗어나려면 무명색해야 한다.

원초신의 무명색(無名色)으로 명상공(名相空)과 법상공(法相空), 육도공(六道空)과 삼유공(三有空)을 벗어나게 된다.
이 대목에서 한 가지 질문을 던져본다.
명상공(名相空)을 여읜 천지만물의 실제 이름은 무엇일까? 그 이름을 말할 수 있다면 실제의 문(門)에 들어간 것이다. 곧 입실(入實)한 것이다.
'이름 없는 것이 아니며'는 명상공(名相空)을 여의고 실제에 들어간 존재도 명색이 있다는 말씀이시다. 곧 여(如)도 명색이 있다는 말씀이시다. 여의 명색을 대사라 한다.
'뜻이 없는 뜻'은 생멸심의 심식의(心識意)를 떠난 진여식(眞如識)을 말한다. 즉 심식공(心識空)을 여의었다는 말이다.
'뜻이 없지 않기 때문이다.'
'뜻이 없지 않다'는 것은 생멸식을 여의고 진여식을 갖추었어도 지각, 분별, 의도가 있다는 말씀이시다.

본문

大力菩薩言. 如是名義. 真實如相. 如來如相. 如不住如.
대력보살언. 여시명의. 진실여상. 여래여상. 여부주여.
如無如相. 相無如故. 非不如來. 衆生心相. 相亦如來.
여무여상. 상무여고. 비불여래. 중생심상. 상역여래.
衆生之心. 應無別境. 佛言. 如是. 衆生之心. 實無別境.
중생지심. 응무별경. 불언. 여시. 중생지심. 실무별경.

何以故？心本淨故. 理無穢故. 以染塵故. 名爲三界. 三界
하이고？심본정고. 리무예고. 이염진고. 명위삼계. 삼계
之心. 名爲別境. 是境虛妄. 從心化生. 心若無妄. 卽無別境.
지심. 명위별경. 시경허망. 종심화생. 심약무망. 즉무별경.

대력보살이 말하였다. "이와 같은 명의(名義)는 진실해서 여(如)의 모습입니다. 여래는 여(如)의 모습이고, 여(如)는 여(如)에 머물지 않고, 여(如)에는 여(如)의 모습이 없습니다. 모습에 여(如)가 없는 까닭에, 여래가 아니라고 하지 않습니다. 중생의 심상(心相)에서, 그 모습 또한 여래입니다. 중생의 마음은 마땅히 별도의 경계가 없겠습니다."

부처님께서 말씀하셨다. "이와 같다. 중생의 마음은 실로 별도의 경계가 없다. 어떤 까닭인가? 마음이 본래 깨끗한 까닭이고, 이치에 더러움이 없는 까닭이다. 다만 티끌에 오염됨으로써 명색(名色)이 삼계(三界)가 되고, 삼계의 마음은 명색(名色)에 의한 별도의 경계이다. 이 경계는 허망한 것이며, 마음으로부터 변화해서 생긴다. 만약에 마음에 망령됨(명색)이 없으면, 곧 별도의 경계도 없다."

강설

대력보살이 말하였다. "이와 같은 명의(名**義**)는 진실해서 여(如)의 모습입니다."

'이와 같은 명의(名義)'란 명상공(名相空)이 제도된 올바른 이름을 말한다. 즉 무명색(無名色)한 존재의 본래면목(本來面目)을 말한다.

"여래는 여(如)의 모습이고, 여(如)는 여(如)에 머물지 않고, 여(如)에는 여(如)의 모습이 없습니다."
'여래는 여(如)의 모습'이라는 말은 여래는 삼공(三空)을 이루고 무명색(無名色)해서 본래면목을 갖춘 존재라는 말이다. '여(如)는 여(如)에 머물지 않는다'는 것은 여래도 공상(空相)에 머물지 않기 위해 쉼 없이 노력한다는 말이다. 불지(佛智)를 증득한 여래도 여래지(如來智)를 얻기 위해 노력하고, 여래지를 체득한 다음에도 정토불사를 마무리하기 위해서 쉼 없이 노력한다.
불지(佛智)와 여래지(如來智) 사이에는 다섯 단계의 아뇩다라삼먁삼보리가 있다. 불세계(佛世界)에 들어가서 정토불사(淨土佛事)를 하면서 다섯 단계의 아뇩다라삼먁삼보리가 성취된다.
불지(佛地)에서 여래지(如來地)를 증득하기까지 성취해야 하는 다섯 단계 깨달음은 정토불사가 진행되면서 단계적으로 이루어진다.
첫 번째 단계의 정토불사는 생멸문을 제도하면서 이루어진다. 삼천대천세계를 이루고 있는 10억 개의 생멸문을 제도하는 것이 이 과정의 정토불사이다. 불(佛)은 이 정토불사를 성취하기 위해 천백억화신불을 나투신다. 정토불사가 끝난 삼천대천세계는 그 불(佛)이 상주하는 법계가 된다.
두 번째 단계의 정토불사는 본원본제를 대상으로 이루어진다. 본원본제의 향하문적 성향(向下門的性向)을 제도해서 여래장연기의 원인을 없애주는 것이 두 번째 정토불사이다. 본원본제를 제도하려면 먼저 본원본제와 동법계(同法界)를 이루어야 한다.
본원본제와 동법계를 이루는 절차가 있다. 먼저 묘각도를 성취해야 한다. 그런 다음 공여래장으로 본원본제의 본성과 일치를 이루어야 한다. 본원본제의 본성과 일치를 이루려면 두 가지 절차를 행해야 한다. 첫 번째 절차는 본원본제에 대한 그리움을 일으키는 것이다. 이때의 그리움을 억념(憶念)이라 한다. 두 번째 절차는 고유진동수를 조절하는 것이다. 본원본제의 고유진동수와 불의 고유진동수를 맞추기 위해 행해지는 절차이다. 이 과정에서는 방편이 쓰여진다. 그때 쓰여지는 방편이 동법계진언(同法界眞言)과 단(壇)법이다. 석가모니 부처님께서는 동법계진언으로 '람'자 발성을 활용하셨다.
본원본제와 동법계를 이루는 과정을 부처님께서는 '여래장계에 들어간다'고 말씀하신다. 그 방법에 대해 뒷장에서 상세하게 말씀해 주신다.
다음은 동법계진언을 발성하는 절차이다.
라자색선백(羅字色鮮白). 라자의 색은 희고 선명하다.

공점이엄지(空點以嚴之). 그 위에 공의 점을 장엄하게 찍으라.
여피계명주(如被係明珠). 如의 가피가 밝은 구슬처럼 빛날지니
치지어정상(置之於頂上). 그 빛을 정수리 위에 둘지니라.
진언동법계(眞言同法界). 이로써 진언으로 동법계를 이루니
무량중죄제(無量重罪除). 무량한 중죄가 다스려지는구나.
일체촉예처(一體觸穢處). 일체 더러운 곳에 접촉하더라도
당가차자문(當加此字門). 마땅히 이 람자로 門을 이룰지어다.

단(壇)이란 육체의 몸 안에 세워지는 성스러운 장소를 말한다. 동법계수행을 하기 위해 몸 안에 열두 개의 단을 세운다. 단을 세우고 단을 운용하는 방법을 32진로 수행이라 한다. 동법계의 절차 중에서 치지어정상(置之於頂上)이란 정수리 단(壇)에 공점(空點)을 찍은 흰색 빛을 두라는 말씀이다. 그 상태에서 공여래장으로 본원본제의 본성과 일치시키고, 억념(憶念)을 하면서 기다리다 보면 동법계가 이루어진다.

본원본제와 동법계를 이룬 불(佛)은 네 가지 행을 하게 된다. 그것이 바로 상행(上行), 무변행(無邊行), 정행(正行), 안립행(安立行)이다.

불(佛)은 네 가지 행을 통해 능연지력(能緣之力)을 얻는다. 그 과정에서 본원본제가 제도되고 비로자나불이 출현한다. 불(佛)이 네 가지 행으로 본원본제를 제도하는 동안 본원본제는 네 단계의 깨달음을 성취한다.

상행(上行)으로 각성의 무명적 습성이 제도되면서 등각(等覺)을 성취하게 된다. 이로써 아(我)에 대한 인식이 생겨나고 상(常)바라밀을 이룬다.
무변행(無邊行)으로 밝은성품의 자연적 성향이 제도되면서 락바라밀(樂波羅密)을 성취한다.
정행(淨行)으로 식의 바탕이 제도되면서 원통식을 갖춘다. 이로써 아(我)바라밀을 이루고 대지혜를 성취하게 된다.
안립행(安立行)으로 심의 바탕을 제도하고 대자비심을 갖춘다. 이로써 정(淨)바라밀을 이룬다.
본원본제가 등각을 이루고 대자비와 대지혜를 성취하게 되면 묘각도에 들어간다. 그 결과로 비로자나불이 출현한다.

불(佛)이 네 가지 행을 하고 본원본제가 네 가지 바라밀을 성취하는 과정에서 제도된 화신불들이 출현하게 된다. 이들을 등각화신불이라 한다.
등각화신불은 불(佛)과 본원본제가 동법계를 이룬 상태에서 생성해내는 밝은성품으로 체(體)를 이룬다. 동법계의 과정에서 성취되는 깨달음으로 상(相)을 갖추고, 불의 능연심(能緣心)으로 성(性)을 갖춘다. 등각화신불은 능연생명(能緣生命)이다. 때문에 환(幻) 생명이 아니고 실제(實際) 생명이다. 등각화신불들은 여래장연기를 거치지 않는다. 등각화신불들은 출현할 때부터 등각의 깨달음을 갖추고 있다. 석가모니 부처님과 본원본제 사이에서는 천백억의 등각화신불들이 출현했다.

불(佛)의 세 번째 정토불사는 등각화신불들을 제도해서 묘각을 이루도록 하는 것이다.
등각화신불들은 네 명의 상수보살이 그 무리를 이끌어간다. 부처님께서는 네 명의 상수보살을 상행보살, 무변행보살, 정행보살, 안립행보살이라 부르셨다.
부처님께서는 묘법연화경으로 등각화신불들을 제도하신다. 금강삼매경은 묘법연화경을 수행하는 지침서이고 법화삼매와 수능엄삼매, 육근원통과 여래지를 성취하는 과지법이 수록되어 있다.

불(佛)의 네 번째 정토불사는 연기(緣起)가 없는 새로운 여래장을 창조하는 것이다. 능연(能緣)으로 이루어진 본원본제(本源本際)를 창조하고 향하문(向下門)이 생겨나지 않도록 하는 것이 불의 네 번째 정토불사이다.
불(佛)은 그 세계에서 천만억×6백만억의 등각화신불들을 가르치신다.

불(佛)의 다섯 번째 정토불사는 여래장출가를 하는 것이다. 연기(緣起)가 진행되고 있는 여래장계에서 벗어나서 시공(時空)에 관여되지 않는 새로운 여래장계로 나아가는 것이 여래장출가이다. 불(佛)이 무한한 수명을 갖고 있는 것은 여래장출가를 하였기 때문이다. 불은 이 공덕으로 시공간(時空間)을 마음대로 조절할 수 있는 권능을 갖추게 된다.

아라한은 생멸문을 벗어나는 생멸출가를 하고, 부처님은 여래장을 벗어나는 여래장출가를 한다. 아라한은 생멸문을 벗어나서 진여문으로 나아가고, 불은 여래장계를 벗어나서 자기 불국토로 나아간다. 그곳에서 시공에 관여되지 않는 무한한 수명을 갖추고 계시면서, 언제라도 이쪽 여래장계에 현신할 수 있게 된다.
이것이 여(如)가 여(如)가 아닌 것으로 성취하는 여래지(如來智)의 공덕이다.

공여래장을 성취한 10지 보살은 불공여래장을 성취하면서 여(如)를 벗어난다. 10지 보살이 여여(如如)를 성취하면 등각도를 이룬 것이다.

"여(如)에는 여(如)의 모습이 없습니다."
여(如)의 공상(空相)에도 머무르지 않기 때문에 여(如)의 모습이 없다. 불공여래장에는 공여래장의 모습이 없고, 여래지(如來智)를 증득한 부처님에게는 불지(佛智)로써의 모습이 없다.

"모습에 여(如)가 없는 까닭에, 여래가 아니라고 하지 않습

니다."
여(如)에 머물러 있지 않기에 여래이다.

"중생의 심상(心相)에서, 그 모습 또한 여래입니다. 중생의 마음은 마땅히 별도의 경계가 없겠습니다."
중생의 심상에서 그 모습이란 심식(心識)의 바탕을 말한다. 모든 중생의 심식(心識)의 바탕은 적(寂)하고 정(靜)하다. 다만 각성이 부족해서 그것을 보지 못하고 설령 보더라도 지속시켜가지 못하는 것이다.
심의 바탕이 정(靜)한 것을 무심(無心)이라 한다.
식의 바탕이 적(寂)한 것을 무념(無念)이라 한다.
중생이 본래부터 갖추고 있는 여(如)의 성품이 바로 이것이다. 심의 바탕과 식의 바탕이 서로 연(緣)해서 본성을 이룬다. 중생이 본성의 문(門)에 들어가려면 심식의 바탕을 연(緣)하도록 할 수 있는 각성을 얻어야 한다.
삼관(三觀)으로써 심식(心識)의 바탕을 인식하고, 시각(時覺)을 통해 심식의 바탕을 연(緣)하도록 한다.

삼관이란 중관(中觀), 공관(空觀), 가관(假觀)을 말한다.
중관이란 무심(無心)으로 정(定)의 주체를 삼고 조견(照見)을 통해 심식의(心識意)의 환(幻)을 관(觀)하는 것이다. 원각경에서는 선나(禪那)라 한다.
공관이란 무념(無念)으로 정(定)의 주체로 삼고 조견(照見)

을 통해 심식의(心識意)의 환(幻)을 관(觀)하는 것이다. 사마타라 한다.
가관이란 각성(覺性)으로 정(定)의 주체로 삼고 조견(照見)을 통해 경계의 허망함을 관(觀)하는 것이다. 삼마발제라 한다.
삼관을 통해 심식의(心識意)와 경계의 허망함을 관하고 심식의 바탕을 연(緣)하도록 해서 본성의 문(門)에 들어간다. 삼관(三觀)으로 본성의 문에 들어간 것을 견성오도(見性悟道)라 한다. 견성오도를 성취한 후에는 삼해탈(三解脫)과 삼무상(三無相)으로 수행을 발전시켜서 삼공(三空)을 성취한다.
삼공(三空)을 성취하면 여래의 본래면목을 갖춘 것이다.

삼해탈이란 금강해탈(金剛解脫), 허공해탈(虛空解脫), 반야해탈(般若解脫)을 말한다.
삼무상이란 중무상(中無相), 공무상(空無相), 가무상(假無相)을 말한다.

삼관(三觀)으로 심식(心識)의 바탕을 연(緣)하도록 해서 본성을 깨닫는다. 그로써 심식의(心識意)의 허망함에 머무르지 않는다.
삼해탈(三解脫)로 본성과 심식의(心識意)를 분리시키고 대적정(大寂定)에 들어간다.

삼무상(三無相)으로 진여해탈(眞如解脫)을 이루고 등각도(等覺道)에 들어간다.

부처님께서 말씀하셨다. "이와 같다. 중생의 마음은 실로 별도의 경계가 없다."
중생의 마음바탕에는 별도의 경계가 없다. 그 자리는 무념과 무심이 서로 연(緣)해서 본성을 이루고 있다.

"어떤 까닭인가? 마음이 본래 깨끗한 까닭이고, 이치에 더러움이 없는 까닭이다."
심의 바탕도 고요하고 편안해서 깨끗하고, 식의 바탕도 고요하고 텅 비워져서 깨끗하다.

"다만 티끌에 오염됨으로써 명색(名色)이 삼계(三界)가 되고, 삼계의 마음은 명색(名色)에 의한 별도의 경계이다."
식(識)의 바탕이 생멸정보에 오염되면서 명색(名色)이 일어난다. 명색으로 인해 삼계와 천지만물이 생겨난다. 12연기의 절차 중 명색의 과정에 대해 말씀하시는 것이다.
본연(本緣)공간 안에서 각성정보가 밝은성품이 일으키는 변화에 치중해서**(無明)** 생멸연기가 시작되고, 각성정보가 의지로 전환되면서**(行-생멸문의 출현)**, 분별하고 비교하는 마음이 생겨났다. 그로 인해 식의 바탕이 여섯 가지로 나누어지고 여섯 가지 주체의식들이 생겨나게 되었다**(識-원초신의 출현). 의지의 분별성과 비교성으로 인해 다양한 생멸정보가 생성되고, 미는 힘이 식의 틀을 채우게 되면서 여섯 가지 주체의식 간에 교류가 일어나게 되었다. 이것을 명색(明色)이라 한다. 명색으로 인해 수많은 객체의식들이 생겨나고, 그 객체의식들이 주체의식에서 분열되어 나오면서 천지만물이 생겨났다. 천지만물은 일곱 종류가 있다. 신(神), 인간, 동물, 식물, 원생물, 무정물, 창조물이 그것이다. 천지만물로 인해 삼계가 생겨난다.

'**삼계의 마음은 명색(名色)에 의한 별도의 경계**'라는 말씀은 삼계를 이루는 중생들의 마음에는 별도의 명색이 일어나고 있고, 명색에 따라 형성되는 의식·감정·의지의 고유진동수로 인해 각각이 처해지는 세계가 달라진다는 뜻이다.

"이 경계는 허망한 것이며, 마음으로부터 변화해서 생긴다. 만약에 마음에 망령됨이 없으면, 곧 별도의 경계도 없다."
명색은 생멸정보와 근본정보, 각성정보가 교류하면서 생겨난다. 때문에 명색의 결과로 생겨나는 삼계와 의식·감정·의지가 허망한 것이다.
'**마음에 망령됨**'은 명색(名色)을 말한다.
'**별도의 경계**'란 의식·감정·의지를 말한다.

본문

大力菩薩言. 心若在淨. 諸境不生. 此心淨時. 應無三界.
대력보살언. 심약재정. 제경불생. 차심정시. 응무삼계.
佛言. 如是. 菩薩. 心不生境. 境不生心. 何以故？所見諸
불언. 여시. 보살. 심불생경. 경불생심. 하이고？소견제
境唯所見心. 心不幻化則無所見. 菩薩. 內無衆生. 三性空
경유소견심. 심불환화칙무소견. 보살. 내무중생. 삼성공
寂. 則無己衆. 亦無他衆. 乃至二入. 亦不生心. 得如是利.
적. 즉무기중. 역무타중. 내지이입. 역불생심. 득여시리.
則無三界.
즉무삼계.

대력보살이 여쭈었다. "만약에 마음이 깨끗할 것 같으면 여러 경계는 생기지 않을 것이니, 이 마음이 깨끗할 때는 마땅히 삼계가 없겠습니다."
부처님께서 말씀하셨다. "이와 같다. 보살이여, 마음이 경계를 생기게 한 것이 아니고, 경계도 마음을 일으키지 않는다. 어떤 까닭인가? 보게 되는 모든 경계는 오직 마음을 본 것이며, 마음이 환화(幻化)하지 않으면 곧 보게 된 것이 없다. 보살이여, 안으로 중생이 없고 삼성(三性)36)이 공적(空寂)하면, 곧 자기라는 중생이 없고 또한 타인이라는 중생이 없느니라. 이리하여 이입(二入)37)에 이르기까지도 또한 마음이 생기지 않

---

36) 삼성(三性). 변계소집성(遍計所執性), 의타기성(依他起性), 원성실성(圓成實性)
37) 이입(二入)은 이입(理入)과 행입(行入)이고, 초지 보살 이전은 이입으로

게 되나니, 이와 같은 이로움을 얻으면 곧 삼계가 없게 된다."

강설

대력보살이 여쭈었다. "만약에 마음이 깨끗할 것 같으면 여러 경계는 생기지 않을 것이니, 이 마음이 깨끗할 때는 마땅히 삼계가 없겠습니다."
마음이 깨끗한 것은 심식(心識)의 바탕과 본성이 깨끗한 것이다.
식(識)의 바탕은 청정하다. 무념처에 업식이 쌓여 식(識)이 되더라도 바탕은 늘 청정하여 훼손되지 않는다. 심(心)의 바탕도 마찬가지이다. 심식의 바탕에 업식이 쌓여지더라도 그 청정함이 훼손되지 않는다. 때문에 마음바탕에는 늘 편안함과 아무렇지 않은 자리가 있다.
심식의 바탕이 연(緣)해서 갖추어진 본성도 청정하다. 본성도 일체 경계에 물들지 않는다.
티끌에 현혹되고 물듦이 있는 것은 각성이다. 각성의 그러한 성향을 무명적 습성이라 한다.
명색이 일어나지 않고 마음이 깨끗하면 삼계가 없다.

부처님께서 말씀하셨다. "이와 같다. 보살이여, 마음이 경계를 생기게 한 것이 아니고, 경계도 마음을 일으키지 않

이치로 사유해서 들어가고, 초지 보살 이상은 행입으로 실행해서 들어간다.

는다."
마음이 청정할 때는 마음이 경계를 생기게 하지 않고 경계는 마음을 생기게 하지 않는다.
마음이 경계를 생기게 하지 않는 것은 청정한 마음바탕에서는 명색(名色)이 일어나지 않기 때문이다.
경계가 마음을 생기게 하지 않는 것은 청정한 마음바탕은 물듦이 없기 때문이다.

"어떤 까닭인가? 보게 되는 모든 경계는 오직 마음을 본 것이며, 마음이 환화(幻化)하지 않으면 곧 보게 된 것이 없다."
마음바탕의 청정함을 인식하지 못하면, 마음 안에서 명색(名色)이 일어난다. 명색이 일어나면 생멸정보가 교류되고 그 결과 육입(六入)과 촉·수·애·취(觸受愛取)가 일어난다.
'보게되는 여러 경계'는 명색으로 일어나는 안의 경계와 육입으로 인식하는 바깥 경계를 말한다.
'마음이 환화(幻化)'한 것은 명색과 육입, 촉·수·애·취가 일어난 것을 말한다.
마음이 육근과 본성에 머물고 명색과 육입, 촉·수·애·취가 일어나지 않으면 보게 된 것이 없다.

"보살이여, 안으로 중생이 없고 삼성(三性)이 공적(空寂)하면, 곧 자기라는 중생이 없고 또한 타인이라는 중생이 없느니라. 이리하여 이입(二入)에 이르기까지도 또한 마음이 생기지 않게 되나니, 이와 같은 이로움을 얻으면 곧 삼계가 없게 된다."
'안으로 중생이 없고'
안의 중생은 의식·감정·의지를 말한다.
'삼성(三性)이 공적(空寂)하면'
삼성(三性)이란 변계소집성(遍計所執性), 의타기성(依他起性), 원성실성(圓成實性)을 말한다.
변계소집성(遍計所執性)은 어떤 현상을 놓고 계산하고 따지고, 분별하고 집착하는 성향을 말한다. 그 결과 실제가 아닌 것을 실제라고 착각하게 된다. 업식과 명색으로 인해 생기는 성향이다. 본성의 인식과 육근청정법으로 제도한다.
의타기성(依他起性)은 다른 존재에 의지해서 일어나는 마음이다. 관계에 의존해서 생겨나는 허망한 마음이다. 인과의 얽매임에서 벗어나야 극복이 된다. 본성의 인식과 조화의 성취로써 인과에서 벗어난다.
원성실성(圓成實性)은 본래의 참다운 성품이다. 본성을 이루는 무념·무심·간극을 인식했을 때 갖추어진다. 원성실성으로 관계에서 오는 걸림과 업식을 제도한다.
'곧 자기라는 중생이 없고'
자기중생이란 자업(自業)을 말한다. 본성과 육근의 청정함에 머물게되면 자업도 제도되서 청정해진다는 말씀이시다.
'또한 타인이라는 중생이 없느니라'
타인중생이란 밖의 경계를 말한다. 본성과 육근청정에 머물게 되면 밖의 경계도 청정해진다는 말씀이시다.
'이리하여 이입(二入)에 이르기까지도 또한 마음이 생기지 않게 되나니'
이입(二入)이란 이입(理入)과 행입(行入)을 말한다. 이입(理入)이란 각성이 주체가 되어 본성의 적멸상에 들어가는 것이다. 본각으로 대적정과 불념처관을 행하는 것이다. 행입(行入)이란 념처(念處)가 주체가 되어 육근청정을 이루고 심아(心我)를 함께 제도하는 것이다. 6념처관법 중 5념처관법이 쓰여진다. 이입(二入)의 마음이 생기지 않는 것은 무명색(無名色)하고 무육입(無六入)해서 심식의 바탕과 본성을 함께 인식했기 때문이다.
'이와 같은 이로움을 얻으면 곧 삼계가 없게 된다.'
본성을 인식하고 육근청정을 이루고 본성과 각성으로 진여문에 들어가면 삼계를 벗어난다는 말씀이시다.

본문

大力菩薩言. 云何二入不生於心？心本不生. 云何有入？
대력보살언. 운하이입불생어심？심본불생. 운하유입？
佛言. 二入者. 一謂理入. 二謂行入. 理入者深信眾生不異
불언. 이입자. 일위리입. 이위행입. 리입자심신중생불이
真性. 不一. 不共. 但以客塵之所翳障. 不去. 不來. 凝住
진성. 불일. 불공. 단이객진지소예장. 불거. 불래. 응주

覺觀. 諦觀佛性. 不有. 不無. 無己. 無他. 凡聖不二. 金
각관. 체관불성. 불유. 불무. 무기. 무타. 범성불이. 금
剛心地. 堅住不移. 寂靜無爲. 無有分別. 是名理入. 行入
강심지. 견주불이. 적정무위. 무유분별. 시명리입. 행입
者心不傾倚. 影無流易. 於所有處. 靜念無求. 風鼓不動.
자심불경의. 영무류역. 어소유처. 정념무구. 풍고부동.
猶如大地. 捐離心我. 救度衆生. 無生. 無相. 不取. 不捨.
유여대지. 연리심아. 구도중생. 무생. 무상. 불취. 불사.
菩薩! 心無出入. 無出入心. 入不入故. 故名爲入. 菩薩.
보살. 심무출입. 무출입심. 입불입고. 고명위입. 보살.
如是入法. 法相不空. 不空之法. 法不虛棄. 何以故?
여시입법. 법상불공. 불공지법. 법불허기. 하이고?
不無之法. 具足功德. 非心. 非影. 法爾淸淨.
불무지법. 구족공덕. 비심. 비영. 법이청정.

대력보살이 여쭈었다. "어떻게 이입(二入)에서 마음이 생기지 않습니까? 마음의 근본은 생기지 않는 것인데, 어떻게 들어감이 있습니까?"
부처님께서 말씀하셨다. "이입(二入)이라는 것은 하나는 이치로 들어감(理入)이고, 둘은 행으로 들어감(行入)이다.
이치로 들어감은 중생이 진성(眞性)과 다르지 않지만 하나(같음)도 아니요, 함께 하지도 않는 것을 깊게 믿는 것이니라. 다만 객진(客塵)에 가려진 것이고, 가지도 않고 오지도 않는다.

각관(覺觀)에 굳건하게 머물고, 불성(佛性)을 자세히 관(觀)하여서 유(有)도 아니고 무(無)도 아니며, 자기도 없고 타인도 없으며, 범부와 성인이 둘이 아닌 금강(金剛)심지(心地)에 견고하게 머물러 움직이지 않으며, 적정(寂靜)하고 무위(無爲)이고 분별함이 없으면, 이것이 이치로 들어가는 것이라 부르는 것이니라.

행함으로 들어간다는 것은 마음이 어디로 기울거나 의지하지 아니하고, 그림자가 흘러서 변하는 것이 없고, 모든 처소에서 고요히 염(念)하되 구함이 없고, 바람이 두드려도 움직이지 않기가 마치 대지(大地)와 같으며, 심아(心我)를 덜어내고 떠나며, 중생을 구도(救度)하되 무생(無生)이고 무상(無相)이며, 취함이 없고 버림도 없는 것이니라.

보살이여, 마음에 출입이 없고, 출입이 없는 마음은 들어오되 들어오지 않는 것이므로, 들어오는 것이라 부르느니라.

보살이여, 이와 같이 법에 들어가되, 법상(法相)이 공(空)하지 아니하며, 공(空)하지 않은 법이지만 헛되이 버리지 않느니라. 어떤 까닭인가? 없는 것이 아닌 법은 공덕을 갖추고 있으며, 마음도 아니요 그럼지도 아니며, 법 그대로가 청정하느니라."

강설

대력보살이 여쭈었다. "어떻게 이입(二入)에서 마음이 생기지 않습니까? 마음의 근본은 생기지 않는 것인데, 어떻게 들어감이 있습니까?"
이입(二入)에서 마음이 생기지 않는 이치와 마음의 근본으로 들어가는 방법에 대해서 여쭙는 대목이다.
 '마음의 근본은 생기지 않는'다는 것은 본성은 생겨나는 것이 아니라는 말이다.

부처님께서 말씀하셨다. "이입(二入)이라는 것은 하나는 이치로 들어감(理入)이고, 둘은 행으로 들어감(行入)이다.
이치로 들어감(理入)은 중생이 진성(眞性)과 다르지 않지만"
중생의 진성(眞性)은 본각(本覺)을 체득해서 본성의 적멸상(寂滅相)에 머물 줄 아는 것이다. 중생이 본각을 체득하지 못하면 가성(假性)에 머문다.
이치로 들어가는 것은 중생의 진성에 들어가는 것과 같다는 말씀이시다.

"하나(같음)도 아니요, 함께 하지도 않는 것을 깊게 믿는 것이니라. 다만 객진(客塵)에 가려진 것이고, 가지도 않고 오지도 않는다."
이 말씀을 깊이 믿으라는 뜻이다.
 '하나(같음)가 아니요'
중생의 진성을 이루는 요소는 하나가 아니라는 말씀이시다. 본성은 적상·정상·적멸상으로 이루어져 있음을 말씀하시는 것이다.

'함께 하지도 않는 것'
본성을 이루는 적상과 정상은 서로 연(緣)하지만 합쳐진 것은 아니다.
'다만 객진(客塵)에 가려진 것이고, 가지도 않고, 오지도 않는다.'
중생의 본성은 본래 가지도 않고 오지도 않는 것이지만 다만 객진에 가려져 있는 상태라는 말씀이시다.

"각관(覺觀)에 굳건하게 머물고"
각성으로 본성을 이루고 있는 세 가지 요소를 관(觀)해서 굳건하게 머무르라는 말씀이시다.
"불성(佛性)을 자세히 관(觀)하여서"
본성의 적멸상(寂滅相)에 머물러서 적상(寂相)과 정상(靜相)을 함께 관(觀)하고, 세 가지 형질의 다른 점을 들여다보는 것이 불성(佛性)을 자세히 관(觀)하는 것이다.
"유(有)도 아니고 무(無)도 아니며"
적상과 정상, 적멸상의 형상은 유(有)도 아니고 무(無)도 아니다. 유(有)가 아니면서 공적(空寂)하고 무(無)도 아니면서 명백(明白)하다.
"자기도 없고 타인이 없으며"
불성의 자리에는 자타가 없다.
"범부와 성인이 둘이 아닌"
그 자리에서는 범부와 성인이 둘이 아니다.

"금강(金剛)심지(心地)에 견고하게 머물러 움직이지 않으며, 적정(寂靜)하고 무위(無爲)이고 분별함이 없으면"
적멸상에 견고하게 머물러서 옮기지 않으면 적정(寂靜)하고 무위(無爲)이며, 분별이 없다는 말씀이시다.
"이것이 이치로 들어가는 것이라 부르는 것이니라"
이것이 이치로 들어가는 것이라는 말씀이시다.
이입(理入)은 아라한과의 대적정과 불념처관(佛念處觀)을 행하는 것을 말한다.

"행함으로 들어간다는 것은(行入) 마음이 어디로 기울거나 의지하지 아니하고"
'마음이 기울지 않는 것'은 본성을 이루는 세 가지 요소와 밝은성품을 함께 관하면서 생멸심과 경계에 빠지지 않는다는 의미이다. 법념처관, 승념처관, 계념처관, 시념처관을 행하는 것이다.
행입(行入)은 보살도 7지 원행지(遠行地)와 8지 부동지(不動地)의 과정에서 행해지는 5념처관을 말한다.
"그림자가 흘러서 변하는 것이 없고"
그림자란 생멸심과 경계를 말한다. 생멸심과 경계를 법념하고, 계념(戒念)하고, 승념(僧念)하고, 시념(施念)하리는 의미이다.
"모든 처소에서 고요히 염(念)하되 구함이 없고"
다만 고요하게 5념처관을 행할 뿐 따로이 구함이 없다는 뜻이다.
"바람이 두드려도 움직이지 않기가 마치 대지(大地)와 같으며"
8지 부동지에 들어간 것을 말한다.
"심아(心我)를 덜어내고 떠나며"
5념처관으로 생멸심과 생멸의 아(我)를 제도하고 보살도 8지 부동지에 들어간다는 뜻이다.
"중생을 구도(救度)하되"
6념처관으로 안팎의 중생을 함께 제도한다.
"무생(無生)이고 무상(無相)이며"
부동지에 머물러서 무생(無生)이고 무상(無相)이다.
"취함이 없고 버림도 없는 것이니라"
경계든 업식이든 취하지도 않고 버리지도 않는다.

"보살이여, 마음에 출입이 없고, 출입이 없는 마음은 들어오되 들어오지 않는 것이므로, 들어오는 것이라 부르느니라."
이입(理入)으로 마음에 출입이 없고, 행입(行入)으로 들어가지 않음에 들어간다. 때문에 이름이 이입(二入)이라고 말씀하신다.

"보살이여, 이와 같이 법에 들어가되, 법상(法相)이 공(空)하지 아니하며"
이입(二入)의 법은 법상이 허망하지 않다는 말씀이시다.
"공(空)하지 않은 법이지만 헛되이 버리지 않느니라."

허망하지 않은 법이기에 법을 헛되이 버리지 말라는 말씀이시다.

"어떤 까닭인가? 없는 것이 아닌 법은 공덕을 갖추고 있으며, 마음도 아니요 그림자가 아니며, 법 그대로가 청정하느니라."

허망하지 않는 법은 공덕을 구족하고, 마음이 아니고 환(幻)이 아니라는 말씀이시다.
그런 법은 청정하다고 말씀하신다.

본문

大力菩薩言. 云何非心. 非影. 法爾清淨? 佛言. 空如之
대력보살언. 운하비심. 비영. 법이청정? 불언. 공여지
法. 非心識法. 非心使所有法. 非空相法. 非色相法. 非心
법. 비심식법. 비심사소유법. 비공상법. 비색상법. 비심
有爲不相應法. 非心無爲是相應法. 非所現影. 非所顯示.
유위불상응법. 비심무위시상응법. 비소현영. 비소현시.
非自性. 非差別. 非名. 非相. 非義. 何以故? 義無如故.
비자성. 비차별. 비명. 비상. 비의. 하이고? 의무여고.
無如之法. 亦無無如. 無有無如. 非無如有. 何以故? 根理
무여지법. 역무무여. 무유무여. 비무여유. 하이고? 근리
之法. 非理. 非根. 離諸諍論. 不見其相. 菩薩. 如是淨法.
지법. 비리. 비근. 이제쟁론. 불견기상. 보살. 여시정법.

지법. 비리. 비근. 리제쟁론. 불견기상. 보살. 여시정법.
非生之所生生. 非滅之所滅滅.
비생지소생생. 비멸지소멸멸.

대력보살이 여쭈었다. "어떻게 마음도 아니고 그림자가 아니며, 법이 그러하고 청정합니까?"
부처님께서 말씀하셨다. "공(空)과 여(如)의 법은 심식(心識)의 법이 아니고, 마음이 시키는 모든 법도 아니니라. 공상(空相)의 법이 아니고, 색상(色相)의 법이 아니니라. 마음이 아니어서 유위(有爲)와 상응하지 않는 법이고, 마음이 아니어서 무위(無爲)와 상응하는 법이며, 드러난 그림자도 아니며, 어떠한 현상으로 드러내어 보여준(顯示) 것도 아니니라. 자성(自性)도 아니며, 차별도 아니요, 이름도 아니며, 모습이 아니요, 올바름도 아니니라. 어떤 까닭인가? 올바름(義)에는 여(如)가 없기 때문이다. 무여(無如)의 법은 역무무여(亦無無如)하고, 무여(無如)에는 있음이 없으며, 무여(無如)는 있음이 아니다. 어떤 까닭인가? 근본 이치의 법은 이치가 아니고 근본이 아니요, 모든 쟁론을 떠나 그 모습을 볼 수도 없기 때문이다. 보살이여, 이와 같이 청정한 법은 생(生)이되 생(生)으로 생긴 것이 아니며, 멸(滅)이되 멸(滅)로써 멸해지는 것이 아니니라."

강설

대력보살이 여쭈었다. "어떻게 마음도 아니고 그림자가 아니며, 법이 그러하고 청정합니까?"
'마음이 아니라는 것'은 심식의(心識意)가 아니라는 뜻이다.
'그림자가 아니라는 것'은 환(幻)이 아니고 실제(實諸)라는 뜻이다.

부처님께서 말씀하셨다. "공(空)과 여(如)의 법은 심식(心識)의 법이 아니고, 마음이 시키는 모든 법도 아니니라. 공상(空相)의 법이 아니고, 색상(色相)의 법이 아니니라. 마음이 아니어서 유위(有爲)와 상응하지 않는 법이고, 마음이 아니어서 무위(無爲)와 상응하는 법이며, 드러난 그림자도 아니며, 어떠한 현상으로 드러내어 보여준(顯示) 것도 아니니라. 자성(自性)도 아니며, 차별도 아니요, 이름도 아니며, 모습이 아니요, 올바름도 아니니라."
'공(空)과 여(如)의 법'
여(如)의 법은 이입(理入)으로 들어가는 대적정의 금강지지(金剛地智)를 말하고, 공의 법은 행입(行入)으로 들어가는 보살도 8지 부동지(不動地)를 말한다.
'심식(心識)의 법이 아니고,'
감정과 의식으로 생기는 법이 아니라는 말씀이시다.
'마음이 시키는 모든 법이 아니며,'
생멸심이 시키는 모든 법이 아니라는 말씀이시다.
'공상(空相)의 법이 아니고,'

공상이란 허망한 것을 말한다. 허망한 법이 아니라는 말씀이시다.
'색상(色相)의 법이 아니며,'
색상이란 6식으로 인식하는 형상을 말한다. 6식으로 인식할 수 있는 법이 아니라는 말씀이시다.
'마음이 아니어서 유위(有爲)와 상응하지 않는 법이고'
생멸심이 아니어서 유위와 상응하지 않는 법이라는 말씀이시다.
'마음이 아니어서 무위(無爲)와 상응하는 법이며'
생멸심이 아니어서 무위와 상응하는 법이라는 말씀이시다.
'드러난 그림자도 아니며'
환(幻)이 아니라는 말씀이시다.
'어떠한 현상으로 드러내어 보여준(顯示) 것도 아니니라'
환(幻)을 나타내서 보여준 것이 아니라는 말씀이시다.
'자성(自性)도 아니며'
개체식 안에서 일어나는 것이 아니고 진여식 안에서 일어나는 것이라는 말씀이시다.
'차별도 아니요'
분별로써 지어지는 것이 아니라는 말씀이시다.
'이름도 아니며'
명색(名色)으로써 지어지는 것도 아니라는 말씀이시다.
'모습이 아니요'
형상이 아니라는 말씀이시다.

'올바름도 아니니라'
옳고 그른 것이 아니라는 말씀이다.

"어떤 까닭인가? 올바름(義)에는 여(如)가 없기 때문이다."
옳고 그름의 분별에 입각해서 여(如)가 드러나지 않는다는 말씀이시다.

"무여(無如)의 법은 역무무여(亦無無如)하고"
'**역무무여(亦無無如)**'의 역무(亦無)는 보살도의 진여수행을 말한다. 역무무여는 보살도의 과정을 통해 무여를 성취한다는 말씀이시다.

본원본제의 본성을 여(如)라고 하고 아라한이 대적정에 들어있는 것도 여(如)라고 한다.
본원본제와 아라한이 제도하지 못한 향하문적 성향을 유여(有如)라 한다. 각성의 무명적 습성과 밝은성품의 자연적 성향을 유여(有如)라 한다.
무여(無如)는 향하문적 성향이 제도된 상태이다.
무여열반은 향하문적 성향을 제도한 상태에서 들어가는 열반이다. 향하문적 성향이 남아있으면 대적정에 들어가도 생멸연기와 진여연기에 얽매이게 된다.
무여(無如)열반은 등각(等覺)의 상태에서 성취된다.

"무유무여(無有無如) 무여(無如)에는 있음이 없고"
무여에는 있음이 없다는 말씀이시다.
"비무여유(非無如有) 무여(無如)는 있음이 아니다."
무여는 유(有)가 아니라는 말씀이시다.

"어떤 까닭인가? 근본 이치의 법은 이치가 아니고 근본이 아니요, 여러 쟁론을 떠나 그 모습을 볼 수도 없기 때문이다."
'근본 이치의 법'이란 근본의 이치를 다룬 법을 말한다. 근본의 이치를 다룬 법은 생멸의 이치가 아니고, 생멸의 근본이 아니며, 여러 쟁론을 떠나며, 그 형상을 보지 못한다는 말씀이시다.

"보살이여, 이와 같이 청정한 법은 생(生)이되 생(生)으로 생긴 것이 아니며, 멸(滅)이되 멸로써 멸해지는 것이 아니니라."
무여의 청정법은 유생(有生)으로써 생긴 것이 아니고 새롭게 생성되는 것도 아니며, 멸법(滅法)으로 멸(滅)해지는 것도 아니고 멸(滅)하려고 해도 없어지는 것이 아니라는 말씀이시다.

본문

大力菩薩言. 不可思議. 如是法相. 不合成. 不獨成. 不羈.

대력보살언. 불가사의. 여시법상. 불합성. 불독성. 불기.
不絆. 不聚. 不散. 不生. 不滅. 亦無來相及以去住. 不可
불반. 불취. 불산. 불생. 불멸. 역무래상급이거주. 불가
思議. 佛言. 如是. 不可思議! 不思議心. 心亦如是. 何以
사의. 불언. 여시. 불가사의. 부사의심. 심역여시. 하이
故? 如不異心. 心本如故. 衆生佛性. 不一. 不異. 衆生
고? 여불이심. 심본여고. 중생불성. 불일. 불이. 중생
之性. 本無生滅. 生滅之性. 性本涅槃. 性相本如. 如無動
지성. 본무생멸. 생멸지성. 성본열반. 성상본여. 여무동
故. 一切法相. 從緣無起. 起相性如. 如無所動. 因緣性相.
고. 일체법상. 종연무기. 기상성여. 여무소동. 인연성상.
相本空無. 緣緣空空. 無有緣起. 一切緣法. 惑心妄見.
상본공무. 연연공공. 무유연기. 일체연법. 혹심망견.
現本不生. 緣本無故. 心如法理. 自體空無. 如彼空王. 本
현본불생. 연본무고. 심여법리. 자체공무. 여피공왕. 본
無住處. 凡夫之心. 妄分別見. 如如之相. 本不有無. 有無
무주처. 범부지심. 망분별견. 여여지상. 본불유무. 유무
之相. 見唯心識. 菩薩! 如是心法. 不無自體. 自體不有.
지상. 견유심식. 보살. 여시심법. 불무자체. 자체불유.
不有不無. 菩薩. 無不無相. 非言說地. 何以故? 眞如之法.
불유불무. 보살. 무불무상. 비언설지. 하이고? 진여지법.
虛曠無相. 非二乘所及. 虛空境界. 內外不測. 六行之士.
허광무상. 비이승소급. 허공경계. 내외불측. 륙행지사.

乃能知之.
내능지지.

대력보살이 말하였다. "불가사의합니다. 이와 같은 법상(法相)은 합하여 이루어진 것도 아니요, 홀로 이루어진 것도 아닙니다. 얽매이지도 않고, 묶이지도 않으며, 모이는 것도 아니고, 흩어지는 것도 아니며, 생기는 것도 아니요, 없어지는 것도 아니며, 또한 오는 모습이나 가서 머무는 모습이 없으니 참으로 불가사의합니다."
부처님께서 말씀하셨다. "이와 같다. 불가사의하고도 부사의(不思議) 하느니라. 마음 또한 이와 같다. 어떤 까닭인가? 여(如)는 마음과 다르지 않고, 마음은 본래 여(如)이기 때문이다. 중생과 불성은 하나도 아니요, 다른 것도 아니니라. 중생의 근본인 성(性)에는 생멸이 없고, 생멸의 성(性)은 그 근본이 열반이니라. 성(性)과 상(相)의 근본은 여(如)이고, 여(如)는 움직임이 없는 고로, 일체의 법상은 연(緣)으로부터 일어남이 없다. 일어나는 모습의 성(性)이 여(如)이고, 여(如)는 움직이는 바가 없는 것이니라. 인연의 성(性) 상(相)에서 그 상(相)은 본래 공(空)하고 무(無)하다. 연(緣)의 연(緣)이 공공(空空)하고 연기(緣起)가 없으니, 일체의 연법(緣法)은 미혹된 마음으로 망령되게 보는 것이다.
나타난 것은 본래 생김이 없는 것이니, 연(緣)이 본래 없는 까닭이다. 마음의 여(如)의 법리(法理)는 자체가 공(空)하고 없다. 저 공왕(空王/허공)과 같이 그 근본은 머무는 곳이 없는데, 범부의 마음이 망령되게 분별하여 본다. 여여(如如)지상(相)의 근본에는 유무(有無)가 없고, 유무(有無)의 상(相)은 오직 심식(心識)을 본 것이다. 보살이여, 이와 같은 심법(心法)은 자체가 없는 것도 아니며, 있는 것도 아니요, 있지 않고 없지 않다. 보살이여, 무상(無相)이 없다느니 없지 않다느니 하는 모습은 언설(言說)로 도달하는 경지가 아니다. 어떤 까닭인가? 진여(眞如)의 법은 텅 비어서 무상(無相)이니, 이승(二乘)이 미칠수 있는 경지가 아니기 때문이다. 허공의 경계는 안과 밖을 헤아릴 수 없는 것이니, 육행(六行)[38]의 선비라야 이것을 알 수 있느니라."

강설

연(緣)으로써 여(如)의 성(性)이 갖추어진다. 여시성(如是性)의 능성(能性)으로써 각성(覺性)이 생겨난다. 여시성과 각성으로 여시상(如是相)이 갖추어진다.

여시성을 놓고 각성이 대사(代謝)를 행한다. 무념(寂相)·무심(靜相)·간극(寂滅相) 사이를 오고 가는 것이 대사(代謝)이다. 대사로 인해 밝은성품이 생성되는 양이 달라진다. 밝은성품과 각성, 무념, 무심, 간극으로 인해 여시체(如是體)가 갖추어진다. 여시체 안에서 밝은성품 간의 부딪침이 일

---

38) 육행(六行). 보살의 십신, 십주, 십행, 십회향, 십지, 등각의 행(行)

어나고 여시력(如是力)이 생겨난다.
여시력으로 인해 본연(本緣)이 생겨나고, 자연(自然)과 인연(因然)이 생겨난다.
본연이 곧 첫 번째 환(幻)이다. 자연이 두 번째 환이고, 인연이 세 번째 환이다. 두 번째 세 번째 환에서 생멸연기와 진여연기가 일어난다.
중생은 생멸연기의 소산(所産)이다. 중생의 마음 바탕에 내재된 본성은 환(幻)의 소산일 뿐, 실제가 아니다. 중생의 마음 바탕을 이루고 있는 환(幻)을 실제로 바꿔 가기 위해서는 본각(本覺)을 증득해야 한다.
이입(理入)으로써 본각이 성취된다. 본각을 성취한 사람은 각성의 무명적 습성을 제도해서 무여(無如)를 이루어야 한다.
이 내용을 전제로 놓고 위의 말씀을 해석해야 한다.

대력보살이 말하였다. "불가사의합니다. 이와 같은 법상(法相)은 합하여 이루어진 것도 아니요, 홀로 이루어진 것도 아닙니다. 얽매이지도 않고, 묶이지도 않으며, 모이는 것도 아니고, 흩어지는 것도 아니며, 생기는 것도 아니요, 없어지는 것도 아니며, 또한 오는 모습이나 가서 머무는 모습이 없으니 참으로 불가사의합니다."
이와 같은 법상은 향하문적 성향이 제도된 무여(無如)의 성(性)과 상(相)을 말한다. 곧 등각의 상태에서 갖추어진 불이문(不二門)을 말한다. 불이문을 이루는 공여래장과 불공여래장은 합하여 이루어지지 않는다. 간극으로 동떨어져 있기 때문이다.
홀로 이루어지지 않는다. 공여래장과 불공여래장이 한자리를 이루기 때문이다.
얽매이지 않고, 묶이지 않는다. 제도된 그리움으로 서로 연(緣)하고 있기 때문이다.
모이지 않고, 흩어지지 않는다. 체성(體性)을 갖추고 있기 때문이다.
생기지 않고, 없어지지 않는다. 생멸상(生滅相)을 여의었기 때문이다.
오는 모습과 가서 머무는 것이 없다. 본성의 적멸상(寂滅相)을 여읜 바가 없기 때문이다.

부처님께서 말씀하셨다. "이와 같다. 불가사의하고도 부사의(不思議) 하느니라. 마음 또한 이와 같다."
부처님께서도 대력보살의 말과 같다고 말씀하신다.
그러면서 마음 또한 이와 같다고 말씀하신다. 이때의 마음은 본성과 심식의(心識意)를 말한다.

"어떤 까닭인가? 여(如)는 마음과 다르지 않고, 마음은 본래 여(如)이기 때문이다."
여(如)와 마음이 다르지 않은 것은 심식의 바탕이 갖추고 있는 적상과 정상이다.

때문에 부처님께서는 마음은 본래 여(如)라고 말씀하신다.
'본래 여(如)인 마음이 어떻게 의식·감정·의지를 갖추게 되었을까?' 이것이 이 대목에서 생각해 봐야 할 명제이다.

"중생과 불성은 하나도 아니요, 다른 것도 아니니라."
'중생과 불성이 하나가 아닌 것'은 심식의 바탕이 서로 연(緣)하지 못했기 때문이다. 각성이 부족해서 심식의 바탕이 연(緣)해지지 않는다.
'중생과 불성이 다르지 않은 것'은 중생이 갖고 있는 심식의 바탕도 공적하기 때문이다.

"중생의 근본인 성(性)에는 생멸이 없고, 생멸의 성(性)은 그 근본이 열반이니라."
'중생의 근본인 성(性)에는 본래 생멸이 없다'는 것은 중생의 본성을 이루고 있는 심식의 바탕은 생겨나고 멸해지는 것이 아니라는 말씀이다.
'생멸의 성(性)은 그 근본이 열반이다.'라는 것은 심식의 바탕 또한 그 근본이 열반이라는 말씀이시다.

"성(性)과 상(相)의 근본은 여(如)이고, 여(如)는 움직임이 없는 것이니라. 일체의 법상은 연(緣)으로부터 일어남이 없다."
성(性)은 적상(寂相)·정상(靜相)·적멸상(寂滅相)으로 이루어져 있고, 상(相)은 성(性)의 세 가지 요소에다 각성(覺性)이 더

해져 있다.
성(性)과 상(相)의 근본이 여(如)라는 것은 중생의 성과 상을 이루고 있는 근본이 여(如)라는 말씀이시다.
'**여(如)가 움직임이 없다는 것**'은 여(如)를 이루고 있는 세 가지 요소는 바뀌지 않는다는 뜻이다.
'**일체의 법상(法相)은 연(緣)으로부터 일어남이 없다**'는 것은 본원본제의 법상과 본연의 법상, 천지만물의 법상은 연으로부터 생기는 것이 아니라는 말씀이다.
본원본제의 법상은 대사로써 생겨나고 본연의 법상은 연기로써 생겨나며, 천지만물의 법상은 명색으로 생겨난다.

"일어나는 모습의 성(性)이 여(如)이고, 여(如)는 움직이는 바가 없는 것이니라. 인연의 성(性) 상(相)에서 (因緣性相) 그 상(相)은 본래 공(空)하고 무(無)하다. (相本空無)"
'**일어나는 모습의 성(性)이 여(如)라는 것**'은 심식의로 일어나는 모든 변화의 바탕에는 여(如)가 있다는 말씀이시다.
'**여(如)는 움직이는 바가 없는 것**'은 심식의로 일어나는 어떠한 변화에도 여(如)는 움직인 바가 없다는 말씀이시다.
'**인연의 성(性) 상(相)에서 그 상은 본래 공(空)하고 무(無)하다**'
인연성상이란 인연의 바탕이 갖추고 있는 모습을 말한다. 인연의 바탕은 그 모습이 공하고 무하다는 말씀이시다.
'**인연의 성상이 공한 것**'은 심식의 바탕이 적상과 정상을 갖추고 있기 때문이고, '인연의 성상이 무한 것'은 유상이 아니고 무상이기 때문이다.

"연(緣)의 연(緣)이 공공(空空)하고 연기(緣起)가 없으니, 일체의 연법(緣法)은 미혹된 마음으로 망령되게 보는 것이다."
'연연(緣緣)이 공공(空空)하고 연기가 없다'는 것은 심식의 바탕이 능연(能緣)으로 만나면 그때의 연은 공(空)과 공(空)이 만나는 것이기 때문에 그 상태에서는 연기가 일어나지 않는다는 말씀이시다.
'일체의 연법(緣法)'은 생멸연기가 일어나는 연기법(緣起法)을 말한다.
'미혹된 마음으로 망령되게 보는 것'은 생멸연기가 일어나는 것은 환(幻)의 마음에서 일어났다는 말씀이시다.
본연의 환심(幻心)에서 생멸연기가 일어났다는 말씀이시다.

"나타난 것은 본래 생김이 없는 것이니, 연(緣)이 본래 없는 까닭이다. 마음의 여(如)의 법리(法理)는 자체가 공(空)하고 없다."
'나타난 것은 본래 생김이 없는 것'
'나타난 것'이란 의식·감정·의지를 말한다. '본래 생김이 없는 것'은 본성이 아니기 때문이다.
능연으로 여(如)를 이룬 존재는 무여행(無如行)을 통해서 일체의 생멸심이 생겨나지 않도록 한다. 반면에 수연(隨緣)

으로 생겨난 여(如)는 필연적으로 연기(緣起)를 일으켜서 생멸심이 나타나도록 한다. 등각보살이 능연생명이고 본원본제가 수연생명이다. 또한 불(佛)이 능연생명이고 중생이 수연생명이다.

'연(緣)이 본래 없는 까닭이다'
연(緣)이 본래 없다는 것은 본성을 이루지 못했다는 뜻이다. 심식의로 나타나는 마음은 본성을 이루지 못했기 때문에 생겨난 것이 아니라는 말씀이다.

'마음의 여(如)의 법리(法理)는 자체가 공(空)하고 없다'는 것은 마음을 이루고 있는 심과 식의 이치는 공(空)하고 무(無)하다는 말씀이시다.

"저 공왕(空王/허공)과 같이 그 근본은 머무는 곳이 없는데, 범부의 마음이 망령되게 분별하여 본다."
본성의 적상과 정상, 적멸상은 허공과 같고 그 근본인 심식(心識)의 바탕은 머무는 곳이 없는데, 범부가 생멸심으로 분별해서 본다는 말씀이시다.

"여여(如如)지상(相)의 근본에는 유무(有無)가 없고 (如如之相本不有無) 유무(有無)의 상(相)은 오직 심식(心識)을 본 것이다."
의식·감정·의지에는 유무(有無)가 있으나, 여(如)의 근본인 심식의 바탕에는 유무(有無)가 없다.

유무(有無)를 보았다면 심(心)과 식(識)을 본 것이지 심식의 바탕을 본 것이 아니라는 말씀이시다.

"보살이여, 이와 같은 심법(心法)은 자체가 없는 것도 아니며, 있는 것도 아니요, 있지 않고 없지 않다."
이와 같은 마음의 법이 '자체가 없는 것도 아닌 것'은 성취의 대상이기 때문이다.
이와 같은 마음의 법이 '자체가 있는 것도 아닌 것'은 무위법(無爲法)이기 때문이다.
이와 같은 마음의 법이 '있지 않고 없지 않은 것'은 머물지 않아야 하기 때문이다.

"보살이여, 무상(無相)이 없다느니 없지 않다느니 하는 모습은 언설(言說)로 도달하는 경지가 아니다."
무상(無相)이 없지 않음은 말로써 따질 일이 아니라는 말씀이시다.

"어떤 까닭인가? 진여(眞如)의 법은 텅 비어서 무상(無相)이니, 이승(二乘)이 미칠 수 있는 경지가 아니기 때문이다."
이 때의 진여의 법은 등각도를 말한다. 등각의 법은 공하고 무상이며 보살도의 견지로는 이해할 수 없다는 말씀이시다.

"허공의 경계는 안과 밖을 헤아릴 수 없는 것이니, 육행(六行)의 선비라야 이것을 알 수 있느니라."
허공경계란 무여(無如)의 경계를 말한다.
육행의 선비란 십신, 십주, 십회향, 십행, 십지, 등각을 성취한 사람을 말한다.

본문

大力菩薩言. 云何六行? 願爲說之. 佛言. 一者. 十信行.
대력보살언. 운하륙행? 원위설지. 불언. 일자. 십신행.
二者. 十住行. 三者. 十行行. 四者. 十迴向行. 五者.
이자. 십주행. 삼자. 십행행. 사자. 십회향행. 오자.
十地行. 六者. 等覺行. 如是行者. 乃能知之.
십지행. 륙자. 등각행. 여시행자. 내능지지.
大力菩薩言. 實際覺利無有出入. 何等法心得入實際?
대력보살언. 실제각리무유출입. 하등법심득입실제?
佛言. 實際之法. 法無有際. 無際之心. 則入實際.
불언. 실제지법. 법무유제. 무제지심. 즉입실제.

대력보살이 여쭈었다. "육행(六行)은 어떤 것입니까? 원컨대 설하여주십시오."
부처님께서 말씀하셨다. "첫째는 십신(十信)의 행(行)이요, 둘째 십주(十住)의 행이요, 셋째는 십행(十行)의 행이요, 넷째는 십회향(十回向)의 행이요, 다섯째는 십지(十地)의 행이요, 여섯째는 등각(等覺)의 행이다. 이와 같이 실행하는 사람이라야 능히 알 수 있느니라."
대력보살이 여쭈었다. "실제(實際)각리(覺利)에는 나가고 들어옴이 없나니, 어떠한 법들로써 마음이 실제에 들어갈 수 있습니까?"
부처님께서 말씀하셨다. "실제의 법은 그 법에 틀이 없고, 틀이 없는 마음이 곧 실제에 들어간다."

강설

대력보살이 여쭈었다. "육행(六行)은 어떤 것입니까? 원컨대 설하여주십시오."
오십과위와 등각도의 절차에 대해서 여쭙는 대목이다.

부처님께서 말씀하셨다. "첫째는 십신(十信)의 행(行)이요, 둘째는 십주(十住)의 행이요, 셋째는 십행(十行)의 행이요, 넷째는 십회향(十回向)의 행이요, 다섯째는 십지(十地)의 행이요, 여섯째는 등각(等覺)의 행이다. 이와 같이 실행하는 사람이라야 능히 알 수 있느니라."
십신(十信)이란 신심(信心), 염심(念心), 정진심(精進心), 혜심(慧心), 정심(定心), 호법심(護法心), 회향심(廻向心), 계심(戒心), 사심(捨心), 원심(願心)를 말한다.

십주(十住)란 발심주(發心住), 치지주(治地住), 수행주(修行住), 생귀주(生貴住), 구족방편주(具足方便住), 정심주(正心住), 불퇴주(不退住), 동진주(童眞住), 법왕자주(法王子住), 관정주(灌頂住)를 말한다.

십행이란 환희행(歡喜行), 요익행(饒益行), 무위역행(無違逆行), 무굴요행(無屈撓行), 이치란행(離癡亂行), 선현행(善現行), 무착행(無着行), 난득행(難得行), 선법행(善法行), 진실행(眞實行)을 말한다.

십회향이란 구호일체중생리중생상회향(救護一切衆生離衆生相廻向), 불괴회향(不壞廻向), 등일체불회향(等一切佛廻向), 지일체처회향(至一切處廻向), 무진공덕장회향(無盡功德藏廻向), 수순일체견고선근회향(隨順一切堅固善根廻向), 수순등관일체중생회향(隨順等觀一切衆生廻向), 여상회향(如相廻向), 무박무착해탈회향(無縛無着解脫廻向), 법계무량회향(法界無量廻向)을 말한다.

십지란 환희지, 이구지, 발광지, 염혜지, 난승지, 현전지, 원행지, 부동지, 선혜지, 법운지를 말한다.
십신(十信)은 보살이 갖추어야 할 열 가지 마음을 말한다.
'신심(信心)'은 보살이 갖추고 있는 믿음이다.
보살은 두 가지 믿음을 갖고 있다.

첫 번째 믿음은 부처님의 가르침은 한 치도 어긋남이 없다는 믿음이다. 그 믿음을 바탕으로 묘각을 성취한다.
두 번째 믿음은 불(佛)의 수명은 무한하다는 믿음이다. 그 믿음을 바탕으로 정토불사에 동참하고 묘각도 이후의 다섯 단계 아녹다라삼먁삼보리를 증득한다.

'염심(念心)'은 스스로를 지켜보는 마음이다.
본각(本覺)을 구경각(究竟覺)으로 전환시킨 뒤에도 스스로를 망각하지 않는 것이 염심이다.
진여문에 있으면서도 생멸심을 저버리지 않는다.
심·식·의와 반연(攀緣)되었던 모든 생명과 심·식·의가 일으키는 모든 변화를 낱낱이 알고 있다. 그러면서도 장애가 없다.

'정진심(精進心)'은 공여래장과 불공여래장을 이루기 위해 쉼 없이 노력하는 마음이다.
진여심을 공여래장으로 전환시키기 위한 대적정수행과 생멸심을 불공여래장으로 전환시키기 위한 대자비수행을 중단없이 행하는 것이 정진심이다.

'혜심(慧心)'은 본성이 쓰여지는 것이다.

'정심(定心)'은 각성이 쓰여지는 것이다.

'호법심(護法心)'은 바른 법을 얻어서 난승지를 넘어가고 암마라식을 성취하는 것이다.

'회향심(廻向心)'은 스스로가 성취한 깨달음을 생멸문 전체로 펼쳐서 일체중생을 구제하겠다는 마음을 내는 것이다.

'계심(戒心)'은 육근(六根)의 청정함으로 생멸심과 경계를 함께 제도하는 것이다. 진여수행의 두 번째 육바라밀이 함께 행해진다.

'사심(捨心)'은 버려야 할 마음을 말한다.
법상(法相)에도 머물지 않고 법 아닌 상(非法相)에도 머물지 않는 것이 사심을 갖춘 것이다.
법상을 취하면 옳고 그름이 생긴다. 그렇게 되면 일체중생을 제도하지 못한다.
법 아닌 상을 취하면 물들게 된다. 그렇게 되면 원만한 제도를 행할 수가 없게 된다.

'원심(願心)'은 보살이 속해 있는 생멸문을 제도한 다음에 여래장계의 모든 생멸문을 제도하겠다는 서원을 세우는 것이다.

십주(十住)의 수행절차는 10지의 과정과 서로 연계되어 있다.

10지는 진여보살이 성취해 가는 수행절차이고 십주는 분리시켜 놓았던 생멸심이 성취해 가는 수행절차이다.

발심주(發心住)는 환희지와 연계되어 있다.
환희지에 머물러있던 보살이 진여수행의 발심을 일으키면, 분리된 상태로 연결되어 있던 생멸심도 함께 발심한다. 이 상태를 발심주라 한다.

치지주(治地住)는 이구지와 연계되어 있다.
진여보살이 이구지의 상태에서 자기 생멸심을 다스리겠다는 의도를 내게 되면, 생멸심도 자기제도의 의도를 갖게 된다. 이 상태를 치지주라 한다.

수행주(修行住)는 발광지와 연계되어 있다.
발광지의 상태에서 밝은성품으로 생멸심을 덮게 되면, 생멸심이 생멸수행에 들어가게 된다.
이 상태를 수행주라 한다.

생귀주(生貴住)는 염혜지와 연계되어 있다.
염혜지에서 본성의 무념처와 생멸심의 식업을 연결시켜 놓게 되면, 생멸심이 무념을 체득하게 된다. 이 상태를 생귀주라 한다.

구족방편주(具足方便住)는 난승지와 연계되어 있다.
난승지에서 식업과 심업이 무작위로 교류하면서 번뇌를 일으킬 때 진여보살이 그 번뇌를 제도하게 되면, 생멸심은 자기번뇌를 제도할 수 있는 방편을 갖추게 된다. 이 상태를 구족방편주라 한다.

정심주(正心住)는 현전지와 연계되어 있다.
현전지를 통해 생멸심의 식업과 심업이 제도되면, 생멸심은 반야해탈에 들어간다. 이 상태를 정심주라 한다.

불퇴주(不退住)는 부동지와 연계되어 있다.
진여보살이 암마라식이 완전하게 갖춰지면서 부동지에 들게 되면, 반야해탈에 들어가 있던 생멸심은 아나함과를 얻게 된다. 이 상태를 불퇴주라 한다.
생멸심이 불퇴주에 들어가면 진여보살도 퇴전없는 경지를 성취하게 된다.

동진주(童眞住)는 선혜지와 연계되어 있다.
진여보살이 원통식을 갖추게 되면, 아나함과에 들어있던 생멸심은 천진심(天眞心)을 갖추게 된다.
그 모습이 천진무구해서 동진주라 한다.
법왕자주(法王子住)는 법운지와 연계되어 있다.
진여보살의 밝은성품이 생멸문 전체를 덮게 되면, 분리되었던 생멸심은 아라한이 된다.
본래 한 몸이었던 생명이 진여신과 생멸신으로 분리된 후에 진여심은 10지 보살이 되고 생멸심은 아라한이 된 것이다. 이때 진여심과 생멸심의 관계를 母子에 비유했다.
진여심은 어머니가 되고 생멸심은 아들이 되었다.
진여문에 들어간 생멸심을 법왕자라 한다.

관정주(灌頂住)는 불(佛)의 수기와 연계되어 있다.
진여보살이 육근원통을 완성해서 6신통을 갖추게 되면, 부처님과의 인연이 맺어진다.
그때 진여보살이 부처님으로부터 내세득불의 관정수기를 받게 되면 진여보살(母)과 아라한(子)에게 묘각 인연이 똑같이 주어진다. 이 상태를 관정주라 한다.

십주수행은 양신의 교육절차와도 연계되어 있다.
양신배양을 통해 진여문에 들어온 보살은 자기 생멸심으로부터 오는 장애를 겪지 않는다.
때문에 출신한 양신을 가르치면서 십주와 십지의 과정을 함께 성취해간다.
양신을 가르쳐서 양신을 통해 생멸문을 제도하겠다는 마음을 일으키는 것이 '발심주(發心住)'이다.
이때 양신도 똑같이 발심한다.

양신을 다스리겠다는 의도를 내게 되면 양신도 자기를 다스리겠다는 뜻을 세우게 된다. 이것을 '치지주(治地住)'라고 한다.

양신이 생멸수행에 들어간 것을 '수행주(修行住)'라고 한다.
먼저 견성오도의 절차로 들어간다.
보살은 본성을 이루고 있는 무념·무심이 서로를 비추게 하고 그 상태에 머무른다.

보살의 무념처와 양신을 일치시키고 그 상태에 머무는 것을 '생귀주(生貴住)'라고 한다. 이 과정을 통해 양신이 무념을 체득한다.

보살의 무념·무심으로 양신을 비춰주고, 양신이 본성을 깨달아서 스스로를 제도할 수 있는 방편을 갖춘 것을 '구족방편주(具足方便住)'라 한다.

양신이 식업과 심업을 제도하고 본각을 성취한 것을 '정심주(正心住)'라고 한다.
이때가 되면 본신에서 양신을 분리시킨다.
본신에서 분리된 양신은 생멸문을 여행하면서 중생들을 제도한다.

양신이 대적정을 체득해서 일체 경계에 물들지 않는 것을 '불퇴주(不退住)'라고 한다.

본신이 육근원통을 이루고 양신이 암마라식을 갖춘 것을 '동진주(童眞住)'라고 한다.

양신이 6바라밀을 행하고 분신(分身)으로 나투어지는 것을 '법왕자주(法王子住)'라고 한다.

양신이 스스로를 불공여래장으로 변화시켜 본신과 합일되고 부처님의 수기를 받는 것을 '관정주(灌頂住)'라고 한다.
십행(十行)이란 보살이 갖추어야 할 열 가지 행을 말한다.
환희행(歡喜行)은 중생을 기쁘게 하는 행이다.
보살의 밝은성품으로 생멸문에 있는 천지만물을 비추면서도 그 기쁨을 잃지 않은 것이 환희행이다.

요익행(饒益行)은 중생을 이익되게 하는 행을 말한다. 일체 중생을 제도해서 무상정등각으로 이끌어가는 행이 요익행이다.
무위역행(無違逆行)은 거꾸로 어긋남이 없는 행을 말한다. 이떠한 고난과 역경 속에서도 본성의 적멸상을 놓치지 않는 것이 무위역행이다.

무굴요행(無屈撓行)은 굽힘이 없는 행을 말한다.
어떤 상황 속에서도 정진심을 놓지 않고 대자비문을 성취해 가는 것이 무굴요행이다.

이치란행(離癡亂行)은 어리석음과 산란함을 여읜 행을 말한다. 중생의 생멸심과 전체적인 일치를 이루었을 때 본성의 간극에 머물러서 일치된 심·식·의를 제도해주는 것이 이치란행이다.

선현행(善現行)은 제도된 생멸심이 진여심으로 구현된 것을 말한다. 몸이 제도된 모습이 신족통이 되고, 눈이 제도된 모습이 천안통이 된다. 귀가 제도된 모습이 천이통이 되고, 생각의 제도된 모습이 타심통이 된다. 업보가 제도되어 숙명통이 되고, 일체 번뇌가 제도되어 누진통이 된다.

무착행(無着行)은 일체의 집착을 여읜 행을 말한다.
분리시켰던 자기 생멸심을 완전하게 제도하고 스스로는 원통식을 갖추었기 때문에, 더 이상의 집착이 일어나지 않는다. 제도한 세계에도 집착하지 않고, 부처님과 보살들에게도 집착하지 않는다.

난득행(難得行)은 얻기 어려운 법을 얻은 것을 말한다.
등각의 요지를 이해하고, 부처님의 수기를 받으며, 수능엄삼매를 이루어서 천백억화신을 나툴 수 있는 역량을 갖춘 것이 난득행을 성취한 것이다.

선법행(善法行)은 보살이 중생들에게 바른 법을 펼쳐서 일대사인연을 만드는 것이다. 부처님의 가르침을 따르게 하고 부처가 될 수 있도록 이끌어 주는 것이 선법행이다.

진실행(眞實行)은 보살이 십력(十力)을 갖추었더라도 그 상태에 안주하지 않고 정토불사에 매진하는 것을 말한다.

십회향(十廻向)이란 보살의 깨달음을 널리 펼치는 열 가지 방법을 말한다.
두 가지 방향의 회향이 있다.
첫째는 본원본제에게로 향해지는 회향이다.
여상회향, 무박무착해탈회향, 법계무량회향이 여기에 해당된다.
둘째는 중생에게로 향해지는 회향이다.
나머지 일곱 가지 회향이 여기에 해당된다.
구호일체중생리중생상회향(救護一切衆生離衆生相廻向)은 중생과 일치를 이루어서 중생의 생멸심을 제도하고 중생으로 하여금 깨달음을 얻도록 하는 것이다. 십지(十地) 과정 중에서 이구지와 발광지, 염혜지와 난승지에서 행해지는 회향이다.

불괴회향(不壞廻向)은 중생으로 하여금 깨뜨릴 수 없는 믿음과 물러서지 않는 깨달음을 갖추게 하는 것이다.

등일체불회향(等一切佛廻向)은 모든 부처님과 같이 똑같은 방법으로 회향하는 것이다. 부처님은 오로지 일대사인연을 이루기 위해 중생을 제도하신다.

지일체처회향(至一切處廻向)은 보살의 선근공덕을 모든 곳에 이르도록 하는 회향이다. 선근공덕이 모든 곳에 이르는 것은 모든 중생의 호응 때문이다.
중생을 이롭게 함으로써 중생의 호응을 받는다.

무진공덕장회향(無盡功德藏廻向)은 무한한 공덕으로 불국토를 장엄하게 하는 회향이다.
이때의 불국토란 자기 불국토이다.
생멸문을 제도해서 불공여래장을 이루는 것이 자기 불국토를 장엄하게 하는 것이다.
수순일체견고선근회향(隨順一切堅固善根廻向)은 본연에 수순해서 생멸적 습성을 끊어버리고 중생의 선근을 견고하게 하는 회향이다.
각성과 본성, 밝은성품 사이에서 일어나는 관계를 본연이라 한다.
수순(隨順)이란 각성이 본성과 밝은성품을 균등하게 비추어서 자시무명에 빠지지 않는다는 말이다.
생멸적 습성이란 의식·감정·의지의 습성을 말한다.

수순등관일체중생회향(隨順等觀一切衆生廻向)은 각성의 무명적 습성을 제도해서 공여래장을 이루고 생멸심의 중생적 습성을 제도해서 불공여래장을 이루어서 등각을 성취한 후에 그 깨달음을 일체중생에게 돌려주는 회향이다. 이 과정에서의 수순(隨順)은 공여래장과 불공여래장이 불이문(不二門)을 이루도록 하는 것이다.
등관(等觀)은 불이문과 생멸문을 평등하게 관하는 것이다. 불이문을 성취한 등각보살은 공여래장과 불공여래장을 관(觀)의 대상으로 삼지 않는다. 공여래장과 불공여래장은 서로에 대한 그리움으로 일심법계를 이루고 있기 때문이다. 여기까지가 중생에게 향해지는 회향이다.

여상회향(如相廻向)은 본원본제의 여시상(如是相)을 들여다보고 여래장연기가 시작된 원인을 알고 난 다음에 본원본제의 향하문적 성향을 제도하기 위해 발심하는 것이다. 여기서부터 본원본제에게로 향해지는 회향이다.

무박무차해탈회향(無縛無着解脫廻向)은 본원본제가 펼쳐놓은 여래장의 모든 얽매임에서 벗어나고 여래장연기의 굴레에서도 벗어나서 정토불사를 완성시키기 위해 노력하는 회향이다. 다섯 가지 지혜를 갖춤으로써 무박(無縛)하고 무착(無着)하며 해탈(解脫)한다.
자연지(自緣知), 무사지(無師知), 일체종지(一切種知), 불지(佛知), 여래지(如來知)가 다섯 가지 지혜이다.
자연지와 무사지로써 여래장연기의 원인을 들여다본다. 이로써 무착한다.
일체종지로써 일심법계를 이룬다. 이로써 무박한다.
불지로써 본원본제와 계합하고 여시상이 내포하고 있는 향하문적 성향을 제도한다. 더 이상의 여래장연기가 일어나지 않는다.
여래지로써 본원본제의 여래장에서 벗어나고 여래장연기가 일어나지 않는 새로운 여래장을 창조한다. 이로써 해탈한다.

법계무량회향(法界無量廻向)은 여래장연기가 일어나지 않는 새로운 여래장을 창조하고 등각화신불들을 창조해서 본원본제 여래장의 정토불사를 마무리하는 회향이다.

십지(十地)는 보살이 깨달음을 성취하는 열 가지 단계를 말한다.
'환희지(歡喜地)'는 보살도 초지이다.
본성의 간극에 머물러 밝은성품의 기쁨을 누리는 과정이다.

'이구지(離垢地)'는 보살도 2지의 과정이다.

진여심과 생멸심을 평등하게 바라보는 것이다.

'발광지(發光地)'는 보살도 3지 과정이다.
보살의 밝은성품으로 분리시켰던 생멸심을 감싸주는 것이다.

'염혜지(燄慧地)'는 보살도 4지 과정이다.
본성의 무념으로 생멸심의 식업을 일치시켜서 원만보신을 이루는 것이다.

'난승지(難勝地)'는 보살도 5지 과정이다.
무념으로 생멸심의 식업(識業)과 일치를 이루고, 무심으로 생멸심의 심업(心業)과 일치를 이룬 상태에서, 본성의 간극(間隙)으로 생멸심을 제도하는 것이다.

'현전지(現前地)'는 보살도 6지 과정이다.
보살은 완전하게 암마라식을 갖추고 생멸심은 제도되어 중간반야에 들어있는 상태이다. 분리시켰던 자기 생멸심이 완전하게 제도된 상태이다.
양신배양으로 보살도에 들어온 경우에는 이 과정에서 양신의 제도가 완전하게 이루어진다.

'원행지(遠行地)'는 보살도 7지이다.
자기 생멸심을 완전하게 제도한 보살이 다른 중생들을 제도하기 위해 생멸문을 돌아보는 과정이다.
양신배양을 통해 상수멸정에 들어온 보살은 이 과정에서 양신과 본신을 분리시킨다.
분리된 양신이 생멸문을 여행하면서 원행지를 함께 닦는다.

'부동지(不動地)'는 보살도 8지이다.
어떤 중생과 일치를 이루더라도 진여의 체가 훼손되지 않고 퇴전이 없는 깨달음을 이룬 상태이다.
양신도 똑같은 깨달음을 체득한다.

'선혜지(善慧也)'는 보살도 9지이다.
육근원통을 이루어서 원통식이 갖추어지고 불세계와 교류할 수 있는 역량이 갖추어진 상태이다.
이 과정에서 불(佛)의 수기를 받게 된다.

'법운지(法雲地)'는 보살도 10지이다.
보살의 밝은성품이 생멸문 전체를 덮은 상태를 말한다. 이 상태에서 6바라밀을 행하고 수능엄삼매를 이룬다.
양신의 경우는 이 과정에서 천백억화신으로 분신을 이룬다.

보살도에서 오십과위를 이루고 나면 그 상태 그대로 등각으로 나아간다.
등각(等覺)이란 대적정문과 대자비문이 평등해지고 공여래장과 불공여래장이 서로를 여의지 않은 상태를 말한다. 공여래장과 불공여래장이 불이문을 이룬 것이 일심법계이다. 일심법계를 이루게 되면 묘각을 성취할 수 있는 첫 번째 조건이 갖춰진 것이다.

본원본제에서 시작된 개체생명이 스스로 일심법계가 되기까지는 참으로 장구한 세월을 필요로 한다. 하지만 생명이라면 누구나 가야 할 궁극의 길이다.
무명에서 시발된 개체생명이 밝음을 얻어서 스스로 일심법계를 이루니, 이것은 본원본제가 새로운 여래장을 낳은 것이다.

대력보살이 여쭈었다. "실제(實際)각리(覺利)에는 나가고 들어옴이 없나니, 어떤 법들로써 마음이 실제에 들어갈 수 있습니까?"
실제의 각리란 대적정의 상태에서 이루어지는 각성의 대사를 말한다. 각성이 본성의 적상·정상·적멸상을 놓고 대사를 행하는 것은 출입하는 것이 아닌데 어떻게 그 상태에 들어갈 수 있겠냐는 질문이다.

부처님께서 말씀하셨다. "실제의 법은 그 법에 틀이 없고, 틀이 없는 마음이 곧 실제에 들어간다."
틀이 없는 마음이란 무위각(無爲覺)을 말한다. 본각(本覺)으로 실제의 적멸상과 계합한다.

본문

大力菩薩言. 無際心智. 其智無崖. 無崖之心. 心得自在.
대력보살언. 무제심지. 기지무애. 무애지심. 심득자재.
自在之智. 得入實際. 如彼凡夫. 軟心眾生. 其心多喘.
자재지지. 득입실제. 여피범부. 연심중생. 기심다천.
以何法御. 令得堅心. 得入實際? 佛言. 菩薩. 彼心喘者.
이하법어. 령득견심. 득입실제? 불언. 보살. 피심천자.
以內外使. 隨使流注. 滴瀝成海. 大風鼓浪. 大龍驚駭.
이내외사. 수사류주. 적력성해. 대풍고랑. 대룡경해.
驚駭之心. 故令多喘. 菩薩. 令彼眾生存三守一入 如來禪.
경해지심. 고령다천. 보살. 령피중생존삼수일입 여래선.
以禪定故. 心則無喘. 大力菩薩言. 何謂存三守一入如來
이선정고. 심즉무천. 대력보살언. 하위존삼수일입여래
禪? 佛言. 存三者. 存三解脫. 守一者. 守一心如. 入如
선? 불언. 존삼자. 존삼해탈. 수일자. 수일심여. 입여
來禪者. 理觀心淨如. 入如是心地. 即入實際.
래선자. 리관심정여. 입여시심지. 즉입실제.

대력보살이 여쭈었다. "틀이 없는 마음의 지혜(心智)는 그 지혜가 끝이 없습니다. 끝이 없는 마음은 그 마음이 자재(自在)

함을 얻습니다. 자재(自在)로운 지혜라야 실제(實際)에 들어가게 될 것입니다. 그러나 저 범부처럼 마음이 연약한 중생들은 그 마음에 헐떡임이 많으리니, 어떤 법으로 다스려야 견고한 마음을 얻게 하여 실제에 들어가게 하겠습니까?"
부처님께서 말씀하셨다. "보살이여, 저 마음이 헐떡이는 자는 안팎으로 번뇌에 부려지게 되어, 부려지는 것(結使)에 따라 흘러가, 물방울이 모여 바다를 이루느니라. 큰 바람이 파도를 일으키면 큰 용이 놀라 날뛰나니, 그 놀라 날뛰는 마음 때문에 헐떡임이 많게 되느니라. 보살이여, 저 중생으로 하여금 셋을 보존하고 하나를 지키게 해서 여래선(如來禪)에 들어가게 하나니, 선정 때문에 마음에 헐떡임이 없게 되느니라."
대력보살이 여쭈었다. "어떻게 셋을 보존하고 하나를 지켜서 여래선에 들어갑니까?"
부처님께서 말씀하셨다. "셋을 지키는 것은 삼해탈(三解脫)을 보존하는 것이요, 하나를 지키는 것은 일심(一心)의 여(如)를 지키는 것이다. 여래선에 들어가는 자는 리(理)로써 여(如)의 깨끗한 마음을 관(觀)하는 것이니, 이와 같은 마음의 경지(心地)에 들어가는 것이 곧 실제(實際)에 들어가는 것이니라."

강설

대력보살이 여쭈었다. "틀이 없는 마음의 지혜(心智)는 그 지혜가 끝이 없습니다. 끝이 없는 마음은 그 마음이 자재

(自在)함을 얻습니다. 자재(自在)로운 지혜라야 실제(實際)에 들어가게 될 것입니다. 저 범부처럼 마음이 연약한 중생들은 그 마음에 헐떡임이 많으리니, 어떤 법으로 다스려야 견고한 마음을 얻게 하여 실제에 들어가게 하겠습니까?"
틀이 없는 마음의 지혜는 본각(本覺)의 혜심(慧心)과 정심(定心)을 말한다. 본각을 갖추게 되면 실제에 임의대로 들어갈 수 있는데 연약한 각성을 갖고 있는 중생이 어떻게 그 마음을 다스려서 실제에 들어갈 수 있겠냐는 질문이다.

부처님께서 말씀하셨다. "보살이여, 저 마음이 헐떡이는 자는 안팎으로 번뇌에 부려지게 되어, 부려지는 것(結使)에 따라 흘러가, 물방울이 모여 바다를 이루느니라. 큰 바람이 파도를 일으키면 큰 용이 놀라 날뛰나니, 그 놀라 날뛰는 마음 때문에 헐떡임이 많게 되느니라."
'안팎으로 부려지는 것'은 업식과 경계에 휘둘리는 것이다.
'부려지는 것(結使)에 따라서 흘러가는' 것은 집착하고 거부하는 것이다.
'물방울이 모여 바다를 이루는 것'은 탐심과 진심, 치심이 생기는 것이다.
'큰 바람이 파도를 일으키는 것'은 고통을 당하는 것이다.
'큰 용이 놀라 날뛰고, 그 놀라 날뛰는 마음'은 심지(心地)가 흔들리고 본성을 망각했다는 뜻이다.

"보살이여, 저 중생으로 하여금 셋을 보존하고 하나를 지키게 해서 여래선(如來禪)에 들어가게 하나니, 선정 때문에 마음에 헐떡임이 없게 되느니라."
셋을 보존하고 하나를 지키는 것이 여래선(如來禪)이라고 말씀하신다. 여래선으로 선정에 들어서 마음의 헐떡임을 쉬어주라 하신다.

대력보살이 여쭈었다. "어떻게 셋을 보존하고 하나를 지켜서 여래선에 들어갑니까?"
부처님께서 말씀하셨다. "셋을 지키는 것은 삼해탈(三解脫)을 보존하는 것이요,"
삼해탈은 허공해탈, 금강해탈, 반야해탈이다.

"하나를 지키는 것은 일심(一心)의 여(如)를 지키는 것이다."
일심(一心)의 여(如)란 본성을 이루고 있는 적상(寂相)·정상(靜相)·적멸상(寂滅相)을 말한다.

"여래선에 들어가는 자는 리(理)로써 여(如)의 깨끗한 마음을 관(觀)하는 것이니(理觀心淨如), 이와 같은 마음의 경지(心地)에 들어가는 것이 곧 실제(實際)에 들어가는 것이니라."
리(理)로써 여(如)의 깨끗한 마음을 관(觀)한다는 것은 이입(理入)으로 금강심지(金剛心地)에 들어가는 것이다.
그렇게 되면 실제에 들어간 것이라고 말씀하신다.

본문

大力菩薩言. 三解脫法是何等事？理觀三昧. 從何法入？
대력보살언. 삼해탈법시하등사？리관삼매. 종하법입？
佛言. 三解脫者. 虛空解脫. 金剛解脫. 般若解脫. 理觀者
불언. 삼해탈자. 허공해탈. 금강해탈. 반야해탈. 리관자
心如理淨. 無可不心. 大力菩薩言. 云何存用？云何觀之？
심여리정. 무가부심. 대력보살언. 운하존용？운하관지？
佛言. 心事不二. 是名存用. 內行. 外行. 出入不二. 不住
불언. 심사불이. 시명존용. 내행. 외행. 출입불이. 부주
一相. 心無得失. 一不一地. 淨心流入. 是名觀之. 菩薩.
일상. 심무득실. 일불일지. 정심류입. 시명관지. 보살.
如是之人. 不在二相. 雖不出家. 不住在家. 雖無法服.
여시지인. 부재이상. 수불출가. 부주재가. 수무법복.
不具持波羅提木叉戒. 不入布薩. 能以自心無為自恣.
불구지바라제목차계. 불입포살. 능이자심무위자자.
而獲聖果. 不住二乘. 入菩薩道. 後當滿地成佛菩提.
이획성과. 부주이승. 입보살도. 후당만지성불보리.

대력보살이 여쭈었다. "삼해탈의 법은 어떤 것입니까? 이입(理入)으로 관(觀)하는 삼매는 어떤 법으로 들어갑니까?"
부처님께서 말씀하셨다. "삼해탈은 허공(虛空)해탈, 금강(金剛) 해탈, 반야(般若)해탈이다. 이(理)로 관하는 것은 마음이 이

(理)와 같이 청정하고, 가부(可否)의 마음이 없는 것이다."

대력보살이 여쭈었다. "어떻게 보존하고 사용합니까? 어떻게 그것을 관(觀)합니까?"

부처님께서 말씀하셨다. "마음과 현상은 둘이 아니니, 이를 보존하고 사용한다. 안으로 행(行)하고 밖으로 행함에 나가고 들어오는 것이 둘이 아니며, 한 가지 모습에 머무르지 않고, 마음에 얻고 잃음이 없어, 하나이면서도 하나가 아닌 경지이고, 깨끗한 마음으로 흘러 들어가니, 그것을 관한다.

보살이여, 이와 같은 사람은 두 가지 모습에 머무르지 않느니라. 비록 출가하지 않더라도 재가(在家)에 머물지 않는다. 비록 법복이 없고 바라제목차계(戒)39)를 갖추지 아니하였으며, 포살(布薩)40)에 들어가지 않는다 하더라도, 능히 자기 마음은 무위(無爲)로써 자자(自恣)41)하여 성스러운 과위를 얻는다. 이승(二乘)에 머물지 않고 보살도에 들어가고, 나중에 만지(滿地)에서 불보리(佛菩提)를 이루게 된다."

강설

---

39) 바라제목차는 계본(戒本)이라고도 하며, 몸과 입으로 범한 허물을 각 계율 조항을 지켜 따로따로 해탈한다고 하여 별해탈(別解脫)이라고도 한다.
40) 포살(布薩). 출가자들은 음력 매월 15일과 29일(또는 30일)에 한곳에 모여 계율의 조목을 독송하면서 그동안 자신이 저지른 잘못을 참회한다. 재가(在家)의 신도는 육재일(六齋日)에 하루 낮. 하룻밤 동안 팔재계(八齋戒)를 지키는 일.
41) 자자(自恣). 여름 안거(安居)가 끝나는 날에 수행자들이 한곳에 모여 자신의 잘못을 서로 고백하고 참회하는 의식(儀式).

대력보살이 여쭈었다. "삼해탈의 법은 어떤 것입니까? 이입(理入)으로 관(觀)하는 삼매는 어떤 법으로 들어갑니까?"
이입(理入)으로 관하는 삼매란 본각으로 금강심지에 들어가는 것을 말한다.

부처님께서 말씀하셨다. "삼해탈은 허공(虛空)해탈, 금강(金剛)해탈, 반야(般若)해탈이다. 이(理)로 관하는 것은 마음이 이(理)와 같이 청정하고, 가부(可否)의 마음이 없는 것이다."
허공해탈은 본성에 입각해서 경계를 제도하는 것이다.
금강해탈은 본성을 이루고 있는 심의 바탕과 식의 바탕을 일여(一如)가 되도록 하고 응당 심식의(心識意)에 머물지 않는 마음을 내는 것이다.
반야해탈은 본성과 심식의를 분리시키는 것이다.
'이(理)로 관하는 것은 마음이 이(理)와 같이 청정하고'는 심의 바탕과 식의 바탕을 인식해서 리(理)를 관한다는 뜻이다.
'가부의(可否) 마음이 없다'는 것은 리(理)를 관(觀)하는 것에는 긍정과 부정이 없다는 뜻이다.

대력보살이 여쭈었다. "어떻게 보존하고 사용합니까? 어떻게 그것을 관(觀)합니까?"
심(心)과 식(識)의 바탕을 보존하고 관(觀)하는 방법에 대해서 여쭙는 대목이다.

부처님께서 말씀하셨다. "마음과 현상은 둘이 아니니, 이를 보존하고 사용한다."

'**마음과 현상은 둘이 아님**'은 안에서 일어나는 심식(心識)의 작용과 밖으로 접해지는 경계가 똑같은 방법으로 관(觀)해 진다는 뜻이다.

'**보존하고 사용한다**'는 것은 심식(心識)의 바탕을 관(觀)하지만 그 자리는 본래부터 갖춰져 있고 항상 쓰여지고 있다는 말씀이시다.

"안으로 행(行)하고 밖으로 행함에 나가고 들어오는 것이 둘이 아니며, 한 가지 모습에 머무르지 않고"

'**안으로 행(行)함**'이란 각성(覺性)을 심(心)과 식(識)의 바탕에 두는 것이다.

'**밖으로 행(行)함**'이란 각성을 경계에 두는 것이다.

'**나가고 들어옴이 둘이 아니며**'는 심식(心識)의 바탕과 경계를 관(觀)하는 각성은 둘이 아니고 하나라는 뜻이다.

'**한 가지 모습에 머무르지 않고**'는 것은 심과 식의 발현과 경계는 쉼 없이 바뀌고 각성 또한 관행(觀行)이 깊어지면서 달라진다는 뜻이다.

"마음에 얻고 잃음이 없어, 하나이면서도 하나가 아닌 경지이고, 깨끗한 마음으로 흘러 들어가니, 그것을 관(觀)한다."

'**마음에 얻고 잃음이 없다**'는 것은 관행을 통해서 각성이 증장(增長)되고, 수많은 안팎의 경계를 관(觀)하더라도 본성의 상태는 증감(增減)이 없다는 뜻이다.
'하나이면서도 하나가 아닌 경지'라는 것은 그렇게 관하더라도 아직까지는 완전하게 금강심지(金剛心地)에 들어간 것은 아니라는 말씀이시다. 허공해탈과 금강해탈의 과정에서는 심식(心識)의 바탕을 연(緣)하도록 하고 안팎의 경계에 머물지 않더라도 본성의 적멸상(寂滅相)에 계합된 상태는 아니다. 그 상태는 견성오도(見性悟道)는 성취했어도 완전한 해탈도를 성취한 것이 아니다. 완전한 해탈도는 본성의 적멸상에 들어가서 본성과 심식의를 분리시켜야 이루어진다. 그 과정이 반야해탈도에서 이루어진다.
'깨끗한 마음으로 흘러 들어간다'는 것은 심식(心識)의 바탕을 연(緣)하도록 하고 본성을 관(觀)한다는 뜻이다.
'그것을 관(觀)한다'는 것은 삼관(三觀)을 통해 삼해탈(三解脫)로 나아가는 것을 말한다.

"보살이여, 이와 같은 사람은 두 가지 모습에 머무르지 않느니라. 비록 출가하지 않더라도 재가(在家)에 머물지 않는다. 비록 법복이 없고 바라제목차계(戒)를 갖추어 지니지 아니하였으며 포살(布薩)에 들어가지 않는다 하더라도, 능히 자기 마음은 무위(無爲)로써 자자(自恣)하여 성스러운 과위를 얻는다."
삼해탈(三解脫)을 수행하는 사람은 경계의 옳고 그름을 취(取)하지 않는다. 또한 세간과 출세간을 따지지 않는다. 항상 무위로써 스스로를 관(觀)하고 일체의 유상(有相)에 머무르지 않는다. 때문에 본성과 심식의(心識意)를 분리시키고 생멸열반에 들어간다.

"이승(二乘)에 머물지 않고, 보살도에 들어가고, 나중에 만지(滿地)에서 불보리(佛菩提)를 이루게 된다."
'이승(二乘)에 머물지 않고'는 삼승(三乘)에 머물지 않고로 바꿔줘야 한다. 이승(二乘)은 보살도의 과정인데 뒷 문장에 보살도에 들어간다고 나오기 때문이다.
三乘이 해탈도의 과정이고 二乘은 보살도의 과정이다. 一乘은 등각도의 과정이고 불승(佛乘)은 묘각도의 과정이다. 일불승(一佛乘)은 등각도의 과정과 묘각도의 과정을 통칭하는 표현이다.
'만지(滿地)'란 등각지를 말한다.
'불보리(佛菩提)'란 묘각도에서 성취되는 대지혜와 대자비, 대적정을 말한다.
삼해탈을 수행하는 사람은 삼승(三乘)을 넘어서 이승(二乘)으로 나아가고 결국에는 일승(一乘)과 불승(佛乘)을 성취하게 된다는 말씀이시다.

본문

大力菩薩言. 不可思議. 如是之人. 非出家. 非不出家. 何

대력보살언. 불가사의. 여시지인. 비출가. 비불출가. 하
이고? 입열반택. 착여래의. 좌보리좌. 여시지인. 내지사
문의응경양. 불언. 여시. 하이고? 입열반택. 심월삼계.
착여래의. 입법공처. 좌보리좌. 등정각일지. 여시지인심
초이아. 하황사문이불경양?

대력보살이 말하였다. "불가사의합니다. 이와 같은 사람은 출가하지 않았지만 출가하지 않은 것도 아닙니다. 왜냐하면, 열반의 집에 들어가서 여래의 옷을 걸치고 보리의 자리에 앉은 것이기 때문입니다. 이와 같은 사람은 사문이라도 마땅히 공경하고 공양해야 하겠습니다."
부처님께서 말씀하셨다. "이와 같다. 어떤 까닭인가? 열반의 집에 들어가서 마음에서 삼계를 초월하였으며, 여래의 옷을 입고 법이 공한(法空) 곳에 들어갔으며, 보리의 자리에 앉아서 정각(正覺)의 일지(一地)에 올랐으니, 이와 같은 사람의 마음은 두 가지 자아를 초월하였거늘[42], 하물며 사문이 공경하고

---

[42] 두 자아를 초월. 인간은 오온(五蘊)의 일시적인 화합에 지나지 않으므로 거기에 불변하는 실체가 없다는 인무아(人無我), 모든 현상은 여러 인연의 일시적인 화합에 지나지 않으므로 거기에 불변하는 실체가 없다는 법무아(法無我)를 말함.

공양하지 않겠는가?"

강설

대력보살이 말하였다. "불가사의합니다. 이와 같은 사람은 출가하지 않았지만 출가하지 않은 것도 아닙니다. 왜냐하면, 열반의 집에 들어가서 여래의 옷을 걸치고 보리의 자리에 앉은 것이기 때문입니다. 이와 같은 사람은 사문이라도 마땅히 공경하고 공양해야 하겠습니다."
'열반의 집에 들어갔다'는 것은 본성의 적멸상과 적상, 정상에 머물러서 의식·감정·의지를 분리시켰다는 말이다.
'여래의 옷을 걸쳤다'는 것은 진여법을 체득해서 진여해탈을 이루었다는 뜻이다.
'보리의 자리에 앉았다'는 것은 대적정과 대자비를 성취하고 등각을 이루었다는 말이다.

부처님께서 말씀하셨다. "이와 같다. 어떤 까닭인가? 열반의 집에 들어가서 마음에서 삼계를 초월하였으며, 여래의 옷을 입고 법이 공한(法空) 곳에 들어갔으며, 보리의 자리에 앉아서 정각(正覺)의 일지(一地)에 올랐으니, 이와 같은 사람의 마음은 두 가지 자아를 초월하였거늘, 하물며 사문이 공경하고 공양하지 않겠는가?"
'열반의 집에 들어가서 마음에서 삼계를 초월한다'는 것은 생멸열반을 말한다.
'**여래의 옷을 입고 법이 공한(法空)의 곳에 들어갔다**'는 것은 진여열반을 뜻한다.
'**보리의 자리에 앉아서 정각(正覺)의 일지(一地)에 올랐다**'는 것은 등각의 성취를 뜻한다.
'**이와 같은 사람의 마음은 두 가지 자아를 초월한다**'는 것은 생멸무아와 진여무아를 뜻한다. 생멸무아를 인무아(人無我)라 하고 진여무아를 법무아(法無我)라 한다.

본문

大力菩薩言. 如彼一地及與空海. 二乘之人爲不見也.
대력보살언. 여피일지급여공해. 이승지인위불견야.
佛言. 如是. 彼二乘人. 味著三昧. 得三昧身於彼空海一地.
불언. 여시. 피이승인. 미착삼매. 득삼매신어피공해일지.
如得酒病惛醉不醒. 乃至數劫猶不得覺. 酒消始悟方修是行.
여득주병혼취불성. 내지수겁유부득각. 주소시오방수시행.
後得佛身. 如彼人者. 從捨闡提卽入六行. 於行地所一念淨
후득불신. 여피인자. 종사천제즉입륙행. 어행지소일념정
心. 決定明白金剛智力. 阿鞞跋致. 度脫衆生. 慈悲無盡.
심. 결정명백금강지력. 아비발치. 도탈중생. 자비무진.

대력보살이 여쭈었다. "저와 같은 일지(一地)와 공(空)의 바다를 이승(二乘)의 사람은 보지 못하겠습니다."
부처님께서 말씀하셨다. "이와 같다. 저 이승(二乘)의 사람은 삼매의 맛에 집착하여 삼매의 몸을 얻지만, 그것에서 벗어나서 저 공(空)의 바다인 일지(一地)에 들어가려면 여(如)를 득(得)한 후에 삼매의 혼취함에서 벗어나야 하느니라. 만약 깨어나지 못하면(不醒) 수 겁(劫)이 되더라도 깨달음을 얻지 못하게 되느니라. 삼매의 취함에서 깨어나야 바야흐로 이 행(行)을 닦으며, 나중에 불신(佛身)을 얻게 되느니라. 저 사람이 일천제(一闡提)[43]를 버리게 되면, 곧 육행(六行)[44]에 들어가며, 행(行)하는 곳에서 일념으로 깨끗한 마음이 청정하며, 결정코 명백하여 금강의 지력(智力)으로 아비발치(阿毘跋致/불퇴전)가 되며, 중생을 도탈(度脫)시키며 자비에 다함이 없느니라."

강설

대력보살이 여쭈었다. "저와 같은 일지(一地)와 공(空)의 바다를 이승(二乘)의 사람은 보지 못하겠습니다."
'**일지(一地)**'는 등각(等覺)도이다.
'**이승(二乘)**'은 보살도를 가리킨다.
'**공(空)의 바다**'는 불이문(不二門)을 이룬 다음 공여래장과 불공여래장의 사이에서 드러나는 적멸상을 말한다. 각성의

---

43) 일천제는 선심(善心)이 끊어진 사람을 가리키는데, 여기서는 삼매에 들어가서 깨어나지 않는 사람을 일천제로 비유한 것이다.
44) 육행. 오십과위와 등각행이다. 십신, 십주, 십행, 십회향, 십지, 등각.

각조(覺照)로써 드러나는 적멸상이 아니고 대자비로써 이루어지는 공의 바다이다.
생멸열반을 성취하고 보살도에 들어온 사람일지라도 등각에서 성취되는 공의 바다를 보지 못한다는 말이다.

부처님께서 말씀하셨다. "이와 같다. 저 이승(二乘)의 사람은 삼매의 맛에 집착하여"
삼매의 맛에 집착하는 사람은 아라한과 초지 보살이다.
아라한은 멸진정(滅盡定)에 집착하고 초지 보살은 중간열반에 집착한다.
아라한과 초지 보살을 통칭해서 이승(二乘)이라 칭하셨다.
"삼매의 몸을 얻지만, 그것에서 벗어나서 저 공(空)의 바다인 일지(一地)에 들어가려면(得三昧身於彼空海一地), 여(如)를 득(得)한 후에 삼매의 혼취함에서 벗어나야 하느니라(如得酒病惛醉). 만약 깨어나지 못하면(不醒), 수 겁(劫)이 되더라도 깨달음을 얻지 못하게 되느니라(乃至數劫猶不得覺).
삼매의 취함에서 깨어나야 바야흐로 이 행(行)을 닦으며(酒消始悟方修是行), 나중에 불신(佛身)을 얻게 되느니라(後得佛身)."
이 대목의 말씀은 번역을 잘 해야 한다.
한자의 뜻대로만 해석하면 그 진의가 왜곡된다.
여득주병혼취(如得酒病惛醉)는 '여(如)를 득(得)한 후에 삼매에 혼취되면'으로 해석해야 한다. '술병에 혼취되어'로 해석하면 안된다.

'불성(不醒)'도 '여득주병혼취'에서 분리시켜야 한다.

주소시오방수시행(酒消始悟方修是行)의 주(酒)자도 삼매로 해석해야 한다.

'삼매의 몸을 얻고 그것에서 벗어나서 공(空)의 바다인 일지(一地)에 들어가려면(得三昧身於彼空海一地)'

'삼매의 몸'이란 대적정삼매에서 갖추어지는 해탈신(解脫身)과 보살도 초지 환희지에서 갖추어지는 진여신(眞如身)을 말한다.

'그것에서 벗어나는 것'은 삼매의 몸에서 벗어나서 보살도 10지 법운지로 나아가고 공여래장을 성취하는 것이다.

'공(空)의 바다인 일지(一地)에 들어가는 것'은 등각도에 들어가서 불공여래장을 성취하고 불이문(不二門)을 이루는 것이다.

'여(如)를 득(得)한 후에 삼매의 혼취함에서 벗어나야 하느니라'

'여(如)를 득(得) 했다는 것'은 본성의 적멸상(寂滅相)에 머물러서 적상(寂相)과 정상(靜相)을 껴안고 대적정삼매에 들어가 있다는 뜻이다.

'삼매의 혼취함에서 벗어난다는 것'은 대적정삼매의 상태에서 밝은성품을 주시의 대상으로 삼고 진여문으로 들어간 다음 초지에서 벗어나 2지와 3, 4, 5, 6지로 나아가라는 말씀이시다.

'만약 깨어나지 못하면(不醒), 수 겁(劫)이 되더라도 깨달음을 얻지 못하게 되느니라'
만약 대적정에 머물거나 보살도 초지에 머물러서 생멸열반과 진여열반을 탐하게 되면 수 겁이 지나더라도 등각을 이루지 못한다는 말씀이시다.
'삼매의 취함에서 깨어나야 바야흐로 이 행(行)을 닦으며(酒消始悟方修是行)'
'이 행(行)'이란 대적정과 대자비, 대지혜를 함께 갖추는 등각행을 말한다. 본성을 이루는 적멸상에 들어가서 대적정을 이루고, 일체의 생멸심을 제도하면서 대자비를 이루며, 육근원통(六根圓通)을 성취해서 대지혜를 갖추는 것이 이때의 행(行)이다.
'나중에 불신(佛身)을 얻게 되느니라(後得佛身).'
불신(佛身)이란 묘각신(妙覺身)을 말한다.

"저 사람이 일천제(一闡提)를 버리게 되면, 곧 육행(六行)에 들어가며, 행(行)하는 곳에서 일념으로 깨끗한 마음이 청정하며, 결정코 명백하여 금강의 지력(智力)으로 아비발치(阿毘跋致/불퇴전)가 되며, 중생을 도탈(度脫)시키며, 자비에 다함이 없느니라."
'일천제(一闡提)를 버리게 되면'
삼매에 집착하는 마음을 버렸다는 뜻이다.
'곧 육행(六行)에 들어가며'

보살도 50과위를 성취하고 등각도에 들어갔다는 의미이다.
'행(行)하는 곳에서 일념으로 깨끗한 마음이 청정하고,'
'행(行)하는 곳'이란 각성이 쓰여지는 모든 행위를 말한다. '일념으로 깨끗한 마음'이란 본성의 적멸상을 항상 여의지 않는다는 의미이다.
'결정코 명백하여'
그 상태를 유지하는 것이 변함이 없다는 의미이다.
'금강의 지력(智力)으로'
금강지력(金剛智力)이란 대적정삼매를 유지하는 각성의 힘을 말한다
'아비발치(阿毘跋致/불퇴전)가 되며'
각성이 퇴전하지 않는 상태를 말한다. 보살도 8지의 상태이다.
'중생을 도탈(度脫)시키며'
이때의 중생은 생멸문 전체를 말한다. 보살도 10지 법운지에서 행해지는 중생의 제도를 말한다.
'자비에 다함이 없느니라'
대자비문의 완성을 말한다. 등각도의 상태에서 대자비문이 완성을 이룬다.

본문

大力菩薩言. 如是之人應不持戒. 於彼沙門應不敬仰.

대력보살언. 여시지인응불지계. 어피사문응불경앙.
佛言. 為說戒者. 不善慢故. 海波浪故. 如彼心地. 八識海
불언. 위설계자. 불선만고. 해파랑고. 여피심지. 팔식해
澄. 九識流淨. 風不能動. 波浪不起. 戒性等空. 持者迷倒.
징. 구식류정. 풍불능동. 파랑불기. 계성등공. 지자미도.
如彼之人. 七六不生. 諸集滅定. 不離三佛而發菩提. 三無
여피지인. 칠륙불생. 제집멸정. 불리삼불이발보리. 삼무
相中順心玄入. 深敬三寶. 不失威儀. 於彼沙門不無恭敬.
상중순심현입. 심경삼보. 불실위의. 어피사문불무공경.
菩薩. 彼仁者不住世間動不動法. 入三空聚滅三有心.
보살. 피인자부주세간동부동법. 입삼공취멸삼유심.
大力菩薩言. 彼仁者於果足滿德佛. 如來藏佛. 形像佛如是
대력보살언. 피인자어과족만덕불. 여래장불. 형상불여시
佛所發菩提心. 入三聚戒. 不住其相. 滅三界心. 不居寂
불소발보리심. 입삼취계. 부주기상. 멸삼계심. 불거적
地. 不捨可眾. 入不調地不可思議.
지. 불사가중. 입부조지불가사의.

대력보살이 여쭈었다. "이와 같은 사람은 마땅히 계율을 지니지 않으리니, 사문들에게 공경받지 못할 것입니다."
부처님께서 말씀하셨다. "계(戒)를 설한 자들의 착하지 못한 교만 때문이고, 마음 바다의 파도와 물결 때문이니라. (무위계를 수지한 사람은) 저 심지(心地)와 같이, 팔식(八識)의 바다

가 맑아지고, 구식(九識)의 흐름이 청정하여, 바람이 그것을 움직일 수 없고, 파도와 물결이 일어나지 않느니라. 계(戒)의 성(性)은 공(空)과 같아서, 그것을 지니는 자는 도리어 미혹되어 전도된다. 여(如)로써 벗어난 사람은 칠식(七識)과 육식(六識)이 생기지 않고, 여러 집(集)이 없어진 정(定)이며, 삼불(三佛)을 떠나지 않고 보리를 발하며, 세 가지 무상(無相) 가운데 순심(順心)으로 오묘하게 들어가고(玄入), 삼보를 깊이 공경하고, 위의를 잃지 않기 때문에, 저 사문을 공경하지 않음이 없느니라. 보살이여, 저 인자(仁者)는 세간의 움직이거나 움직이지 않는 법에 머물지 않고, 세 가지 공한 마을(空聚)에 들어가 삼유(三有)의 마음을 없애느니라."

대력보살이 여쭈었다. "저 인자(仁者)는 과위에 만족하고 덕이 많은 부처, 여래장(如來藏)의 부처, 형상(形像)부처, 이와 같은 부처님 처소에서 보리심을 발하여 삼취계(三聚戒)[45]에 들어가지만, 그 모습에 머물지 않고, 삼계의 마음을 없앱니다. 공적한 경지(寂地/열반의 지위)에 거주하지 않으며, 제도할만한 중생을 버리지 않으려고, 부조지(不調地)[46]에 들어감이 불가사의합니다."

강설

대력보살이 여쭈었다. "이와 같은 사람은 마땅히 계율을

---

[45] 섭률의계(攝律儀戒), 섭선법계(攝善法戒), 섭중생계(攝衆生戒).
[46] 부조지(不調地)는 작위, 지음이 없이 새로운 여래장을 만드는 것이다.

지니지 않으리니, 사문들에게 공경받지 못할 것입니다."
'이와 같은 사람들이 계율을 지니지 않는다'는 것은 유위계(有爲戒)를 지니지 않고 무위계(無爲戒)를 따른다는 뜻이다. 그런 사람들은 평범한 사문들에게 공경받지 못하지 않느냐고 반문하는 대목이다.

부처님께서 말씀하셨다. "계(戒)를 설한 자들의 착하지 못한 교만 때문이고, 마음 바다의 파도와 물결 때문이니라."
'계를 설한 자들의 착하지 못한 교만'이란 유위계(有爲戒)에 집착하는 성향을 말한다. 깨달음을 얻지 못한 사람들이 갖고 있는 계(戒)에 대한 편견과 집착을 '착하지 못한 교만'이라고 말씀하셨다. 의지(意志)의 업식(業識)에 물들어서 교만심이 생긴다.
'마음 바다의 파도와 물결'은 의식과 감정이 동요되는 것을 말한다.

"(무위계를 수지한 사람은) 저 심지(心地)와 같이, 팔식(八識)의 바다가 맑아지고, 구식(九識)의 흐름이 청정하여, 바람이 그것을 움직일 수 없고, 파도와 물결이 일어나지 않느니라. 계(戒)의 성(性)은 공(空)과 같아서, 그것을 지니는 자는 도리어 미혹되어 전도된다."
'(무위계를 수지한 사람은) 저 심지(心地)와 같이'
저 심지(心地)란 금강심지(金剛心地)를 말한다. 적멸상(寂滅相)의 상태를 표현한 것이다. (무위계를 수지한 사람은) 부분이 생략된 문장이다.

'팔식(八識)의 바다가 맑아지고'
'팔식의 바다'는 생멸심의 심식의(心識意)를 말한다. '생멸심이 적멸상의 상태처럼 맑아진다'는 것은 심식(心識)의 바탕이 드러났다는 뜻이다.

'구식(九識)의 흐름이 청정하여'
해탈지견식을 벗어나 암마라식을 갖춘 상태를 말한다. 5지 난승지를 넘어서 6지 현전지에 들어간 상태이다.

'바람이 그것을 움직일 수 없고'
암마라식이 돈독하면 생멸심이 진여식을 움직이게 하지 못한다.

'파도와 물결이 일어나지 않느니라.'
'파랑이 없다'는 것은 각성이 불퇴전하고 진여식이 생멸심에 물들지 않는다는 뜻이다. 8지 부동지의 상태이다.

'계(戒)의 성(性)은 공(空)과 같아서'
계(戒)의 성(性)이란 계의 본질을 말한다. 계의 바탕은 공과 같고, 유위계를 수지하는 목적은 본성을 깨닫는 데 있다는 말씀이시다.

'지니는 자는 도리어 미혹되어 전도된다'
유위계를 지니는 자가 계율에 미혹되어 오히려 본성을 보는 것을 망각하게 된다는 말씀이시다.

그런 사람들이 무위계를 지니고 등각으로 나아가는 사람을 공경하지 않는다는 말씀이시다.

"여(如)로써 벗어난 사람은(如彼之人) 칠식(七識)과 육식(六識)이 생기지 않고(七六不生), 여러 집(集)이 없어진 정(定)이며(諸集滅定), 삼불(三佛)을 떠나지 않고 보리를 발하며(不離三佛而發菩提), 세 가지 무상(無相) 가운데 순심(順心)으로 오묘하게 들어가고(三無相中順心玄入), 삼보를 깊이 공경하고(深敬三寶), 위의를 잃지 않기 때문에, 저 사문을 공경하지 않음이 없느니라."

'여(如)로써 벗어난 사람은(如彼之人)'
본성의 적멸상에 들어가서 생멸심을 벗어난 사람은
'칠식(七識)과 육식(六識)이 생기지 않고(七六不生)'
칠식과 육식으로 이루어진 생멸심이 생기지 않고
'여러 집(集)이 없어진 정(定)이며(諸集滅定)'
집성제를 벗어나서 멸정(滅定)을 이룬 것이며
'삼불(三佛)을 떠나지 않고 보리를 발하며(不離三佛而發菩提)'
덕불(德佛), 장불(藏佛), 상불(像佛)을 여의지 않고 대지혜와 대자비를 갖춘다는 말이다.
덕불(德佛)은 본성의 적상·정상·적멸상을 비유한 것이다.
장불(藏佛)은 본성의 적상·정상·적멸상과 밝은성품을 비유한 것이다.
상불(像佛)은 본성의 적상·정상·적멸상과 각성을 비유한 것이다.
'세 가지 무상(三無相) 가운데 순심(順心)으로 오묘하게 들어가고(三無相中順心玄入)'

'공(空)무상, 중(中)무상, 가(假)무상의 중심에 역무진(亦無盡)함으로써 들어가고'라는 말이다.

삼무상(三無相)은 공(空)무상, 중(中)무상, 가(假)무상을 말한다. 보살도의 과정에서 성취되는 세 가지 무상이다.

공무상(空無相)은 본성·각성·밝은성품으로 이루어진 진여식(眞如識)을 제도해서 청정법신과 공여래장을 성취하는 것이다.

중무상(中無相)은 중심으로 활용되던 심식(心識)의 바탕과 생멸신(生滅身)안에 세워졌던 단(壇)을 제도해서 천백억화신과 공(空)의 바다를 성취하는 것이다.

가무상(假無相)은 생멸심과 생멸문을 제도해서 원만보신과 불공여래장을 성취하는 것이다.

보살도의 과정에서 삼무상이 성취되려면 금강삼매법(金剛三昧法)과 6념처관법(六念處觀法)이 함께 병행되어야 한다. 12연기를 거슬러 올라오면서 역무진(亦無盡)의 수행을 하는 과정에서도 두 가지 방편이 함께 활용되고 대지혜와 대자비, 대적정을 성취하는 과정에서도 두 가지 방편이 함께 활용된다.

역무진(亦無盡)수행이란 12연기의 무명(無明), 행(行), 식(識), 명색(名色), 육입(六入), 촉(觸), 수(受), 애(愛), 취(取), 유(有), 생(生), 사(死)의 과정을 놓고 역무사진(亦無死盡), 역무생진(亦無生盡), 역무유진(亦無有盡), 역무취진(亦無取盡), 역무애진(亦無愛盡), 역무수진(亦無受盡), 역무촉진(亦無觸盡), 역무육입진(亦無六入盡), 역무명색진(亦無名色盡), 역

무식진(亦無識盡), 역무행진(亦無行盡), 역무무명진(亦無無明盡)을 행하는 것이다.

'순심(順心)'은 역무진(亦無盡)의 수행절차를 따르는 것이다.
'삼보를 깊이 공경하고(深敬三寶), 위의를 잃지 않기 때문에, 저 사문을 공경하지 않음이 없느니라.'
이 대목에서 삼보는 불법승(佛法僧)을 말한다.
'삼보를 깊이 공경한다'는 것은 념처(念處)에서 항상 삼보를 떠나보내지 않는 것이다. 불념(佛念)하고 법념(法念)하고 승념(僧念)하는 것이 삼보를 깊이 공경하는 것이다.

"보살이여, 저 인자(仁者)는 세간의 움직이거나 움직이지 않는 법에 머물지 않고, 세 가지 공한 마을(空聚)에 들어가 삼유(三有)의 마음을 없애느니라."
'세간의 움직이는 법'이란 유위법과 생멸법을 말한다.
'움직이지 않는 법'이란 무위법과 열반법을 말한다.
삼무상(三無相)을 성취한 사람은 생멸법과 열반법에 머무르지 않고 삼공취(三空聚)에 들어가서 일체의 생멸심을 제도한다는 말씀이시다.

대력보살이 여쭈었다. "저 인자(仁者)는 과위에 만족하고 덕이 많은 부처, 여래장(如來藏)의 부처, 형상(形像)부처, 이와 같은 부처님 처소에서 보리심을 발하여 삼취계(三聚戒)에 들어가지만"

'덕이 많은 부처'는 청정법신을 말한다. 불성(佛性)을 상징한다.
'여래장 부처'는 원만보신을 말한다. 불상(佛相)을 상징한다.
'형상부처'는 천백억화신을 말한다. 불체(佛體)를 상징한다.
'삼취계'란 세 가지 무위계를 말한다. 섭률의계, 섭선법계, 섭중생계가 그것이다.
섭률의계는 대적정과 대자비를 얻는 방법을 아는 것이다.
섭선법계는 밝은성품의 자연적 성향을 제도하는 방법을 아는 것이다.
섭중생계는 생멸심을 제도하는 방법을 아는 것이다.

"그 모습에 머물지 않고, 삼계의 마음을 없앱니다."
'그 모습에 머물지 않는다'는 것은 열반의 모습에 머물지 않는 것이다.
'삼계의 마음을 없앤다'는 것은 의식·감정·의지를 제도하는 것이다.

"공적한 경지(寂地)에 거주하지 않고, 제도할만한 중생을 버리지 않으려고, 부조지(不調地)에 들어감이 불가사의합니다."
'적지(寂地)에 거주하지 않는다'는 것은 대적정에 머무르지 않는 것이다.
'중생을 버리지 않는다'는 것은 일체의 생멸심을 저버리지 않고 시념(施念)하고, 계념(戒念)하고, 승념(僧念)하고, 천념

(天念)한다는 것이다.
부조지(不調地)는 연기가 없는 새로운 여래장을 창조할 수 있는 능력을 말한다.
능연심(能緣心)으로 새로운 본원본제를 만들 수 있는 능력을 부조지라고 한다.

본문

爾時. 舍利弗從座而起. 前說偈言.
이시. 사리불종좌이기. 전설게언.

具足波若海	不住涅槃城	如彼妙蓮華	高原非所出
구족바야해	**부주열반성**	**여피묘련화**	**고원비소출**
諸佛無量劫	不捨諸煩惱	度世然後得	如泥華所出
제불무량겁	**불사제번뇌**	**도세연후득**	**여니화소출**
如彼六行地	菩薩之所修	如彼三空聚	菩提之眞道
여피륙행지	**보살지소수**	**여피삼공취**	**보리지진도**
我今住不住	如佛之所說	來所還復來	具足然後出.
아금주부주	**여불지소설**	**래소환부래**	**구족연후출**
復令諸衆生	如我一無二	前來後來者	悉令登正覺
부령제중생	**여아일무이**	**전래후래자**	**실령등정각**

그때 사리불이 자리에서 일어나 부처님 앞에서 게송으로 설하여 말하였다.

"반야47)의 바다를 갖추었지만, 열반의 성(城)에 머물지 않나니 저 오묘한 연꽃과 같이, 높은 언덕에서 나오지 않는다네.
모든 부처님은 무량한 겁 동안에, 여러 번뇌를 버리지 않으시고, 세간을 제도한 연후에 얻으심은 진흙에서 연꽃이 나온 것과 같습니다.
저러한 육행(六行)의 경지는, 보살이 닦을 바요, 저 삼공취(三空聚)48)처럼 보리의 참다운 도(道)입니다.
나는 이제 머물되 머무르지 않고, 부처님께서 설한 것과 같이, 온 곳에서 도리어 다시 오며, 구족한 연후에 벗어나겠습니다. 다시 여러 중생으로 하여금, 나와 같이 하나이면서 둘이 아니게 하며, 앞에서 오는 자와 뒤에서 오는 자도, 모두 정각(正覺)에 오르게 하겠습니다."

강설

그때 사리불이 자리에서 일어나서 부처님 앞에서 게송으로 설하여 말하였다.
"반야의 바다를 갖추었지만, 열반의 성(城)에 머물지 않나니"
'반야의 바다를 갖추었다'는 것은 해탈도를 구족했다는 뜻이다.
'열반의 성에 머물지 않는다'는 것은 생멸열반과 진여열반에 머물지 않는 것이다.

---

47) 바야(波若)는 반야(般若)와 같고, 범어 쁘라즈냐(prajnā)를 음역한 것.
48) 삼공. 공상(空相)이 공(空)함, 공공(空空)이 공함, 소공(所空)이 공함.

"저 오묘한 연꽃과 같이, 높은 언덕에서 나오지 않는다네."
연꽃이 낮은 곳에서 피어나듯이 세간의 중생계에서 큰 깨달음이 성취된다는 뜻이다.

"모든 부처님은 무량한 겁 동안에, 여러 번뇌를 버리지 않으시고"
부처님은 여러 번뇌를 버리지 않고 6념처(念處)로 제도하신다.
"세간을 제도한 연후에 얻으심은, 진흙에서 연꽃이 나온 것과 같습니다."
불(佛)은 세간에서 출현한다. 세간의 끝자락에 서서 연기(緣起)를 통해 펼쳐진 향하문의 결과를 보고 그것을 제도할 수 있는 방법을 찾은 존재가 佛이다. 佛은 그 여정 속에서 자기 존재를 완성시킨다.

"저러한 육행(六行)의 경지는, 보살이 닦을 바요,
저 삼공취(三空聚)처럼 보리의 참다운 도(道)입니다."
금강심지와 6념처관법으로 삼무상(三無相)을 성취하는 것은 오십과위를 성취하고 등각을 이루는 방법이고, 삼공취처럼 보리의 참다운 도(道)를 이루는 것이라는 말이다.
삼공취(三空聚)란 공상(空相)이 공(空)하고, 공공(空空)이 공(空)하고, 소공(所空)이 공(空)한 것을 성취하는 것이다.
공상(空相)이 공(空)한 것은 존재의 허망함에 머물지 않는 것이다.
공공(空空)이 공(空)한 것은 각성으로 공의 바탕으로 들어가고, 그 상태에 머무르지 않는 것이다.
소공(所空)이 공(空)한 것은 본연(本緣)에서 시작된 환(幻)의 공(空)에서 벗어나 실공(本性空)을 성취하고, 그 상태에도 머물지 않는 것이다.

"나는 이제 머물되 머무르지 않고, 부처님께서 설한 것과 같이"
머무는 것은 지법(止法)이다. 머물지 않는 것은 관(觀)법이다.
"온 곳에서 도리어 다시 오며, 구족한 연후에 벗어나리라."
'온 곳'이란 연기(緣起)가 시작된 곳을 말한다. 본성을 이루고 있는 적상(寂相)·정상(靜相)·적멸상(寂滅相)이 연기가 시작된 곳이다.
아라한이 대적정에 들어가면 연기가 시작된 곳으로 들어간 것이다.
'**다시 온다**'는 것은 연기가 진행된 과정을 따라 나오면서 '역무진(亦無盡)의 행(行)을 한다'는 말이다.
'**구족한 연후에 벗어난다**'는 것은 금강심지(金剛心地)와 6념처관(六念處觀)을 체득해서 각성이 갖고 있던 스물네 가지 대사적 성향(代謝的性向)을 제도한 후에 진여문으로 나간다는 말이다.
지법(止法)과 관법(觀法)으로 연기의 원인인 24가지 대사적 성향을 제도하고 진여문으로 나아간다는 말이다.
금강심지가 지법(止法)이고, 6념처관이 관법(觀法)이다. 금강심지는 25가지 대사 중에 연기가 일어나지 않는 유일한 대사(代謝)이다. 나머지 24가지 대사는 여래장연기를 일으킨다.

"다시 여러 중생으로 하여금, 나와 같이 하나이면서 둘이 아니게 하며"
'하나이면서 둘이 아닌 것'이 불이문(不二門)이다. 수보리가 등각의 요지를 깨우친 것이다.
"앞에서 오는 자와 뒤에서 오는 자도, 모두 정각(正覺)에 오르게 하리라."
'앞에서 오는 자'는 연기의 굴레를 거쳐오는 중생들이다.
'뒤에서 오는 자'는 연기를 벗어나고자 노력하는 수행자들이다.

구선

출가 후 얻은 진리와 깨달음을 다양한 사상서에 담아 출간하였다. 이를 실생활에 접목하기 위해 지난 30년간 다양한 교육 프로그램을 운영해 왔다.

저서로는 『觀, 존재 그 완성으로 가는 길』,
『觀, 중심의 형성과 여덟진로의 수행체계』,
『觀, 십이연기와 천부경』,
『觀, 한글 자음 원리』,
『도넛츠 학습법』,
『뇌 척수로 운동법』,
『다도명상 점다』,
『생명과 시대사상』,
『본제의학 원리』,
『인지법행과 과지법행』,
『암의 진단과 치유』,
『법화삼부경 제1부 무량의경』,
『법화삼부경 제2부 묘법연화경 1,2,3,4,5권』,
『한글문자원리』,
『觀, 생명과 죽음』이 있다.

현재 경북 영양 연화사 주지이며,
서울에서 선나힐링센터를 운영하고 있다.

저자의 다른 책들

관 존재 그 완성으로 가는길

관 쉴 줄 아는 지혜

관 중심의 형성과 여덟 진로의 수행체계

관 십이연기와 천부경

관 한글 자음 원리

도넛츠 학습법

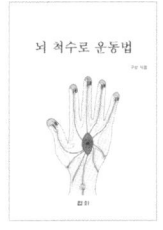
뇌 척수로 운동법

다도명상 점다

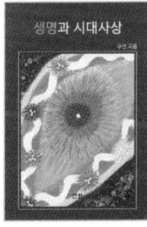
생명과 시대사상

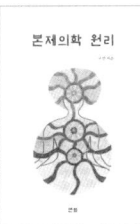
본제의학 원리

인지법행과 과지법행

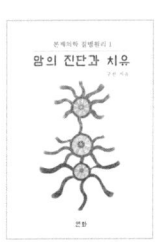
암의 진단과 치유

법화삼부경
제1부 무량의경

법화삼부경
제2부 묘법연화경 1,2,3,4,5권

한글문자원리

관 생명과 죽음

금강삼매경 제 1 권

1판 1쇄 인쇄일	2023년 10월 21일
1판 1쇄 발행일	2023년 11월 1일

지은이	구선
편집·교열	이진화
초벌번역	태진스님
한문교정	권규호

펴낸 곳	도서출판 연화
주소	경상북도 영양군 수비면 낙동정맥로 2632-66
	https://smartstore.naver.com/samatha
	네이버 '도서출판 연화'
전화	02) 766-8145
출판등록일	2005년 11월 2일
등록번호	제 517-2005-00001 호

정가	**30,000원**
ISBN	979-11-981212-5-7

이 책은 저작권법에 따라 보호를 받는 저작물이므로 무단전재와 복제를 금하며, 이 책 내용의 전체 또는 일부를 사용하려면 반드시 저작권자의 서면 동의를 받아야 합니다.